校本研究系列丛书

追寻班主任的
终极智慧

王领弟 著

山东教育出版社

图书在版编目（CIP）数据

追寻班主任的终极智慧 / 王领弟著 . —济南：山东教育出版社，2020.5
（校本研究系列丛书）
ISBN 978-7-5701-1059-9

Ⅰ . ①追…　Ⅱ . ①王…　Ⅲ . ①高中 - 班主任工作
Ⅳ . ① G635. 16

中国版本图书馆 CIP 数据核字（2020）第 063813 号

ZHUIXUN BANZHUREN DE ZHONGJI ZHIHUI

追寻班主任的终极智慧

王领弟　著

主管单位：山东出版传媒股份有限公司
出版发行：山东教育出版社
　　　　　地址：济南市纬一路 321 号　邮编：250001
　　　　　电话：（0531）82092660　　网址：www.sjs.com.cn
印　　刷：山东临沂新华印刷物流集团有限责任公司
版　　次：2020 年 5 月第 1 版
印　　次：2020 年 5 月第 1 次印刷
开　　本：710 毫米 × 1000 毫米　1/16
印　　张：18.25
字　　数：278 千
印　　数：1-2000
定　　价：45.00 元

（如印装质量有问题，请与印刷厂联系调换）印厂电话：0539-2925659

编委会

CONTENTS

目　录 >>>

（上）　上林繁花照眼新——我和班级

（中）　春在枝头已十分——我和学生

（下）　扁舟共济与君同——我和家长

◂◂ 总　序 ▸▸

韩相河

　　这是我校与山东教育出版社合作出版的第二批校本丛书。

　　一所学校的健康发展，离不开教科研的支撑，离不开热爱教科研工作的教师的支撑。山东省实验中学作为首批省级重点中学，最值得引以为豪的，是拥有一支优秀的、专家型的教师队伍。他们视野开阔，理念先进，不墨守成规，有创造精神，在实施教育的过程中，重视基础，发展特长，培养能力，鼓励创新，努力践行学校"为每一位学生创造主动发展的无限空间"的教育理念，矢志不渝地推进素质教育。

　　新高考的全面推进，对学校的课程体系提出了更高的要求和挑战。一个学校的课程体系能否真正落实学生核心素养，是学校能否继续取得长足发展的重要衡量标尺。山东省实验中学的校本课程，是学校课程体系的重要组成部分，是国家课程的有益补充，为学生实现全面的、个性化的发展提供了广阔的空间，效果良好，极大地彰显了学校特色。

　　我们出版这套校本研究系列丛书，就是要将我校多年来校本建设、校本研究的成果进行进一步梳理，目的是展示成果，提炼经验，以科学的态度探索校本教研的规律，促进教师课程研究和开发能力的提高，在更高层次上提升学校的育人质量和办学特色。我们期待着这套丛书的出版能够引领我们学校校本研究向纵深发展，能够有助于教师校本研究的常规化、精品化，能够对其他学校和广大教育工作者提供一点借鉴和帮助。

　　衷心感谢积极投身校本研究和教学的老师们，特别是参与丛书编写的老师们，感谢支持丛书出版的山东教育出版社的领导、编辑。由于我们的水平有限，疏漏和不足之处在所难免，我们愿意倾听大家提出的宝贵意见，您的不吝赐教将让我们在教科研之路上走得更加稳健，更加坚实，更加自信！

山东省实验中学校长、党委书记　韩相河

2019年10月21日

◀◀ 代　序 ▶▶

教育就是让学生有机会展示进步和成长

陈雨亭

　　读王领弟老师的书稿，就像是陪着她和她的那些学生走过了三个长长的春夏秋冬。三年一个小周期，旅途中的王老师轻轻地点了一个顿号。我仿佛看见，身材小巧、喜欢写诗的王老师，时而理性、时而感性地与那些青春期的学生们在一起。她有时候像母亲，有时候又像父亲，或远或近地站在学生们身旁。读那些琐细的班规时，我关注的是这些班规是如何出台的，如何执行的；读那些生动的成长故事时，我关注的是王老师的每一个决定是如何做出的，她的教育智慧从何而来；读她写给家长的通知或者书信时，我关注的是她如何能在做好班主任工作的同时，还能不动声色地启迪家长的教育理念。

　　高中是孩子们人生中既重要又艰难的一段时间。一方面，学业压力巨大；另一方面，青春期的反应又比较明显。从王老师叙述的几个案例来看，老师指导青春期孩子们的最佳途径是培养友谊，然后在信任的基础上、在班级的积极氛围中引导孩子产生向上、向善的力量。如果没有信任做基础，任何所谓严格要求的方法和策略都很可能被孩子们拒之门外。《管小木的故事》惊心动魄，他是一个典型的被错误的家庭教育异化了的孩子，发展出了一整套对抗自卑感的策略。阿德勒在他的名著《儿童的人格教育》一书中指出："人格的整体及其独特的生活目标和生活风格并不是建立在客观现实的基础上，而是建立在个体对生活事实的主观看法的基础上。"在特定的环境下，孩子们建立了一套过度的心理补偿机制，就如管小木的很多匪夷所思的举动，表面看是孩子太难管教，实际上却是孩子在面对过于严厉的父亲时发展出的补偿行为。管小木在家庭中没有培养起来的自立、自律、合作等品质，当他处于学校这个集体环境中时，就更加显示出了家庭教育的不足。幸运的是，管小木遇到的班主任是王老师。

王老师在管小木张牙舞爪的行为背后，读懂了这个孩子，她从重建孩子的内在心理机制入手，通过与孩子建立信任关系、重建他的家庭环境和班级环境，成功转化了他。我们由此看出，在教育班级里有特殊性格或者特殊经历的学生时，老师从同情和理解出发是多么重要！同时，仅有同情和理解还不够，老师还必须有足够的耐心和方法帮助孩子重建对事实的看法以及相应的行为方式。这是一个旷日持久的过程，也是王领弟老师的日常教育生活。她把这个过程原原本本地叙述给我们听，让我们有机会走近这对师生。我觉得，无论读者是老师、学生，还是家长，都能从中受到启发。

美国教育家内尔·诺丁斯曾指出："我们必须以一种公民的责任感来培养健康的、有能力的、幸福的孩子。我将论证，学校必须为这一任务而发挥主要作用，学校不能一味追求学术目的而放弃对学生的关心。"[①]诺丁斯还指出，教师不仅要与学生建立一种关心关系，他们也有责任帮助学生发

---

① ［美］内尔·诺丁斯：《学会关心：教育的另一种模式》（第2版），于天龙译，教育科学出版社，2014年12月版，P32。

展关心能力。在这个过程中，教师无须向学生宣称他有多么爱他们，而只需自己做榜样，从而向学生演示如何关心即可。王老师无论是对经历了母亲从生病到去世整个痛苦过程的贺小铁，还是对学习方式出现严重问题的张米，从这几个典型的个例上，我们看到了王老师是如何表达她对学生的关心的。在她的词典里，"关心"是严格要求，是爱护，是等待，是因材施教。她实施了关心的行动，她的学生们感受到了来自她的关心；她不仅自己关心学生，还让学生力所能及地关心别人；她营造了一个以关心为特质的成长共同体。

班主任带领学生成长的法宝是营造积极、自主的班级文化。班级是一个紧密型的组织，需要用规章制度来培育学生的人生态度和处世哲学。我们看到，王老师的班级有固定的门窗管理员，负责在课间操、升旗仪式、上外堂课、中午晚上放学时锁闭门窗。无论大小事务，谁来负责，学生们都高度负责，极少出现疏漏和失误，班委和各负责人也相当干练和"在线"。王老师在本书中列出的那些看上去琐碎，甚至有些过于严格的班级制度（例如《手机使用公约》），正是学生们针对自己这个年龄段时间管理和自我管理的特点而自主研讨制定的规范。规范的研讨是一个自我剖析的过程，规范的落实又是一个自我管理、自律与他律结合的过程。没有这个烦琐、严格的成长过程，孩子们也许会丧失一项对他们以后的人生十分重要的历练，如聚焦精力和体力去完成一件大事。

王老师发给我书稿让我先睹为快，并让我写点儿读后感。我读完本书时，又想起了诺丁斯在她的名著《学会关心》一书中说过的话："教育不是对已经发生过事物的重复。教育是在教师的指导下的一种探索。教育是评估、修改、比较、分享、交流、建设，以及选择。严格地说，教育没有什么最后的产品——没有什么人接受教育后能够成为完美的人；但是，教育会培养出那些向我们展示进步和成长的人。"[①]在陪伴学生成长的过程中，我们老师也同时展示着自己的进步和成长，就如王领弟老师一样。

天津市教育科学研究院研究员

教育学博士

陈雨亭

2019年9月8日于天津

---

① ［美］内尔·诺丁斯：《学会关心：教育的另一种模式》（第2版），于天龙译，教育科学出版社，2014年12月版，P197。

自 序

沉潜在教育深处做教育

王领弟

我拿什么奉献给你，我的学生们？

面对复杂的教育现实，我不断自问。到底有没有一种教育模式，带有理想色彩，去掉功利化，完全从"人"出发，而又能培养优秀的人才？十几年前我就在自己的班级开始试验、摸索。

那些落在纸上的理论是美好的，理想也是美好的。我现在要的是实践同样美好！

2015年9月，接手高一新班级，我决心倾力一试。我的领导、同事和家人给予了自始至终的支持和鼓励。我担心自己会招架不住冲击，就写了一张明信片摆在办公桌显眼的地方，朝夕惕厉：不着急，不功利，不忘初心。一摆就是三年。

2017年，分管领导何校长建议我班写一部"班史"。当时我班以明显优势获得了级部唯一的"济南市优秀班集体"称号，这是济南市一个班级可能获得的最高荣誉。我这个班级，运动会第一、科技节第一、体育节第

一、文化课成绩第一，是宿舍管理先进班级、班务管理先进班级、文明班级，荣获济南市阳光体育节特等奖……各种锦旗多到后墙已经挂不下；向创新班输送11名尖子生（级部之最），培养了舞韵社骨干、兰亭书社骨干、学生会骨干、学校团总支书记等，人才济济；家长评价"风清气正"，同学自评"最美好，没有之一"，任课老师称之为"美妙的教育景观"。

后因高三临近，此事搁置。写书的朦胧意念却开始清晰起来。

2018年6月送走高三后，回观和沉淀的愿望终于实现。我用一年回顾三年甚至三十年的教育生涯，有诸多思考和发现，很多场景历历在目。就陆陆续续写出一些文字，放在我的公众号"禧阅王老师语文教育"里，《山东教育》《山东教育报》《济南教育》等媒体也给我提供了平台。亲朋同事、家长学生看后都觉得是些相当不错的东西，一位年轻同事说："每当遇见教育难题，就去你的教育叙事里找答案，看看王老师是怎么处理棘手问题的。"

一直以来，作为从未离开过课堂和学生的教育人，我沉潜在教育深处，安静做教育。目睹、亲历很多教育事件，并醉心于研究教育现象。所以就一件一件写出来，一章一章写下去。写了一年，居然写成了一本书。

那么，这是一本怎样的书呢？

这是一本教育者"我手写我心，我手写我行（动）"的书，简单说就是"班主任是如何打造一个优秀班集体的"。多年以来，我不断学习教育理论著作；但在书中，有意识地把那些原理隐藏在故事背后，渗透在阐述之中。撰写教育理论专著不一定是我能做好的，拥有丰富的教育经历、鲜活的第一手资料却是我的独到之处。我参与了很多心灵的成长，并陪伴他们穿过黑暗的隧道，最终站到阳光下，喜极而泣。把它们写出来，乃使命使然。

而且我发现，在教育实践中，有一些教育理论没有涵盖的东西。教育的复杂与细致程度在一定程度上超越了理论的界定。教育者得融合多种先进理念，练就自己的教育智慧。比如，我融合了企业管理的理念：第一次就把事情做好，降低做事成本，提高做事效率；要有班级深入人心的关键词，把自己的教育理念——"学会做人、学会做事、学会学习""先追梦，再恋爱""人生若只如初见""勇敢做自己"——像广告一样植入人心。我还把传统文化中的精华部分用于班级管理：王阳明的"知行合一""事上练"，袁了凡的"惠不在大，赴人之急可也"，曾国藩的"躬自入局，挺膺负责"，等等。我有很多惊人的发现："教育者的真诚"的体现形式之一是"韧性"；把学生本人跟他的缺点和错误剥离开来（剥离式转化学生法），分别对待，效果甚佳；改良原生态家庭要和改造学生同步进行；"浸透式谈话法"是走近学生的有效方法等——这些发现我都呈现在了《管小木的故事》中。

在"我和家长"部分，除了思考家校交流应恪守的原则，我还特别设置了"舞好双刃剑"一节，就"如何使用家长群"分享一些成功的经验。在精选的QQ通信中，几乎原生态呈现了我是如何与家长沟通联系、打造价值观共同体的。我还独创了一种散文笔法，用美文的形式在家长QQ群定期推送文章，用文字的力量引导家长改变教育理念和教育方式，达成教育共识，营造平和从容的心态。家长说："王老师下通知都下得这么美。"还说："自孩子毕业后，再也看不到王老师的美文了，好怀念。"

这部书要写给谁看呢？

首先，给一切关注青少年成长，关注教育的各界人士。

其次，给我的学生和家长——是他们的优秀，把我的工作彰显得更加富有成效。

再次，给的我同行，尤其是年轻的同行——切磋教艺。

最后，给我自己。本书是对开头那个叩问的答复——超越功利做教育可以培养优秀人才。我追寻的班主任的终极智慧就是"超越功利",把"人"安置在教育的中心。这本书充满了探索和思考,真实、真诚、滚烫,但难免有瑕疵。欢迎批评指正。

是为序。

王领弟

2020年2月8日于济南

（上）

上林繁花照眼新——我和班级

第一章　年轻心灵的合唱

——班级凝聚力形成十关键词

　　班级中的每个学生来自不同风格的低学段学校、不同气质的家庭。他们带着已具雏形的价值观和原生态环境塑造的生命风貌组成一个有番号的班级。这时候，它还不是一个真正有灵魂、有呼吸的班级，只是一个朴素的数字。班主任作为班级的"第一领导人"，应怎样使学生之间产生联系，聚合在一起，形成归属感很强的"我们班"，这是我经常思考的一个命题，更是一个班级诞生之初必须着手的当务之急。这个由散到聚、由形到神的过程，考验并体现着班主任的职业素养和管理艺术。

　　如果把班级比作合唱团，班主任就是个指挥家。要让年轻心灵的合唱形成一曲气势磅礴、和谐优美的大合唱，班主任就要让学生与学生之间、学生与班主任之间、班级与家长及任课老师之间产生共鸣。在此过程中，班主任要站在教育的制高点、人生的制高点上对学生当下和未来的发展施加影响，把学生托举到高处，使他们有更高的起点和更大的发展潜力，因为21世纪的"教育在历史上第一次为一个尚未存在的社会培养着新人"①。

---

① 联合国教科文组织国际教育发展委员会：《学会生存——教育世界的今天和明天》，华东师范大学比较教育研究所译，教育科学出版社，1996年6月版，P36。

形成较强向心力的班集体有先天优势，即个体本性中都有生活在一个好环境并融入其中的倾向。调查问卷显示，有81.6%的学生认为"成为班级的一分子很重要"，有81.1%的学生认为"我关心这个班级"。作为班主任，应该积极顺应天性，挖掘内在，让它从分散到聚拢，从隐性到显性；或者说，至少不要破坏这种天性。很多同行在此方面做得可圈可点。同样一份调查问卷显示，80%的学生认为"在这个班级，我很有安全感"，79.4%的学生认同自己所在的班级。（调查表见本书附录）

怎样形成并不断增强班级凝聚力？怎样使年轻心灵的合唱和谐完美？在此，我结合三十年的教育实践经验和班级成长个案，分享两个核心概念（无形的人文情怀、有形的科学管理）和十个关键词。

第一节　无形的人文情怀

一　人文情怀——展现班主任生命姿态

作为中学教师，每天相处的都是朝气蓬勃的少年，每天感受到的都是向上伸展的生命。教师应该用更高的生命姿态来开展工作，熏陶学生。

班主任的人文情怀有两个层面。第一层是教师本人的人生景观。如何对待自己的生活和职业，是否把"人文"二字践行在自己身上，这是基础。"作诗在诗外"，有时候，教育在教育之外。教师自身的生命价值和人生追求就是一种无声的教育，也是无形的软实力，会对学生产生持久而热烈的影响。比如，对同事的尊重，对所从事学科的虔敬，对职业的理解，对规则的敬畏，对山川和艺术的鉴赏，等等，这些都给学生以化育。软实力从而转换成班级凝聚力形成的硬实力。第二层是班主任对学生体现出的特殊尊重和关怀。"人本主义"应是班主任心目中的关键词，是处理班级事务和学生问题的参照物。当班主任以"人"为教育的出发点和最终归宿的时候，培养的学生才人格健全、端正善良、乐于合作，班级凝聚力才有形成并增强的可能。并且当以人为本的时候，班主任的心会变得柔软，会怜惜并呵护学生。对待犯大错或痼疾重重的学生，班主任会具有悲悯情怀。因为学生本身也是错误观念的受害者，班主任要选择和学生站在一起，共同面对他们的错误和陋习。当班主任选择和学生站在一起，学生就会选择与班主任站在一起，与班级站在一起。"桃李不言，下自成蹊。"学生心之凝聚，就如水之归下，没有什么能阻挡。

班主任的人文修养，是做人的要求，更是一种职业素养，是班主任独特魅力之所在。如果一个班主任人品过硬，处事有格局，待人接物宽容，言谈举止有礼，学生会肃然起敬。尊师是我国传统文化的重要基因，是社会人不自觉的意识和行为。如果一个班主任受到学生尊重，不仅仅是因为自己的教师身份，更是因为身份之外的个人魅力，受尊重的班主任对班级和学生的影响力是很大的。反之，如果学生鄙视班主任的为人，惧怕班主任的权威，班级凝聚力的形成只能依靠天然的习性和人的自发状态，这个班级就是虚弱无力的。被自己的学生否定，是从教者很痛苦的一件事。在教育实践中，少数从教者简单粗暴地处理问题，给学生心理造成长久的伤害，这大多是因缺乏人本意识造成的。无论是好影响还是坏影响，都是班主任本人带来的结果。所以，班主任的人文情怀对班级的现状和走向都起到重要作用，甚至是决定作用——据我所知，这并非夸大其词。

一言以蔽之，班主任尊重自己的人生和受教育者的人生，高扬"人"的大旗，言行抵达学生的心灵深处，学生的心就会像春天的向日葵，全部朝向阳光。班级凝聚力形成的最佳途径，一定是人对人的关怀，心和心的对接，除此之外，别无他途。

二　班级目标——勾勒班级美好愿景

任何一个团队要想走得稳走得远，都得有一个共同的终极目标。它聚齐所有目光，凝聚所有力量。一个班级诞生之初，百废待兴。班主任应该在芜杂的事物中抓住一个核心问题，那就是明确班级目标，就教育价值观达成共识。班主任要准确把握班级目标和价值观的核心内容，尽可能早、尽可能快、尽可能广泛、尽可能热情地向学生解读其内涵，昭示其美好，勾勒其愿景。人是活在希望中的，当有了共同的追求，这种希望变得可触可摸，会释放出巨大的能量。我在数十年的教育实践中体悟到，一个班级的目标既要植根于泥土，又要有几分超迈；让学生低头可实践，抬头可仰望。

班级目标的制定，让学生有精神上的归属感。这是一项重要工作，但调查显示，在针对"你班有共同的班级目标、班训、班歌、班旗等内容吗？"这一问题的回答中，其中"有二到三个"目标的只有60.9%，近四成的班级管理忽视了目标的制定。（调查表见本书附录）

下面以我担任班主任的2015级33班为例，阐释上述观点。

2015年9月1日，当学生踏入高中的大门，坐在33班教室里时，我就适时宣传解读教育理念：

我的治班原则：以人为本。

我的治班理念和班级目标：学会做人，学会做事，学会学习。

学会做人：立人是根本，是做事的立足点。在做事中学会做人，并在做事中体现做人的高度，用做事检验自己做人的程度。

学会做事：一切理念、情感和认识，都不是一种虚妄的存在，必定有呈现形式和载体，那就是做事。它的高低真伪、适用与否全都要落实到实践中。积极做事，学会做事，努力把事做好，才能体现一切价值。这也是我所奉行的王阳明理论当中的"事上练"在教育管理中的体现。

学会学习：科学素养、知识素养是人的元素养。这种素养的习得主要是靠后天学习。学习有广义和狭义两种。我们的治班理念里主要使用后者。放眼小处，学习是学生在校的主要任务。要学习，要会学习，要有优秀的学业成绩，这关乎于学生的切身利益和终身发展。纵观未来，终身学习的意识和快速获取新知识的能力是生存必需，是时代对每个地球公民的要求。

我班价值观：一分天注定，九分靠打拼。

我班关于恋爱：先追梦，再恋爱。

我班关于异性交往：人生若只如初见——交往中保持初见之美好，保持距离，彼此尊重。

我班班级愿景：成为实验的梦之队，成为梦想孵化基地，成为优秀生源地。

这些理念和语言的表述方式，高中三年一以贯之，明晰而坚决，不打折扣，不要疲软，要有一种荡涤万物、直奔大海的气势和决绝。

理念渗透之后就成为文化。当全班五十多个人认同一种文化，就形成安全、和谐、放松的班级氛围，学生的精神层面就会产生共鸣，从而形成班级凝聚力。反之，如果缺乏共同的精神追求，缺乏共同的价值判断，可能会出现松散、压抑、怀疑，甚至具有攻击性的现象，学生就会备有一层保护膜，彼此之间缺乏真诚和坦荡，班级就会有怪异的氛围，凝聚力就无从谈起。

三 民主作风——给班级成员以尊重

高山不让寸土，才能成其为高；大海不辞滴水，才能成其为广。一个班级要想有强大的凝聚力，就得吸纳任何一份力量，不能嫌其小而置于不顾。要带着这样一份诚意、决心和魄力去治理班级。让每一个人都参与到班级建设中来，有很多途径和方法。其中最重要的，就是班主任的民主意识和班级形成的民主作风。让每个人都行使权利并尽到义务，让每个人都有存在感，让每个人都感到班级对他很重要、他对班级很重要，一言一行关乎集体。

应该说，当代背景下的班级建设普遍拥有民主作风。以班干部选拔为例，调查显示，在"班干部是由同学们推选的还是班主任指定的？"这一问题的回答中，"我们推选""同学自荐"两项的合计是84%，只有0.08%的学生选择"老师指定"一项。（调查表见本书附录）

发挥民主作用，大到各项管理举措，小到一个班徽的选定，只要条件允许，都要通过民主程序，尊重民意。比如，我班班旗的设计，班委先选定了几个创意方案，各自展示后，通过投票决定选用哪个；我班班级制度的制定，由各宿舍或各负责人在征求民意的基础上执笔形成文字稿，然后再放到小组讨论修订，力求在定稿之前进行广泛的讨论和征询；一旦制定好就要共同遵守，尊重规则就等于尊重自己。只要是正确的，谁的意见都可以采纳；每一个人对班级都是有影响力的。科技节、体育节全员参与，形成"班级是我的，我是班级的"的强烈意识。

在高三，有两个民主事件让我记忆深刻。一是想让学生课外活动集体跑步，增强体质，但民主投票没过半数，只好作罢；二是高三备考紧张，班级日志还记不记，通过民主投票，过半数的同学赞同一如既往地记下去，于是日志一直记到高考前夕。总之，班级事务不是谁说了算，而是大家说了算。每个学生都认为他可以影响一个事情的走向，因而看重自己的权利和义务，在班级有很强的存在感。

以上是针对班级层面实行民主、尊重个体、增强班级凝聚力的阐述。

另外，班主任面对个体时是否具有民主平等意识也不容忽视。在与学生谈话时，如果能够跟学生坐下来，视线处于同一高度，用真诚的目光看着他的眼睛，以老师兼朋友的身份，以关爱、理解的口吻交谈，比起居高临下硬性灌输或雷霆盛怒，更容易让学生去思考、辨别并最终接纳你的意见。春风化雨能渗透到树木的根部，倾盆大雨来不及渗入就流走了。退一步讲，即使学生一时还不能接受谈话内容，但若你和他相处的方式让他感觉愉快，感觉受到了平等的对待，他就会认可你，亲近你。当学生折服于你，他自然拥护老师，拥护班级。其实，民主就是被尊重，就是你"重视他的存在"这个事实。

（四）节点意识——提高班级管理效率

这里有两层意思。

第一层，班主任要敏锐地抓住大型集体活动这个节点。任何一个成员都有原始的集体荣誉感，大型的集体活动是班级凝聚力形成的最佳契机，班主任要顺势而为，做足功课。活动要有动员，有过程，有总结。我所在的中学以实施素质教育闻名，大型活动较多：运动会、合唱节、清明诗会、红五月朗诵会、话剧演出、音乐节、电影节、体育节、班级篮球足球联赛……学生集体荣誉感强烈，借助节点实际上也是顺应了学生的心理需求，班级凝聚力的形成也就事半功倍。比如运动会，是学习生活的调节，是班级和学校的重大事项。班主任在稳定学习状态的前提下，对于运动员的遴选和赛前训练中的动员渗透、运动会前一两周所需物品的配备、宣传稿件的布置和分类收缴、运动会前夕班委会和班会动员……都要运筹帷幄。班主任协同班委以组织者、动员者、参与者的身份出现在大家面前，整个班级众志成城，枕戈待旦，空前团结。当然，要能动能静，动静结合，不能因为运动会自乱阵脚，埋下隐患。班主任把握好"度"非常关键。

第二层，大型集体活动既要注重过程又要注重结果，不仅仅是重在参与，而且有志在必得的意识，这样才能把学生的能量全部调动和释放。如果只注重参与而不去积极争取结果，学生就会疲沓，没有锐气。一个成功会激发另一个成功，班级自信心、向心力大大提升，整个班级就会呈现出积极向上的面貌。无论做什么事情，要有"完成意识"和"成功意识"；不但要做，还要做得漂亮。这一点能固班级之根本，学生看到集体的付出有回报会更有成就感。我的班级荣誉不能算少：运动会宣传成绩和运动成绩双第一，体育节第一，科技节第一；太极拳代表学校获得济南市特等奖，最后班级被评为济南市优秀班集体……这得益于班级的凝聚力，凝聚力得益于对重大活动的关注和投入，也得益于投入之后的成功。

每一个荣誉都不是孤立的，它也会"利滚利"。从管理成本上来讲，这种"抓节点，促发展"的节点意识，会降低成本，提高效率，这种投入物有所值。这是我班级管理的一大诀窍。

（五）　连锁效应——批量俘获学生"芳心"

我们见过令人痛苦和惋惜的班级状况：班里学生很有凝聚力，但是跟班主任对着干，师生关系成剑拔弩张的敌对状态，甚至集体诉求让班主任"下课"。有时情况虽没有这么严重，但不少同学对班主任颇有微词。这部分同学，班主任从未批评甚至经常表扬，甚至认为他们是优秀生，是他的铁杆学生。为什么会出现这种不对等的现象呢？当事者本人也很迷惑。

学生对班主任的评价不只是从跟他自身直接发生关联的事，还要从间接的事情去判断。班主任在处理一个事件、一个同学时，集体成员都在看着你，并在心里不断衡量。如果班主任处理问题处处体现的是"以人为本"，把对人的关爱放在首位，方法恰当，众生自然宾服。人在青少年时期，对正义和真理求知若渴，求真向善之心强烈，他们服从的是真理而不是权威。否则，就可能伤害学生的感情，降低学生对班主任的信任度，甚至触犯众怒。这就是处理班级重大问题的连锁反应，它对班级凝聚力的形成具有很大的杀伤力，正反两方面的能量都不容忽视。我在教育生涯中目睹了很多实例，有好的，有不好的。而这一点教育理论书籍里很少涉及。

处理重大事件时，以暴制暴，学生则回报之以暴；以爱制暴，学生则回报之以爱。爱出者爱返，恨出者恨返，并且深深影响着观者对你的看法。所以，不是班主任对哪个学生好或不好，对哪个学生爱或不爱，只要班主任站在职业的高度，从教育人、挽救人出发，充满爱和公正，得到同学们的一致认可，自然会俘获学生的"芳心"，班级凝聚力就会得到进一步巩固。

班主任具有一定的权力和权力衍生的权威，对班级和学生的影响重大而深远；所以，班主任要谨言慎行，屏除随意性，增强庄敬感，一言一行都要符合职业规范，尤其是较为重大的事，要力求准确和正确，提高成功率，巧妙利用"连锁效应"，获得学生的集体认同，从而不断增强班级凝聚力。

第二节　有形的科学管理

一　制度当先——班级制度是生产力

班级管理，是感性与理性、情怀与科学的统一。理性、科学主要的体现者就是制度。制度体现的是规则和公平。所谓制度面前人人平等是也。制度本身就是生产力，好的制度既具有约束力，又充满生命力，具有惩错扬善、奖勤罚懒的功效，有助于调动班级成员的积极性，形成班级凝聚力。

首先是制定制度，其次是制定合理的制度，再其次是保证制度的准确执行。三个层次做到位，班级就会健康有序，形成风清气正的班风。我的

15级33班高一上学期制定和完善了如下制度：《班规》《学习公约》《舍规和宿舍评比办法》《自习纪律规范》《值日班长细则》《考勤规则》《班级量化细则》《班委评价标准》等。以最快的速度建立秩序，有力地保证了班级平稳运行。（部分制度见本书附录）

制度落实是关键环节。制度成文是基础的，也是浅表的。制度不是用来看的，而是用来执行的。班主任是制度落实的第一监督人，要怀有一种信仰感、虔诚感，长久有力、善始善终地推进这一工作，班主任对制度的态度是一支风向标。班委会和团支部是制度落实的第一责任人，制度是否合理，执行是否到位，制度与制度之间是否和谐一致，都需要责任人在具体实践中去体验和察觉。同学们是制度的制定者也是最终的遵守者、完成者，制度落实了才叫完成。

从制度制定的各个环节，到制度落实的各个层次，班主任都要站在育人的高度总览全局，让制度为班级服务，为学生服务，并借以提高班级的管理效率。三年走下来，班级凝聚力大大加强，班委得到了锻炼，每个同学都学会了约束自己，敬畏规则，尊重制度。制度让班级发展到可能发展的高度。所以，制度是生产力，好的制度就是先进的生产力。

二　群龙有首——强化班委角色意识

（一）如何培训班委会和团支部成员

首先，为什么培训？

因为班委会和团支部是班级和学校各项措施的最终执行者。理解是否到位，传达是否准确，执行是否有力度都决定了工作的实效；他们的主观态度、责任意识、工作方法直接决定他们的威信和口碑。他们在班内被认可的程度越高，形成的向心力越大，就越有助于班级凝聚力的形成。反之，则形成离心力，使班级松散无序。

另一个原因是要培养角色意识，让他们相信自己的影响力。让每个班委都有角色意识，知道自己的职责所在，分内之事当仁不让。我在长期的班级管理中发现，一个集体内有相当一部分成员并不喜欢去领导别人，但乐意被领导并且希望有一个领袖人物来统一意志。如果有一个人站出来，而且又是出于公心，他们就会服从并表现出积极性。所以，我的强烈意识就是：群龙一定要有首领，要培养出素养全面、能力超群的班委团队，这样，班级就有很强的战斗力。

其次，怎样培训？

培训要有层次。一是面向班委会和团支部全体成员的培训，正如前文所述；二是"三驾马车"的鼎足格局的强化培训。"三驾马车"指的是班长、团支书、体育委员。班长是一个班级的灵魂人物和精神领袖，应该是班里威望最高的那个人。团支书是班里的二号人物，补白和调解作用都值得注意。体育委员是一个班的形象大使，因为在学校中两操绝对是一个班的"形象工程"。上操时，一个班级要在全校师生面前一天两露脸，班级的精神风貌在众目睽睽之下优劣高低都显露出来。班里这三个主要班委我称之为"三驾马车"，培训好了，他们就能带动班级向前运行。

班主任对他们有更高的要求并对"三驾马车"悉心培养。在一些活动前、讲话后都单独当面点评，面授机宜，指出优缺点，指导改正方法，使他们少走弯路，尽快成长。比如，我的一个体委，有时候号召力不强，他很苦恼。我在观察了他的几次讲话之后，跟他讲："你在传达要求时，要严肃庄重，不能嘻嘻哈哈，身体转来转去，这些表现把同学的注意力都分散了，你布置的东西他们完全没听见。"我的一个班长口头表达不很流畅，说话拖腔，语言比较单调。我就告诉他："同学听到的信息支离破碎，没有整体感；你可以先打个草稿，在下面练两遍再上台；什么时候即兴讲话练成了，就可以不打草稿了。"这两位同学都逐步改正了自己的不足，成长为非常出色的班委。

（二）如何发挥班委会和团支部作用

一是信任。"用人不疑，疑人不用。"信任能产生能量。班主任给予学生干部充分的信任，才能调动他们的积极性，使他们消除一切顾虑，安心于工作，并发挥创造性，想班级之所想，急班级之所急。比如，每个期末评"三好"的票数统计是个很烦琐的工作，又要求全程公开、透明，整个统计都是手工操作，有时会从下午班会一直忙到晚自习才能彻底完成。我的有届班委要进行方法改革。他们把大体框架陈述后，我觉得可行性强，就很信任地支持他们。他们把候选人数降低一半，去投票、唱票；最后再按候选人总数卡好结果，高效而准确，到晚饭前就把任务完成了。

二是放手。班主任在一些相关工作中，要充分放手，不能掣肘。只有班主任放手，隐身于班委之后，班委才能有完整的机会处理一个完整的事情，或错或对，或成或败，对他们都是锻炼。只有放手，班委才能逐渐独当一面，较快成长，有担当，有责任，才能树立自己的威望，从而增强班级凝聚力。高一时是手把手教，高二只是出点子，到高三我基本上就总览全局，具体组织和实施工作班委已经驾轻就熟。

三是分寸。为了发挥班委的作用，班主任要注意分寸。其中有两点值得注意：一是班主任有时要站到前面来给班委撑场面，有时要站到后面去隐身，给班委能力的发挥留下最大空间。二是要积极保护班委同学的自尊，呵护他们在集体面前的形象，传递关于他们的积极信息；习惯于主动把班级取得的成绩归功于班委。班主任若能伸缩有度，掌握好尺度，班委就会得到锻炼，并感受到来自老师的呵护。

总之，班主任要诚心诚意地培养人才，而不仅仅是使用人才；他们将回报以惊喜和成长。班级正是在他们的付出和成长中走向成熟。

示例：2015年高一班委培训的原始记录

培训时间：2015年9月15日中午

参训人员：班委会和团支部全体成员

培训内容：

一、分工明确，责任到人

班长：总览班级全局，协调各班委工作。

团支书：处理与团委有关的一切事务，协助班长工作。

体育委员：班级的形象大使，对在全校面前的班级亮相任务全权负责。体委设置两人。

卫生委员：就像爱护自家的会客厅一样爱护班级卫生。卫委设置两人。

宣传委员：用有形的东西传达无形的东西。军队是"兵马未动，粮草先行"，咱是活动之前，宣传先行。宣传比所有活动要快半拍。宣传委员是班级文化建设的担当者，运动会、大考、开学前夕都是时间节点。开学第一天宣传报就要张贴好。

纪律委员：良好学风的保证是纪律。纪律委员负责起草纪律规则。

学习委员：自身必须成绩优秀，并积极营造班级学风。要管理课代表队伍，负责大型考试考场的布置。

生活委员：同学们的贴心人，班级的"小棉袄"，相当于一个居委会主任。负责管理班费、庆祝同学生日、传染病预防、窗帘灯管门锁的维修和教学物品的供给等事宜。

男生副班长：负责男生宿舍。成绩每天一报，切实抓好期末宿舍评比工作，协调好宿舍之间和宿舍成员之间的关系。

女生副班长：负责女生宿舍。成绩每天一报，切实抓好期末宿舍评比工作，协调好宿舍之间和宿舍成员之间的关系。

二、工作要求

通力合作，大局意识。

掌握动态，熟知现状。

上传下达，及时沟通。

三、班委会和团支部成员要成为有境界有能力的优秀人才

（一）思想境界方面

1. 合理利用手中的权力。

2. 具有奉献精神。

3. 时常勉励，敢管敢说。

4. 学习勤奋，争做表率。

5. 要有比普通同学更高的标准。

6. 心胸开阔，不拉帮结派。

（二）工作能力要求

1. 工作方法原则性与灵活性相结合，注意在班会场合、其他公开场合、私下场合的不同。

2. 老师交代的事情有落实，有呼应，凡事有回音。

3. 要有问题意识，善于发现问题并找出应对办法。

4. 事前要筹划，工作讲方法，活动有方案。多动脑，多思考。

（三）如何应对工作中出现的问题

1. 冷静处理，耐心解释，不激化矛盾。

2. 班级内的事情班级内处理。

3. 积极应对，把损失降低到最低限度。

4. 自己解决不了的，及时找班主任。

结束语：人的能力是锻炼出来的，每天面对的这些事情就是用来

练手的。人一定是在当下的生活中得到锻炼，所以要认真对待你遇到的每一件事。青少年时代是锻炼自己的最佳时间，班委会和团支部是很好的锻炼平台。同学们选举了大家，实际上也就把机会给了你们，希望大家要珍重和在乎。

大胆去干，错误归我，成绩归你。人心齐，泰山移，团结合作的力量比原子弹的能量还大，班级就拜托给大家了。

（三）家校一体——吸纳一切教育力量

家长群体是班级"价值观共同体"的组成部分。无论是在家长会，还是在家长QQ群，还是个别交流时，都要抱着"建立统一战线"的热望，把每一份力量都吸纳到班级管理中来。

一是解决问题的过程中吸引家长的力量。有的班主任对自己的定位和作用不是特别自信，跟家长交流往往过于退后和被动，只注重倾听，没有"我"的存在意识，缺乏"吸力"，起不到主导作用。其实，在家长眼里，老师就是教育方面的专业人士，是班级的掌舵人，他们愿意听从你的建议和指导，并把解决问题的希望寄托在老师身上。一个班主任要相信自己的影响力，关键时候要有决策能力。解决问题的过程就是吸引力量的过程。

二是班主任要有明晰的角色意识和强烈的使命感，把治班理念和教育价值观进行广泛的解读和传播，让家长与你达成共识。一个价值观共同体形成了，一个命运共同体也就形成了。我们——家长、学生、任课老师、班主任——同在一条船上，并驶往同一个目的地。在三年一轮的班级管理中，我会不遗余力地用好各种场合阐述我的理念，并辅以成功的案例，引导家长了解班级情况，理解班级理念，积极参与到班级建设中来。

家校沟通，如果观念一致，家长对班级这种发自内心的认同感自然会传输给学生，巩固学生对班级的信任和信心，一个良好的循环就形成了。

反之，如果沟通不畅，家长与班主任和班级有隔阂，他们跟孩子交谈时会自然流露出不满情绪；即使违心地去说班级的好处，学生也是感觉得到的，那对班级凝聚力的形成会起到很大的反作用，合力就无从谈起。

四　课堂和谐——团结每位合作伙伴

在班级凝聚力的形成中，关联度很大的一个因素是任课老师。学习永远是班级工作的主旋律。获取科学知识，培养学生对真理和真知的热爱，是班主任工作中的第二大中心任务（第一是做人）。任课老师是知识传播的担当者，是班级凝聚力形成的重要参与者，是班主任的合作伙伴。

班主任要在任课老师与任课老师之间、任课老师与学生之间、任课老师与家长之间起黏合剂、润滑剂的作用。在拿到任课老师名单时，要充分了解老师的特点、长处，甚至缺点也要了然于胸。在集体面前要隆重介绍，赞誉老师的专业水平和为人处世之道，学生未见其人先闻其名，对老师也有一睹风采的渴望。要告知学生，每个老师都有自己的风格，应迅速接纳新老师，适应新老师，才能最快走上正轨。另外，整个班集体要有接纳和宽容老师的胸襟气魄，而不是挑三拣四，苛刻挑剔。同时，要求学生爱护老师，要有很高的情商去调动任课老师的积极性。任课老师一到这个班就有教学热情和教学灵感，课堂就形成教和学高度融洽的状态。面对家长时，要把老师的教学水平、敬业精神传达给家长。对年轻老师，家长有时不够信任，有"走着瞧"的狐疑。这时班主任要把年轻老师的优势摆出来：精力充沛，上进心强，与学生共同语言多，谦虚好学，成长态势好。另一方面又要格外关心年轻老师，指导他们怎么面对家长的意见，如何跟家长打交道，如何在教学上保持谦逊态度。这样，家长和任课老师之间彼此留下的都是良好的印象。

班主任既不是任课老师的领导，也不是两条平行线——我当我的班主任，你当你的任课老师。班主任要经常与任课老师沟通学科学习状况，尤其是难以管教的孩子。他们在班主任面前能够收敛，在任课老师尤其是年轻老师的课上会无法无天，不讲规矩，有时会影响课堂秩序和教学进度，给任课老师带来困扰，从而影响老师授课的投入程度。班主任要及时给任课老师解决困难。

当围绕学习的各个因素协调一致，学习就会出现欣欣向荣的景象。学习是班级的核心内容之一，学习实力是班级的核心要素之一，班级的自信和凝聚力在一定程度上来自学习实力。

五 班级和睦——爱你就像爱花瓣

"和睦"一词，让人联想到幸福之家、和谐、友善、互相接纳对方等美好字眼。《说文解字》对"睦"的释义是"目顺也"，意思是"互相看着顺眼"。这个解释极其精妙！教室属于人员密集场所。一个高中班级，按现行的国家标准，人数在五十左右，教室有五六十平方米，等于一平方米就有一个人。他们不是聚散匆匆，而是三年或两年除了睡眠以外，始终共处于一个固定的空间之中。我长期工作的实验东校区还是寄宿制，同性别的学生有可能是二十四小时无缝隙相处。从上述最浅层的分析来看，学生也必须互相"目顺"，和睦相处。否则，那将是多么痛苦和麻烦的事！

而从班级建设层面讲，有和睦，才可能有凝聚；无和睦，何谈凝聚？

班主任是一个班级的"CEO"，班级的和睦与否，首先维系在他的身上。除了前面讲到的人文情怀，班主任还要精心设计一些活动，让班级具有"家"的氛围和温暖。作为寄宿制学校，除了学校固定的活动之外，我的班级还经常自行组织有温度的活动。比如：

（一）包水饺

找准节点——成立班级之初、班级人员变动之时、元旦冬至时节——

借用食堂的地方，请上任课老师，找个下午的课外活动时间，围坐包水饺。学生的"作品"奇形怪状，但欢声笑语，师生同乐，班级在热腾腾的水饺的烘托下更具备了家的氛围。（一定要有"包"的过程，水饺不可买成品或不可全买成品；否则活动的意义就大打折扣了。）

（二）确立班级生日

选一个与你的班号相吻合的日子，当作班级生日。比如12级30班，可以把12月30日选作班级生日；15级33班，可以把3月3日选作班级生日。如果无法凑成合适的日子，就选一个具有纪念意义的日子，比如9月1日、10月1日，等等。届时，可以利用班会表演文艺节目，学生可以进行诗文创作、出班级生日板报，等等。

（三）统一班服

运动会和体育节是校园的盛事，统一班服是其中一项颇有神圣感、仪式感的事宜。当全体成员身着统一服装亮相集体活动，意识里的一个词是"我们"，班服让每一个人有很强的融入感和安全感。这时，班级的荣辱就是他自己的荣辱，甚至大于他自己的荣辱。班服这一外在的符号强化了内在的归属感，形式上的东西变成了情感需求和精神寄托。即使必须单独出场，他依然能意识到背后有个强大的团队在支撑着他。"我们班"的凝聚力由此进一步加固。

（四）组团给同学过生日

把每个人的生日记在心间，给每个人过生日是班级工作的一个方面。班级在乎他，他就在乎班级。

班级诞生之初，就把全班每个人的生日按时间顺序排好，过生日事宜由班委会和团支部统一讨论方案，生活委员最后执行。每年过五十多个生日显然不现实，时间精力和班费都不允许。组团过生日是常见的形式，也是学生在紧张的学习生活中特别期盼的。一般是一个月为单位，集体为生日在本月的同学庆生。生活委员在其他班委的辅助下，全程主持。逐个祝福后，会穿插一两个小节目。最后是吃蛋糕，或者叫"抹蛋糕"，往脸上和身上涂抹奶油，互躲互抹。暖心班委会给班主任和任课老师送到办公室一盘。如果有同学生病在宿舍，务必也要给他留一块带回去。在这段温馨的时光里，一种力在慢慢聚拢，不断凝结，不断牢固，它叫"班级凝聚力"。

班主任爱学生就像爱花瓣一样，倍加呵护，切勿摧折；学生才会爱班级就像爱花瓣一样，小心翼翼，唯恐损之。

综上所述，要形成一个凝聚力强的优秀班集体，让五十多颗年轻的心灵在同一频率、同一节奏上恢宏和谐地歌唱，班主任所做的工作是全方位的：既要有务虚的人文情怀，又要有务实的科学管理，两者缺一不可。只有前者，班级有爱无序，学生得不到约束和理性培养，那么，班级要优秀，学生要出色，就是奢谈。只有后者，班级有序无爱，学生心灵得不到滋养，那么，培养的人机械而冰冷，"人"都谈不上，何谈"才"，这等同于教育的彻底失败。在具体的教育实践中，一切都是教育，一切都是可利用的力量；各个因素不能有短板，有短板也要把它变成长板。诸多因素共同发挥作用，方可打造一个优秀班级。但长期的班级管理工作使我认识到，起主要作用的是班主任的人文高度，因为制度本身也是"人文"的结果。班级制度的制定也是从人出发，而后再回归到人。把"人"放置在整个教育的中心，超越功利色彩，既要面向现实需要，又携带着教育理想——这样培养出的学生才是真正意义上的庄严的"人"！同时，班级凝聚力强的班级，从内部来讲，具有了自我认可度，学生开口就是"我们班"，津津乐道"我们班"；从外部来讲，有了美誉度，成为别人口中的"你看人家班"，那么"班级力"就会最大化，这是班级凝聚力强大的标志，是一种理想的教育境界，也是一种幸福的职业体验。当和学生打造一个"班级帝国"的时候，你会油然而生一种感慨：做个班主任，此生足矣！

后　记

　　文中我没有涉及班主任的能力问题。不是能力不重要，而是通过我三十年的观察发现，工作能力的重要性不是第一，也不是第二。"德"居第一位，"勤"居第二位，"能"排在第三位。我身边有很多非常优秀的同事，能力当然也很高，但几乎无一例外的，均是宅心仁厚、举止端庄的人。一个班级不仅仅是出成绩，更重要的是育人才。班主任的智慧来自仁爱，仁爱是前提，是产生方法和能力的基础，德行的影响大于能力的作用。所以，我最想说的就是，归根结底，在一个班级凝聚力的形成中，在学生培养的过程中，班主任的核心素养是德行和仁爱。

　　但也要警惕"仁爱"产生的负面作用。《韩非子》里有个故事说，魏惠王很仁慈，卜皮却警告他这样做国家会灭亡。魏惠王不解，卜皮告诉他说："夫慈者不忍，而惠者好与也。不忍则不诛有过，好予则不待有功而赏。有过不罪，无功受赏，虽亡，不亦可乎？"（《韩非子·内储说上七术第三十》）过于仁厚，会功过不分，赏罚不明，导致管理混乱。所以，班主任的仁爱务必要有原则有底线，并与规章制度结合使用。

第二章　学如春苗日日长

——班级取得优异成绩十秘诀

　　一个班级要取得可持续的优异成绩，班主任首先要摆正学习成绩在班级建设中的位置。在现行的班级评价中，有一种偏颇却流行的标准——唯成绩论。这是中小学教育中的公开秘密，它不公正，不科学，却得到基本一致、心照不宣的认可。这是现实的无奈，也是现实的需要，但绝不是教育的理想，更不是理想的教育。这种标准下的所谓优秀班级取得的成绩，我称之为"畸形"成绩，因为学生的其他素养是萎缩的，不健全的，培育出来的人才"规格"是低端的。班级的管"教"不管"育"，绝似家庭的管"生"不管"养"，最后的人才品质堪忧。

　　"唯成绩论"不对，"不论成绩"也不对。因为文化素养是人的核心素养之一，我国规定的中学生六大素养的第一大方面就是文化素养，科学精神也放在重要位置。学生成绩，显性的是现有的知识水平，隐性的是学习思维、学习态度、创新精神等。一个好学生的"好"，当然包含了"爱学习"；一个好班级的"好"，也必然包含了"好成绩"，或至少要有对好成绩的追求。只看重成绩的班级，是极其功利的班级；什么都好，唯独成绩不好的班级，是令人遗憾的班级。

所以，还是要回到"全面发展"这个母题上来。德智体美劳，一个也不能少。成绩或说智育是衡量一个班级优秀与否的重要标准。学习是天职，是与生俱来的一项使命。

可是，我还必须强调一点，班主任当"无欺"，对人对己，对内对外，坚持一个标准，而不是口是心非，背地里又回到"成绩至上"去。问题廓清，可以进入正题的阐述。陶渊明说："学如春起之苗，不见其增，日有所长。"这充分说明，学习成绩的获得是缓慢的，但最终的优秀是可视的。要保证"学习之苗"聪颖到可视，必须做到：学习观正确，学习措施到位。

第一节　重新定义学习观

一　为何而学——校正学习观

曾有一学生，注重容貌，缺乏自信，非要隆鼻。多次提及，父母默然以对。到高三寒假，给父母下了最后通牒："不答应整容，我就不给你高考了！"平心而论，女孩儿爱美，天经地义，做个微整，无可厚非。错的是她把整容与学习捆绑，学习成为达到个人目的的、要挟别人的条件，这就是学习观出了重大问题。

要论学习观，先谈价值观。

价值观是一个人精神世界的核心部分，决定他与世界产生联系的方式，决定他人生的走向和面貌，决定他一生过得是否有价值和意义。高中生的价值观初具形态，并趋向定型。在这人生重要的关键节点上，教育者或者说班主任能够给他们注入极具价值的理念，让他们对精神世界进行内容增删和秩序重构，将会产生久远的影响。

学习观是价值观的组成部分。高中生从小学阶段起就接受了大量的关于学习的客观信息，头脑中已经形成了具有自特征的学习观。有的学生可能接受的是"学习无用论"——社会上有不少人知识贫乏却坐拥财富；有的学生可能接受的是"学习装饰论"——掌握知识附庸风雅，装饰人生；有的学生可能接受的是"学习淘汰论"——时代奉行的是丛林法则，按成绩优胜劣汰；有的学生可能接受的是"学习交换论"——用成绩交换家长的承诺、社会的认可。

学习观会成为学习动机并提供动力。但畸形的学习观和畸形的价值观一样，会产生奇形怪状的学习样貌，怪象丛生的同时后续问题不断。外部条件一旦发生变化，他的学习观就会错乱，动力就会衰竭，学习就会出现"断崖式"下跌。于是就会出现"学习好有什么用，又不挣钱""我名次不好，有什么希望""不接纳我的女朋友，就不给你学了""我家有钱，不用学习也能有个好前途"等触目惊心的教育现象。

学习观出现了重大问题，其实就等于价值观出现了重大问题。也可见，应该站在价值观的高度，培养学生的学习观。为了生存，人与动物都要学习，这是共性。但在衣食无忧之后，还继续学习，并能体会学习带来的精神愉悦，这是人类所独有的特征。只有通过学习，尤其是通过科学文化知识的学习，人才能被"文"化，被"人"化，从而超越动物属性，成为社会人。所以，学习掌握知识是人之为人的重要特征，是人之为人的义务，是一份令人自豪的权利。高中的班主任要善于让学生从本质上理解学习，让学生站在认识的制高点上看待学习，对学习有更高的体悟，超越甚至摒弃狭隘、庸俗、短视的学习观。

面对15—18岁、有了理性思考能力的高中生，班主任要重新校正他们的学习观。学习是人的天职，是生命的组成部分，是人身上的一块胎记，不是物质交换的砝码。学习是个人生存的需要，是完善人格的需要，是融入社会的需要，是人生走向更高境界的需要，也是造福个人和家庭，行有余力则造福社会的必由之路。

校正错误的学习观，培养正确的学习观，是一个班级学习成绩优秀的前提。因为，正确的学习观就是一台能自动发电、转换动能的发动机，会给学生提供持续而均匀的动力，能保证从根源上不会出问题。

三　取法其上——培养高境界

学品如人品，也是有境界之分的。

有敷衍了事式，有被动痛苦式，有主动快乐式，最后这种又分为功利式和热爱式。

功利式学习者也很主动，但不论是心急火燎，还是忧心忡忡，都是急于事功的表现。把学习看作是生活中唯一的事情，他们惜时如命，过得紧张而自私，甚至常常因为被打扰而与周围同学发生龃龉。这种学习过于功利，还很难谈得上有什么境界。

在我送出的数以千计的学生中，有不少一流人才，更可嘉的是有的成了科学家。我长期观察并分析这一部分学生，思考他们成绩优异的原因。我发现，除去智力因素，他们对知识充满了兴趣和好奇，对超出考试范围的题目也饶有兴味地去探究。他们并不斤斤计较于这个知识点考不考，只要进入视野了，强烈的求知欲会驱使他们一探究竟，探究使他们体验到巨大的幸福。正像学生小谢在周记里写的："日有所获，我很快乐。"他们也很关注考试成绩，但更关心知识的真相，并会顺着错误去寻求真相。他们获取的真知越多，想要获取更多知识的欲望就越强。世界在他们面前广阔起来，延伸开去。借助知识，他们不但驾驭学习的能力越来越强，甚至掌控人生、对话宇宙的能力也越来越强。学生小牛，每天总把各种反应式在头脑里自行扫描，自行记忆，自行校对；后入南大，现为博士，在硅谷从事心爱的化学研究。学生小鞠，作为理科生，对文科知识从不冷落，考前主动梳理三遍，成绩接近满分；后入清华，现从事心爱的计算机研究。学生小巩，晚休前，泡着脚，背英语单词，高考英语148分；后入中科大，现为博士，从事"越钻越有意思"的概率学研究。是热爱之舟、知识之车，载他们到达人生的远方。

这是典型的热爱式。我想让学生拥有的，正是这种境界。一个班级的学生个性不同，追求有异，资质参差，要求每个人都臻于学习的高境界很不现实。但是，作为班主任，给出一个高度，做出一种倡导总是可以做到的。况且，古人说过："取法其上，得乎其中；取法其中，得乎其下。"只要学生在原有的高度上有所提升，前行的朝向是对的，他们都将受益于学习的"境界说"。

无论是班会，还是家长会，还是个别谈话，我都努力地去宣传高中生当有更高的学习境界这一主张。

因为，学习是扩大人生时空、获取尊严和自由的必需，是趋向更高人生境界的基础。知识不但能给人现实的幸福，还能给人探索的快乐。知识让我们视野开阔，能更正确更深刻地看待人生和世界、历史和未来、微观和宏观。为了充分表达我的认识和呼吁，我将引用联合国教科文组织的报告中高屋建瓴的观点：基本学习"为生存下去，为充分发展自己的能力，为有尊严地生活和工作，为充分参与发展，为改善自己的生活质量，为作出有见识的决策[1]"，"扩大知识面可以使每个人更好地从各个角度来了解他所处的环境，有助于唤起对知识的好奇心，激发批判精神，并有助于在

---

[1] 联合国教科文组织：《教育——财富蕴藏其中》，联合国教科文组织总部中文科译，教育科学出版社，2014年12月版，P81。

独立思考的基础上去辨别是非"①。

（三）德才双修——打出组合拳

我班治班理念的第一条就是"学会做人"。同时，我也跟学生强调，会考试也很重要。会考试是现代人的必备技能，是智慧的表现，是能力的体现。要想班级学习成绩优异，就要打出这套组合拳。

我国传统教育中有极为功利的学习观，学而优则享受荣华富贵，风光无限。这种学习观培养了很多才华盖世的状元郎，也催生了难以计数的人生扭曲的范进。学习观中有功利成分没有错，错的是唯功利。唯功利学习把教育引向了险境，把人推上了绝境，并且贻害无穷。在长达三十年的教育生涯中，我看到了教育的变迁，也接触了大量生动的案例。无论时代如何演进，唯功利的学习观仍然根深蒂固地盘踞在不少人的头脑里。只要成绩能提上去不计其余。一好遮百丑，只要成绩优秀，就无须关注孩子的道德品行、行为习惯、实践能力。这种学习观导致的结果让人不寒而栗。

所以，人们对功利化的学习观持普遍批判态度。这种现象又可能会导致另一种现象——谈功利色变。我们羞于把这句话说出口：教育学生，学会考试；学会考试，争取高分。我们害怕被扣上"功利"的帽子，这个词毕竟含有更多的贬义色彩。矫枉过正，有部分家长和老师又走向另一个极端：大谈素质教育，忽视考试技能的培养。学成什么样无所谓，只要孩子开心就好。这种学习观培养出的孩子散漫随性，没有良好的定力和学习习惯，不会高效学习，不会考试，有水平也体现不出来；对教学大纲要求的学科知识缺乏虔敬的态度，缺乏竞争意识和竞争能力，也容易被淘汰。

因此，在强调立德树人、全面发展的同时，班主任必须重视考试策

---

① 联合国教科文组织：《教育——财富蕴藏其中》，联合国教科文组织总部中文科译，教育科学出版社，2014年12月版，P50。

略的制定、考试意识的培养和考试技能的提高，必须让"学会考试"的教育名正言顺地进入班级管理中。在考前培训、个别指导和日常教学中，要不失时机地强化这种意识。在大型考试（比如会考、高考）中，最重要的目的就是获取分数，考试的总原则就是"得分为上"，像保卫国土一样保卫分数，"寸土不让，一分必争"。只要没交卷，一切可争取，像足球比赛一样，"哨声不止，奔跑不息"。考试的策略，要先易后难，抓大（分）放小（分），不恋战，不较真。在文科考试中，除了答案的准确，还要重视"可视因素"的重点训练，即卷面的整洁、答题的规范、书写的端正等。得出的答案，务必第一时间誊抄在答题卡上，以防万一；给大题留好时间底线，处理好正确率和速度的关系；草稿纸的折叠及有序使用等。

学会考试，与以德树人、全面发展丝毫没有相悖之处。相反，这正是全面发展的应有之义，是培养全人的必须之举。正像英国教育家怀特海所说："我们的目标是，要塑造既有广泛的文化修养又在某个特殊方面有专业知识的人才，他们的专业知识可以给他们进步、腾飞的基础，而他们所具有的广泛的文化，使他们有哲学般深邃，又有艺术般高雅。"[1]当班主任明确了这种意识，确立好理念，引导好学生，班级学习成绩才有优异之可能。

（四）学有风格——形成自特征

武侠有流派，艺术贵风格，讲究的都是有"独特的自我存在"。高中生的学习也是如此，高手学习都有自己的独到之处。我号召学生，学习有风格，勇敢做自己，形成自特征。

这里的"形成自特征"有两个意思。

一是总体风格。

---

[1]〔英〕怀特海：《教育的目的》，庄莲平等译，文汇出版社，2012年10月版，P1。

　　高中生作为"学龄"至少九年的职业学习者，已经摸索到了一些学习之道，不自觉地形成了自己的特点。有勤奋型的，有效率型的；有好问型的，有自学型的；有乖巧型的，有质疑型的；有沉静型的，有活泼型的；有细腻型的，有粗犷型的；有大大咧咧型的，有瞻前顾后型的；有快而易忘型的，有慢而牢记型的……真是不一而足。学生晓凤，活泼大方，但很少问问题，结果是她的数理化学得让男生都自叹不如；学生加兴，几乎不跟老师说话，一开口就脸红，但能独处机房自学计算机教程和高数；学生嘉悦，做题不快，但正确率奇高，几乎是零重做率；学生李洋，做题很慢，几乎每次考试都有做不完的题目，但总成绩一直位居前三；学生玉洁，笔记堪称教科书，圈点勾画，字迹各色；学生小木（后文还有提及），几乎不记笔记，边玩边学，成绩也在前十名……学生的学法多姿多彩，个性十足，太有趣了！

　　二是"深加工"中的风格。

　　高中的学科知识已经自成体系，难度加深，内容庞杂，学生勤学之余，必须有自己的学习方法。作为班主任，我对方法的强调甚至大于对知识的强调，以致方法成为每次班会课的"碎碎念"。提倡他们在掌握知识的过程中，要清楚"正确的输入才有正确的输出"，掌握知识要"深加工"后化为己有。

　　最重要的是，在"深加工"的过程中，要创建自己的学习方法，使吸收更高效，记忆更牢固。

　　比如，中国古典小说中有个"三言二拍"的知识点。"三言"分别是《醒世恒言》《警世通言》《喻世明言》，三本书名相似度很高——越相似度高的知识点越难区分——死记硬背后很快就忘掉。我让学生积极动脑，想出能长久记忆的独特方法，张同学的就叫"张氏记忆法"，胡同学的就叫"胡氏记忆法"。一个姓王的同学创制了记住"三言"的"王氏记忆法"：

三本书中共有的"世""言"忽略不管，根据名字中剩下的文字记忆。

　　《警世通言》：警察来了，交通就好了。（警、通）

　　《喻世明言》：有一种修辞叫"明喻"。（喻、明）

　　《醒世恒言》：我希望自己永远是清醒的。（醒、恒）

　　其他学生借鉴之后，非常有效。记忆之牢，出乎意料。

　　再比如，背《论语》比赛，要求学生在一个小时内，背下互不相连的30则（本来就互不相连啊）。如果没有方法，就会出现以下情形：每一则都能背，但一口气背下30则却"后继乏力"，几乎完不成。有个学神是这样做的：

　　用25分钟找全要背的30则材料，用20分钟建立联系，对原材料进行深度加工，把要背的按内容归类，五部分内容是按8→8→7→5→2降序排列的。每一部分内部又有小规律：第一部分的首字连起来就是"默学吾贤君温朝学——默默学习我贤能的君王温习早上学到的东西"；第二部分君子和小人对举，按从短到长排列；第三部分，把首字组成了"其父三岁不见德"这样一句完整的、有意义的话。他用了15分钟熟悉自己的规则和背诵内容，到一个小时的时候，他已经"万事俱备只欠考试"了。

　　我提醒学生，别人的好方法，可适当借鉴，但千万别被带跑，以致丧失自我，学习陷入忙乱状态，甚至是自卑状态。每个人都是如此地独特，以至于大哲学家罗素说："须知参差多态，乃是幸福本源。"养成并尊重自己学习的自特征，乃是好成绩的本源。

五　涵养心相——培养时间观

此问题是老生常谈。但只要学生的时间观念不强，就有"常谈"下去的必要，关键是如何谈。

还是从禚越同学说起吧。他来自农村，家里不是很关注他的学习。高三寒假前的班会，我反复叮嘱："在家靠自觉，要有时间观、节奏感。"寒假电话家访得知，他腊月二十七就停下学习帮家里过年，到年初六亲戚还没走完，年初九才开始写作业。那一年春节晚，开学几乎就是百日誓师，他却心安理得地停掉学习13天，这简直就是赤裸裸地荒废时间。我一听就不淡定了，在电话里跟他交流。

我：过年好啊！作业写多少了？

禚：老师过年好！才三分之一。

我：哦，前面在上补习班吗？所以没空写？

禚：不是，老师。是在过年，走亲戚。

我：过年走亲访友也正常。可是，你今年高考，即使不去，亲戚也能理解啊。

禚：是我妈老拽着我去，每次她都叫上我。

我：你的意思是……责任在妈妈？

禚：反正我没主动要求过。她叫，我才去。

我：那你愿去吗？有没有拒绝过，说要学习？

禚：没有拒绝过。（他回避了我的第一问。）

我：禚越，我听出来的意思是你很愿去呢！所以，一叫就去。

（那头沉默。）

我：开学前作业还能做完吗，你估计？

禚：做……不完，老师，做不完了，本身还有些不会的。

我：那你现在心里急吗？还有几天就开学了。

禚：急，挺急！

我：禚越，那么长的寒假，看看让你挥霍的。还把责任往妈妈身上推。这分明就是你玩心太重，没把时间当回事儿。咱班的葛月同学连春晚都没看，年初一躲到家里的地下室去学习。你都是马上高考的人了，还能随意地放松13天，争取考上211的豪言壮语还在教室后墙上贴着呢！一个在乎时间的人，得护着时间，就是妈妈叫你去，你也得心疼时间，也得据理力争。你对时间这么虚情假意，别人来侵占，正中你的下怀，你就顺水推舟玩去了。咱还高考吗？咱拿什么高考？

禚：……

我这一番说教，把他那点儿遮遮掩掩的小心思都摆在明处了。他无言以对，也心有戚戚了。开学后我乘胜追击又找他谈惜时之事。禚越很长志气，后一百天，披星戴月，夜以继日，最终考到青岛某高校去了。几年后，又到重庆某高校读了研究生。

我一直教育学生要保护好自己的时间。时间就是个人财富，要把它用于对己对人有益的方面。除了遵守学校的作息时间，还要学会管理闲暇时间。学习、思考、读书、锻炼、做公益、观察大自然等，都有助于凝聚心力，提升意识。有时候，半个小时甚至半天，也学不了多少东西；但浪费过去，损失的不是知识，而是心理，它把你心灵的生态环境给破坏了，心志受损，是无形的损失。比如说，苏同学周末做作业时，手机在侧，隔一小会儿，手痒心痒，就得浏览一下微信群，也浏览不长，但这形成了离心力，总是把他从学习状态中频繁地拖出来。长此下去，苏同学就没有了专心致志的学习习惯了。这岂不可怕！整天整天地假学习，岂能学好？另外有些同学看起来没有纪律意识，内在的本质问题是对时间没有正确的认识。从时间的角度管理纪律问题，效果也相当令人满意。

在我们班，与时间管理相关的还有两句话，就是"在对的时间，做对的事情""学习快半拍和回头看"。前者说的是，某段时间和应该做的事之间是对等关系，什么时间该做什么事，是对时间和事件的尊重，是对规则的尊重和规律的遵循；否则，瞎忙活等于白忙活。后者其实是种学习方法。这种学习法是我班杨同学独创的，其实很简单，就是"预习和复习"。他一开始搞数学竞赛，后来又考SAT出国，是班里的生活委员，总成绩又是前10名。他哪来这么多时间做好这么多事情呢？他会学习，总是"快半拍和回头看"。会学习其实就是会利用时间，他做完硬性作业后，余下的时间，就复习和预习。归根结底，他有时间观念。

第二节　采取多种措施，营造浓厚学风

一　打造梦之队——统一大目标

知识素养是素质教育的一部分。成绩不好怎么能算素质教育呢？真正的素质教育应该包含学业成绩的优秀。班主任应该全面正确地理解素质教育的内涵。在班级理念和发展框架中，把学习放在重要位置。

我们班的学习目标是"成为实验中学梦之队"，成为"尖子生孵化基地"。并且倡导学习是一件光明磊落的、无比光荣的事情，要心无挂碍，完全投入，没有什么不好意思，没有什么忸忸怩怩。我的2015级33班高一甫一入校，学习热情高涨，学业成绩名列前茅，高二时向实验班输送尖子生11人，成为级部之最。在高二、高三的发展中重又崛起，成绩再次跃居级部前列。这得益于开学之初对学习的定位和强调，得益于班级学习目标的激励作用。这是端正学习观的成功个案。

　　班主任在每周一次的例行班会课上都要以适当的形式谈及学习，让学习理念和班级目标深入人心。学习是班级的主线，三年下来，坚持不懈。学生知道班主任的理念，知道班级生活的重心，知道不学习在班里连个玩伴都找不到，所以，可以学习不好，但绝不能不好好学习。班主任要不遗余力地宣扬："学生身份"就是名正言顺用来学习的，不用藏藏掖掖；"学生时代"就是用来学习的，不可蹉跎；"学习时间"千金难买，逝去不返；学生要以学习为荣，以学习为乐。

　　我的班级从高一到高三都有如下自然的做法：某堂课上，老师在讲台上讲课，同学们聚精会神地听课。但在墙根或教室后边，有同学站着听课，一脸平静和专心。这不是在罚站，而是犯困的同学主动的选择。晚自习上，早自习上……均如此。和坐着听课一样自然，大家习以为常。谁想站着谁就站着，不需要思想斗争，不用怕别人的眼光和闲话——压根儿就没有！一下课，捧着课本请教的同学把老师围在中间，真有"里三层外三层"的盛况。老师自豪又幽默地说："难道我课上讲得不明白吗，这么多人来问？"有时，一个最外层的同学还没来得及开口，下节课的铃声就响了，老师关心地问："你想问什么问题？"他摆摆手说："没有问题，老师。我想听听别人问的什么，我会了没有。"或说："我没有问题，只是想再听老师讲一遍。"

　　学生在周记里说："我们班连史地政都那么多问老师题的，学风真是太赞了！"那一级高一学年结束时的期末考试，总共9门功课，我班除了平均分遥遥领先，总分过一千的人也居于第一，真正实现了"成为实验中学梦之队""班级是尖子生孵化基地"的大目标。

⚁ 竖立高海拔——培养尖子生

（一）常规部队——班委会和团支部

学习虽然是天职，但人又有懒惰和得过且过的天性。一个班级中的班委会和团支部成员不一定必须是成绩突出者，但必须是态度端正者，是勤奋好学者，是善思善问者。班委成员总数在12名左右，占到了班级人数的近四分之一。即使是一个影响一个，这股力量也足够可观，何况还不止一个。这既促进了班委成员自身的成绩，更重要的是带动了整个班级的学风。不管是谁，什么时候进教室，都能看到那些伏案学习的身影、专注思考的神情。身处这样的氛围中，任谁都不会怠慢。班主任要对班委的成绩、勤奋度、学习的诚实性做出特殊要求，比如，总成绩不能低于多少名，不可出现不及格现象，不可出现作业抄袭和旷交现象，尽量早地到达教室，进入学习状态。我班的班委团队学习成绩普遍优秀，态度可嘉，为班级欣欣向荣的学习面貌做出了卓越贡献。

（二）特种兵——各科尖子生

尖子生的作用绝不仅是他自身学业优秀，更重要的是他是一座珠穆朗玛峰，他是一把标尺，能衡量该科成绩达到的最高水平。并且，他隐形的带动作用、无声的引领作用是一个班级宝贵的财富。班主任要培养和保护班里的尖子生，最好形成各科尖子生团队，互相竞争，互相碰撞，把每一科的学习氛围衬托得活泼而热烈。另外，尖子生的笔记可以分享，尖子生组成"小导师团队"对薄弱学科进行指导，尖子生介绍学习经验，等等。班主任要把自己班内的人才用好用足。

（三）秘密武器——学科竞赛者

班主任要辩证地看待学科竞赛。既看到它给班级带来的优势，又看到它的负面影响。学科竞赛者虽然有种种优点，但学科发展不均衡，学习自主的同时带有很大的个人化和随意性，与班里的大节奏是不合拍的。班主任要引导同学认识自己，选择适合自己的学习道路。这样才能采撷竞赛之利，摒弃竞赛之弊，为班级健康的学风助以一臂之力。

同时，班主任要善于挖掘和利用学科竞赛者的潜力。参与学科竞赛的学生一般能拼能学，自学能力、钻研能力都非常强，而且很有定力，对班里的学习能起到"定海神针"的作用。个别同学甚至在高中就表现出很好的科学素养和科研兴趣。龚同学是数学和化学竞赛的双料省赛一等奖，当时具备了保送资格，但他还想跟班复习，参加高考，去经历人生中的这一重大事件。他看问题的角度和独特的解题方式像给班里放进了一条"鲶鱼"，极大地激发了同学们的学习热情。到高三下学期，我班这两科成绩节节攀升，别班不知内因，其实是因为我们有秘密武器。

"抓两头促中间"是班级学习常用的方法。抓尖子生，就是抓榜样，立高度。每一个学生都有学习好的强烈愿望，他们会不自觉地观察、学习优异者的做法，从而出现"见贤思齐"的美好景致。

三 保证"三个一"——培训课代表

为了配备一支高素质的课代表队伍，班主任要把好关。要有成绩的要求，比如单科不能低于班内多少名；要有态度和能力的要求；要有制度的保证和方法的指导。总的来讲就是三句话：一要态度端正，二要成绩过硬，三要能力保证。这三条缺一不可。选拔出来之后还要培训。下面是笔者所带33班第二届课代表培训内容摘要：

培训时间：2015年12月7日

培训地点：本班教室

培训人员：学习委员和各科新当选课代表

培训内容：

1.祝贺同学们高票当选课代表。

2.要求。

（1）定位：课代表是学科学习的第三责任人（第一是任课老师，第二是班主任），是学科学习的组织、管理和带头人。

（2）勤：勤字当头，勤跑办公室，不能有偷懒、侥幸心理。

（3）德：为同学和班级服务，有良好的出发点和服务态度。

（4）能：检查作业及时，报告作业情况及时，老师布置的软作业、硬作业都要落实。如果老师忘了布置作业，要及时联系老师，或视功课进度自行布置作业。

布置作业时，要站到讲台上，让大家保持安静后再说话，布置作业的声音要大，保证每个同学都听到。

收缴作业要掌握时间节点，在自习课一开始或临下课时布置，同时负责维持纪律。

（5）成绩：个人总成绩在30名以内，学科成绩尽量在前十。

（6）协同能力：各科协调。

3.学习委员：对课代表起领导和监督作用，负责学习活动的组织和学习资料的共享。

（四）助推爬坡者——巧激后进生

首先，我的管理理念里没有"差生"这个概念。"差生"是个侮辱人的词汇。我把成绩暂时不理想的学生称为"爬坡者""暂时落后者"。学生只有学习态度、学习方法、学习能力的差异，只有觉悟早晚、用功深浅的差异，没有别的不同。"爬坡者"这个称谓意在告诉学生，他此时在一个关键节点上，咬咬牙就上去了；爬上这个坡，会有一段平缓的路，前景可期。

"暂时落后者"这个称谓意在告诉学生，目光要长远，人生是一场漫长的比赛，此消彼长很正常，暂时领先和暂时落后都是常态，不断自我超越才是真谛。这个称谓本身就是一种尊重和指导。在我们班里，几乎没有因为成绩暂时落后而自暴自弃的学生。他们心态阳光，积极乐观，奋力追赶。

其次，对爬坡者进行一对一指导。（成功案例见本书《学习上"鬼打墙"的孩子到底遇见了什么》）除了先天的资质以外，基础问题、时间分派、学习方法、思维品质、学科平衡等因素会不同程度地阻碍他们的学习，每个孩子呈现的又各不相同。班主任不能仅仅谈个话、敷衍地瞎指挥一番就了事，而是要对学生认真把脉，望闻问切，找准症结，然后给学生定制学习策略。自己解决不了的，要请任课老师来配合完成。比如，几科不好的，主抓一科；一科获得进步后，学生有了信心探索到了方法，就可以扩大战果，乘胜追击。再比如，深入交谈时，发现学生用文科思维学习理科，数学题不是搞懂而是背步骤；或原理都懂，但计算能力很差。这都需要数学老师对学生进行面对面指导。深层的问题解决掉了，学生分析问题的思维校正了，他就会获得成绩的进步。相比于班主任的语言鼓励，成绩的进步更能给爬坡者可靠的信心和力量。

学生黄麒来自薄弱初中，学习成绩一直倒数第一。他对自己的成绩极为敏感，用发了疯一般的用功挽回颓势。但他越急越差，越差越急，反而跟倒数第二的总分越拉越大，他的心态又紧张又迷茫。我用我的"浸透式"谈话法，跟他进行了全面彻底的沟通，发现黄麒的问题比较严重，除了语文能听得懂，数学稍有感觉，其他"惨不忍睹"（他自己的原话），最差的是英语，才考了50多分（满分150）。如此下去，这个痛苦的学习者会崩溃或放弃。我把他的问题做了如下审视和思考：一、不能指望他成绩提高多快，但必须保证他学习的热情；二、学习上没有自信，必须让他在别的方面有补偿；三、扬长补短，"扬"数学，"补"英语。之后，让他做了"周末班长"，即负责周末留校人员的统计、考勤、纪律。他一下子找到了感觉（他初中曾是班长），工作积极投入，心态也相对自信而放松了。然后，英语老师也给他制订了"从背单词开始"的学习计划，开始了旷日持久的英语"小灶"学习。一直到高三，他的成绩虽没有本质的飞跃，但他的心灵却完成了自我的放飞。

像黄麒这类同学的学习热情能均衡而持久，对整个学风的促进是令人惊喜的。班级中"两头"抓起来，学风没有不浓的，成绩没有不好的。

五　运筹帷幄中——科普学习原理

军队打仗，讲究"运筹帷幄之中，决胜千里之外"。而"运筹帷幄"的是将领和军师，士兵们只管服从指挥，冲锋陷阵。设想，士兵不但知道怎么作战，还知道为什么如此作战（让他们知道帷幄里运筹了什么，作战方案背后的兵法依据是什么），执行力、战斗力、成功率都会大大提升。

我在指导学习时，把学生请到了"帷幄"之中。一般情况下，教师都是利用这些教育心理学原理指导教育教学。而我想，高中生有足够的理解力去懂得这些原理的内涵。于是，我尝试把与学习密切相关的概念直接呈现给学生，让学生知道学习方法的来源，与原理亲密接触。给学习方法以更多的心理学依据，学生更信服，从而也更乐于使用。比如：

知觉

概念："人在知觉客观世界时，总是有选择地把少数事物当成知觉的对象，而把其他事物当成知觉的背景，以便更清晰地感知一定的事物与对象。"[1]

应用：黑板上的板书用加符号、变字体、变换粉笔颜色等画重点的方式呈现，是为了便于记住。同学们对这部分内容要格外重视。卷子中的错

---

[1] 彭聃龄：《普通心理学》，北京师范大学出版社，1988年10月版，P240。

题务必用红笔校正，笔记中的重点、难点、考点要用特殊颜色、特殊符号标记。

效果：改善了记笔记的习惯，能较快记住知识要点，提高了学习效率。比如，古文实词"爱"有以下义项：①喜爱；②惠爱；③爱护；④友爱；⑤通"薆"，隐蔽；⑥贪图；⑦吝啬。最后一项是高考考查重点。学生标注出来，实际上只去记这一个义项就能解决问题。

思维

概念："人的思维与语言密切联系在一起。语言的物质特征是引起思维活动的直接动因，也是思维活动赖以进行的载体，借助于语言还能巩固和表达思维的结果。"[1]

应用：把思维过程说出来，把知识点说出来——口述知识，以验证自己是否真正懂了。

效果：高考语文语言运用中的下定义的要求是：①格式是"A是……B"，必须是单句；②必须提取关键信息，即本事物区别于其他事物的本质信息；③必须符合题目的字数要求。学生出现的最大问题在第一点"句式"上，他以为的单句可能是复句，因为这是个难点。这时候，可以让学生口述定义，"说给"老师听。只有理解对，才能说得对，依此来判断下定义的知识点掌握与否。

思维过程中的比较

概念："比较是在思想上把各种对象和现象加以对比，确定它们的相同点、不同点及其关系。比较是以分析为前提的，只有在思想上把不同对象的部分特征区别开来，才能进行比较。"[2]

应用：各科中的易混点（形近易混、意近易混）要把它们摆放在一

---

[1] 彭聃龄：《普通心理学》，北京师范大学出版社，1988年10月版，P354。
[2] 彭聃龄：《普通心理学》，北京师范大学出版社，1988年10月版，P356。

起，找出细微区别，便于记忆。

效果：英语中类似"qualify（使）具有资格—quality质量，effort努力—effect作用—affect影响，assess评定—access进入，polish磨光—punish惩罚"，等等。

化学中类似"地沟油、甘油、石油三词都含有'油'字，但，地沟油是油，属酯类；甘油不是油，属醇类；石油不是油，属烃类"，又类似"根据水解、电离平衡常数大小比较得知，碳酸氢钠（$NaHCO_3$）显碱性，亚硫酸氢钠（$NaHSO_3$）显酸性"，等等。

默会知识

原理：英国哲学家波兰尼的《个人知识》认为，知识分为显性知识和隐性知识（或称默会知识）。他以用锤子钉钉子为例写道："当我们往下挥锤子时……在某种意义上我们肯定对把握着锤子的手掌和手指的感觉很留意。这些感觉引导我们有效地把钉子钉上，但是，虽然我们对钉子的留意程度与对这些感觉的留意程度相同，而留意的方式却不一样。其不同可以这么来说：感觉不像钉子那样是注意力的目标，而是注意力的工具。感觉本身不是被'看着'的，我们看着别的东西，而对感觉保持着高度的觉察（aware）。我对手掌的感觉有着附属意识（subsidiary awareness），这种知觉融入我对敲击钉子的焦点意识（focal awareness）之中。"[1]

应用：为什么学生在同样的班级，面对同样的老师、同样的教材，用同样的时间学习，学习结果却迥然不同？原因应该不止一个。但一个不可回避的问题就是，学生在头脑里对知识进行理解吸收的时候，出现了问题。他的"手掌的感觉"出了问题，导致"钉子不能有效钉上"，即习题不能正确解出。这里的"感觉"就是默会，是一种十分个人化的、难以言传

---

[1]［英］迈克尔·波兰尼：《个人知识——朝向后批判哲学》，徐陶译，上海人民出版社，2017年8月版，P65。

的东西。只有完全投入，保持高度的觉察度，对做题的思路保持深刻的规范调整，才能保证思维朝着正确的方向行进。

效果：高中有个作文题，材料如下：

阅读下面材料，按要求作文。

有一支考察队深入非洲腹地考察，请了当地部落的土著做背夫和向导。由于时间紧需要赶路，这些土著背着几十公斤的装备物资健步如飞。奇怪的是，他们每走一步，就叫一声自己的名字。一连三天，都很顺利地按计划行进，大家都很开心。可是第四天早上，准备出发的时候，土著们都在原地休息不走了，好说歹说就是不愿出发。队员们都很奇怪。这时土著的头领解释道，按照他们的传统，"连续3天赶路，第4天必须停下来休息一天，以免我们的灵魂赶不上我们的脚步"！

上面的材料引发你怎样的感悟与联想？写一篇不少于800字的文章。

确定立意就是确定文段的中心意思。这一段究竟要表达什么，需要整体去领悟。这个作文题命制的背景，是当下喧嚣和快节奏的大时代，灵魂得不到休息和滋养，被名利的脚步带得疲惫不堪。作者的感情倾向是肯定非洲土著的习俗，并启发我们思考当代人如何调整自己的生存状态。原文最后一句属于文眼。学生缺乏"默会"整体意思（这个整体包括材料所出现的时代背景和出题人的意图）的能力，就把文章的主旨理解成了"土著要移风易俗"，要跟上时代的脚步了。

默会的学习方法是个很好的补充。知识不只有理性和客观，还有默会。后者要求学生学会领悟，有整体感，并带有浓郁的个人风格。这一点对学生的理科学习有很大的指导。在这之前，学生也许已经在用，但那是无意识的，没有认识到这是一种被西方哲学家高度认可的学习方法。我在班会积极提倡，并结合我校丁继旺老师的《怎么想就怎么教》中的案例，启发学生的默会学习。

我把思维的训练和磨砺称作看不见的"比赛"，不动声色，就决胜于千里之外。

后　记

对班级学习的思考

一、班主任是班级学习成绩的第一责任人，正确、科学的引导必不可少。

二、班主任对学生的指导要有洞察力：切勿泛泛地强调学生考多少名多少分。要超越表面的东西，把目光盯住成绩背后的因素，看到更深邃的东西。

三、学生情绪稳定愉悦是学习的前提，班级的和谐能提升学习效率。班主任要心怀春风，和颜悦色；切忌杀气腾腾，动辄暴怒；或师生关系别扭，学生情绪压抑。

四、学风只是班风的一部分，班风好学风才能好。

五、永远不放弃任何一个学生。作为教育者，班主任要拿出"力拔山兮气盖世"的气概去引领学习，他本人放弃了，班主任也不要放弃。学生会深受感染，也拿出拼命三郎的勇气来。

六、对爬坡者给予更多的关爱和理解。对他们不嫌弃，不着急；说出的话永远给他们欢喜和希望。

（中）

春在枝头已十分——我和学生

第一章　优秀传统文化之妙用

第一节　致敬王阳明——嘉俊的故事

一　大师王阳明

在长江三角洲南部，有个面积只有一千五百多平方千米的县级市。它是河姆渡遗址所在地，并拥有美丽的四明山。此处是个名家辈出的钟灵毓秀之地——严子陵、虞世南、黄宗羲等历史文化巨人前后相继，薪火相传，形成了一支壮观的队伍。泱泱华夏，无出其右。它就是浙江余姚。王阳明就诞生在这块肥沃的文化土壤上。

王阳明是状元之后，家学渊源，并有高度的道德自信。凡有盖世之功、超凡脱俗之人，往往富有神性，伴有超自然现象，从而带有神秘色彩。就像传说孔子是母亲因踩上尼山神人的脚印才生育的一样，王阳明的婴幼儿时代也充满了传奇之处。明史《王守仁传》说他"娠十四月而生。祖母梦神人自云中送儿下，因名云。五岁不能言，异人抚之，更名守仁，乃言"[1]。也就是说，王阳明在母腹里逗留420天才"面世"，且在学龄前

---

[1] 冯克诚，田晓娜：《四库全书精编·史部》，青海人民出版社，1998年2月版，P1049。

不会说话，经神人点化，方"破口"而言。这些佳话都被无数重量级"阳粉"在不同场合及不同书籍中多次提到。

话说王阳明11岁出口成章；12岁立下志向，要做圣贤；15岁游历居庸关喜言军事，精研兵书；17岁痴迷格物而新婚之夜未归洞房；28岁中进士，涉足仕途。37岁因忤逆刘瑾被贬贵州龙场驿，此处野兽出没、瘴气笼罩，王阳明自己曾写道："盖瘴疠虫毒之与处，魑魅魍魉之与游，日有三死焉。"[①]这个偏僻的无名之地，想不到接纳了一位思想的巨擘。

对王阳明来说，37岁注定是不平凡的一年，龙场驿注定是个不平凡之处。追寻了25年的谜底被顷刻找到，"心即理"，而且他发现这种理与生俱来，与身同在，"众里寻他千百度，蓦然回首，那人却在，灯火阑珊处"。一道思想的闪电璀璨了龙场的夜空，照亮了历史的隧道，成为烛照人类和人心的长明之灯。那一刻的王阳明应该激动得浑身战栗，那一刻的王阳明应该被定格为火炬的造型。一个思想家应该获得人类普遍而持久的景仰，因为他们伟大的思想让人认识了两个宇宙：人的宇宙和自然的宇宙。

41岁，《传习录》刊印；57岁，在弟子的环绕中安然仙逝，临终遗言："我心光明，亦复何言？"

（二）　从"致良知"到"攻心为上"

我的驽钝和肤浅的学养，驾驭不了心学庞大的知识体系。但阅读的过程中却获得了很多启迪，尤其发现阳明心学可以运用于教育教学和班级管理中时，我倍感欣喜。

---

① 鹤阑珊：《王阳明：人生即修行》，中国友谊出版社公司，2012年10月版，P89。

在心学的诸多概念中，"致良知""知行合一""事上练"被我拿到班级管理中做日常使用。这篇文章只谈第一条，其余两条另篇再论。良知就是每个人内心的一面明镜，是人天生的意念，是容易被人的欲望遮蔽的天理。一个人只要有是非观，就有良知。一个坏人也是有良知的，但他被利益和欲望驱动，导致他背离良知，渐行渐远。换言之，坏人知道自己是坏人，他只是无视良知的存在。一个高尚的人就是"致良知"的人，他不但知道有"良知"，而且能够靠近良知，到达良知。如此而已。

"致良知"充分展现了对人的赞赏和自信。只要一个人的良知未泯，没有被外物蒙蔽得太深，就可以让他"动心"，从而激活他的良知，让他朝健康的方面发展。一个教育工作者以"致良知"为出发点，可以摒除功利观念，以人为本，完全站在对方的角度去考虑问题，对教育者施加影响。起初我曾错误地认为这是个术，也就是手段和权谋；后来我发现，这是对学生心灵的真正观照，是对学生作为独立个体的尊重。这个工作方法，我称之为"换位思考"和"攻心为上"。

当我最终认识到"致良知""心学"是"道"不是"术"后，我就开始运用自如、屡试不爽了。

做圣贤、继心学是王阳明一生的理想和追求。他的学说给很多人带来方向和福祉。于是他的个人追求获得了一种价值。他的理论是日月、星辰、灯烛——是一切发光的东西，在历史和人生的天空高悬。正确领悟阳明心学，可以呈现青葱繁茂的生命气象。阳明心学也是关于幸福的哲学，它能让人的心灵十分通透。

在教育领域里，我是个采光者，是被传统文化的圣光烛照的人，是享用前人恩泽和受到庇荫的后来者。一经发现传统文化中优秀的部分对我的教育教学有所裨益，我就毫不犹豫地拿来使用，再让它裨益我的学生们。

三 "你把自己美好的周末毁掉了"

班主任工作中会有不少突发事件。有时拿捏不好分寸、控制不好心态就容易怒从心生，把事情处理得一塌糊涂，难以收拾。尤其当三令五申的规定又被破坏，比如下午班会刚强调不要带手机到教学区域，晚自习学生就又在教室明目张胆地使用手机，你甚至觉得学生有故意之嫌，从而越想越气——呵呵，"良知"被盛怒蒙蔽了。

那是个周五，晚上9点多，值班老师给我打来电话说："你班嘉俊（化名）在教室使用手机，给他没收了还不服气，到办公室来找我理论。"我听出来值班老师怒气未消，就赶紧说："好好好，我的学生给您添麻烦了，周一我一到校就了解情况。"

当天下午最后一节是我的语文课，临下课我特别强调，"高三了，不能把手机带到教室来，这是底线"。

嘉俊是个善良自律的孩子，很让人放心，为什么事情发生在他身上呢？

我带着满肚子的疑惑、满脑子的思考度过了周末。

周一一早，我来到学校。整个校园沐浴在淡淡的霞光之中。

我放好车，直接来到教室巡视。同学们正在上英语早自习。书声琅琅，正是校园该有的模样。

可嘉俊不在教室。问同位，不知道。问班长，没请假。问舍长，说来过教室了。

咦，人到哪里去了呢？犯了事，不见了人影。我倒是有些担心了。

我心事重重地来到办公室，坐到临窗的沙发上，想考虑一下这事怎么办。阳光洒在我身后的窗子上，一盆观音莲生机勃勃，在冬季里静静成长。多肉植物喜欢冬天有阳光的地方。

办公室的门开了。一个脑袋探进来，先看了看我的位置，没人；又扫了一遍办公室，看到了窗子边的我。嘉俊，表情复杂地来到我的面前，我推了推沙发上堆积的作业本，招呼他坐到我身边来。

他还没坐稳，就用轻柔中带有磁性的声音说："老师对不起，让您周末都不能好好休息！"

"怎么回事？你怎么会出现这种问题？"我带着迫切想知道答案的表情看着他。

"我真没玩。老师，真的。闫旭（化名）让我给他传作业，我当时在给他拍作业。"嘉俊着急地解释。闫旭因为参加比赛，上周没来上课。

"值班老师一说我玩手机，我就急了。他污蔑我。我爸爸知道我带手机。因为我经常留校，是为了方便联系我才带来的。我从来没有乱玩过，只用来跟我爸爸联系。但无论怎么着，老师，我错了。可是我真没玩。老师……能不能把手机……还给我？"

他低垂着头，两手相互捏着，一口气说了很多，有些语无伦次。

我坐在他的身旁，静静听他解释，不说话，一个点头也没有，一点儿表情也没有。他猜不透我心里想什么。

他说完停顿了一会儿，知道他没有要说的了，我就问："从周五晚上到现在，你过得好吗？"

"不好，老师。一个周末心烦意乱，也没学好。"他沮丧地回答。

我拍拍他的肩膀说："真是的，你本来是想趁着周末好好用功，补补弱科，做做整理的，对吧？你一定计划得很好。因为一念之差，把手机带入教室，一个美好的周末被破坏掉了，很可惜。"

"真是这样，老师！"他懊恼地搓搓手说。

"你想想看，要避免这个事件，哪个环节很关键？"

他沉思了一会儿，不回答。

"是你在宿舍把手机装入口袋的那一瞬间！你当时该在脑子里过一过，这事能不能做。手机使用本是学校生活中敏感的问题，是你头脑里没把好关。一个人一定要有正确的意识，才能避免很多错误，才能使生活顺畅而平静。你说对吧，嘉俊？"

"可是，老师，我没玩手机。我用手机是为了帮同学。"他又把问题绕回来了，心里还是过不了"我做好事却被批"这个坎。

"你听我说，嘉俊。一个人做事，并不因为动机纯粹、心地磊落，就可以不顾形式和方法，就可以忽视纪律，就可以恣意妄为。××高二不就犯了这样的错吗？以致受到学校处分。你拿手机不是玩，是为了帮闫旭拍题。拿手机本身就是错的，无论你用它做什么，你的前提就错了。并不因为你帮同学这个动机是对的，拿手机这个行为就变得正确而可以原谅。依你的逻辑，一个老师只要动机是为学生好，就可以不顾教育形式，对学生又打又骂、出言不逊吗？肯定不行啊！要想让纯粹的动机不打折扣、不受损失，你得用好的方式方法来保障它。"

"噢，是的，老师说得有道理。"他点头称是。

"那么，怎样做才能既帮了闫旭，又不违反纪律？"

"我可以把卷子拿回宿舍，拍给他。"

"这就对了！所以说嘛，问题的关键在于你对'手机不能带入教学区域'缺乏警惕。"

"嗯。"

"你看看你做的事（我打开手机里的级部群，找到值班老师发的抓拍图片，照片里的嘉俊穿着紫黑相间的毛衣站在书桌前认真地拍着展开的卷子，没有任何避讳和小心谨慎）。大摇大摆违规而不自觉，还口口声声说'我没玩我在拍题'。你的认识是不是很幼稚啊？可是，你已经18岁了啊！你马上就要步入大学，然后还要踏入社会。希望这件事能引起你的思考。我上边讲了很多，但是我选择相信你所说的一切。我相信你是不玩手机的，相信你是为了帮同学拍题才这样做的。因为老师与你交往了近三年了，知道你是个纯良的孩子，你的内心世界充满了向上和向善的力量。"

我最后跟他商量说："那么你考虑两个事：一、该不该给值班老师道个歉；二、你的手机怎么办。"

他马上接过去说："我刚才去找值班老师了，他没在。我那天晚上态度很恶劣。手机放老师这里吧，'三诊'考试进步了再给我。"

"那你先回教室学习吧。"我用力地拍了拍他的背。

我相信，嘉俊是带着对此事的更高认识走出办公室的。

后 记

我在用王阳明的"致良知"去处理手机问题。我没谈他给老师和班级带来的麻烦，也不谈纪律和常规，我完全站在他的角度去认识这个问题，并掏心掏肺地讲这件事情内在的道理。最后，他自己就知道错在哪里，再也不觉得冤枉，再也不辩解了；同时也明白，纪律不但是约束人的，也是来保护人的，自觉遵守于人于己都有裨益。也可见，教育管理中的绝大部分问题都不必"狂风骤雨，电闪雷鸣"，因为每个学生都有"致良知"的原动力，教育者只要找到切入点就好。当然，阳明心学只是教育教学中的一种方法，它不能成为解决所有问题的武器。

第二节　致敬王阳明——管小木的故事

序

本文主要讲述，在一年半的时间里怎样用王阳明的知行理论转变一个学生的过程。

从大雁回归的9月到来年万物竞绿的7月，再到万木萧萧的冬天，管小木（化名）隔三差五状况不断，不断挑战我的教育极限，磨砺我的耐心和教育技巧。窗外的法桐完成了一个荣枯轮回，银杏树新添了一圈年轮，雏鹊已学会搭建新的屋舍，篱笆一隅的丁香开过又谢过。在外游荡很久的一颗年轻的灵魂终于完成了回归。

当然，我也得以窥探到一种教育奇观：一个疤痕累累的灵魂如何得以修复，怎样在拉锯战中胜多负少，走向稳定。

那就容我从头讲起。

一　嘉木长成

那是12月中旬的一个晚上。

明亮的灯光从窗子里溢出，走廊一片安静。我推门进了教室。一个场景立刻引起我的注意：管小木正半蹲在讲台靠窗子的一侧，右手伸进暖气片后边掏摸着。他神情专注而自然，没有注意到我的到来。卫生委员于倩（化名）拿着簸箕和笤帚守候在旁边。管小木的身子慢慢往后撤，右手捏出个牛奶盒子，吸管里突然漾出一点儿奶，洒在了他的手背上。他一手拿着，一手接着，快步走出教室。一阵腐臭的气味直冲鼻腔。

"元凶"终于找到了！这盒特仑苏真是个捉迷藏高手！11月中旬时，暖气送了没几天，教室前部就有一种若有若无的异味。静坐教室，这种气味就一直往鼻子里钻。学生搜过，不知其来处。近几天越来越难闻。周一下午大扫除，于倩带着大家查了个遍，一无所获。今天事情终于水落石出。这多亏了管小木！

要是从前遇上这样的事儿，管小木也许正捏着鼻子骂骂咧咧，也许正跑到远处冷嘲热讽，也许正吹着口哨扬长而去……他曾是个麻烦制造者。

"多亏了管小木！"一个美好不打招呼地悄然而至。望穿秋水、梦寐以求的那个管小木终于来到了我的面前！一株嘉树，临风而立，形神兼备。对于别人，去做一件利于他人的小事是举手之劳；对于管小木，却是走过千山万水，得之不易！

二　时光倒转

让我们一起回到去年的9月份。

班主任是不能自己选择学生的。给什么，是什么。

昨天教务处已给我打过招呼，说有个学生要文转理，安排一下座位。但当管小木拿着报到通知单来到办公室时，我还是吓了个趔趄。

别误会，他在级部并不是那种一呼百应、打架斗殴、油盐不进的人物——我所在的学校几乎没有这样的学生。他的原班主任是我室友，管小木是她茶余饭后的话题之一，我对这孩子所知不止一二。

他从来不顶撞老师，是隐藏得很深的那类学生，同学送他绰号"地龙"；原班主任说他是黄鳝——本以为抓住了，但他刺溜一下又跑了。

他脑瓜聪明，悟性甚好，成绩不错。同桌问他题，他就嘲讽对方是笨倭瓜，脑子让家里的宠物狗给舔了。

老师从后门窥见他自习课玩手机，待绕到他身旁，他却表现出正襟危坐做作业的架势。他把书包底儿朝天倒出来，把口袋像翻鸡胗一样翻出来，说："老师，我没带手机。"（原来，他把手机藏进了宽大的校服袖子里。）

学校规定球类和大型乐器不能带进教室。可是下午最后一节课刚下，他就用布兜兜着他的篮球从教室出来。老师明明巡查过教室，视野之内并没有球。（原来他把球埋进了半桶垃圾里。）

老师亲眼看他穿着校服下楼去操场，但不一会儿班长就说他因没穿校服扣了分。（原来，他一拐过楼角，就把校服脱下来塞进书包里了。）

课上起哄年轻的女老师；对某个笑点做出很热烈很突兀的反应；做操时转着身子说一圈的话，调侃那些认真做的同学；铃声还未响完，就大声呼朋引伴地去打球，看见老师来了瞬间溜回座位端起书；在厕所，威胁把他列入不交作业名单的课代表；轻而易举地制造同学之间的矛盾，等人家吵起来，他却在旁边看热闹；早自习迟到，艺术课旷课去打球……

一句话，他犯错令人防不胜防，他犯的错不一而足。身上积弊沉疴历史悠久，教育转化的难度极大。他到哪里，就把事端带到哪里。如此能惹事，又以这么琐碎的方式惹事，这样的学生，我平生没见过。他真是个教科书式的麻烦制造者！

任你多有能耐，看到这样的学生也会头皮发麻。一个顽皮的学生会占用你一半的精力，你每天提心吊胆，频繁救火，疲惫不堪。看官可能说，何不让他"自生自灭"？不，这样的学生元气充沛，生而不灭。如果放任自流，班级会混乱不堪，失去控制，贻误其他孩子。何况，任他自生自灭，一个家庭就完了；日后到了社会，他虽不至于必然危害社会，但他自己却要不断遭受挫折，不断接受社会没轻没重地修理。倒不如，让为师我现在修理他。

三 第一次长谈

在着手转化他之前，先请他的父母来了一趟学校。我详细询问管小木的成长经历和成长环境，包括是谁带大的，小学和初中是在哪里上的，父母与他的关系如何，家庭教育理念怎样，在初中跌过哪些跟头，他身上最让家长欣慰的地方、最让家长头疼的地方，家长对他的期望，等等，足足谈了两个多小时。管小木的问题归结为4个字：一言难尽。家长的心态归结为8个字：望子成龙，无能为力。

就像排雷前的小心翼翼，我做好了充分的心理准备，进行了无数的自问自答，反复叮嘱自己：第一次谈话只能成不能败；多摸底，少教训。9月中旬的一个中午，我约管小木第一次长谈。我特别选择了中午无人的教室，以便我俩能专心谈话，同时也保护他的隐私。

穿着黑色短袖上衣的管小木（他是见缝插针地不穿校服）和我隔着一张课桌坐下。我把端来的一杯水放在他面前，说："不好意思，耽误你午休了。"也许想不到我这样客气，他竟然有些不知所措。交谈不到半小时，我就有两个惊人的发现：他很害羞，也很坦诚。

轮到我疑问重重了：这是那条地龙吗？这是那尾黄鳝吗？名不副实啊！

我说："管小木，你是在一个怎样的环境中长大的？"

这一问打开了他的话匣子，连叙带诉地把他的成长经历和盘托出。倾诉中，他竟然有一吐为快的畅然，也许他压抑很久了。

我边听，边判断他对家庭和父母的态度，再与前面了解到的情况两相对照，基本勾勒出了管小木的成长框架：他爸爸是个转业军官，后来经商且很成功，别人说他家富到可以买下一条商业街。家里什么都不缺，急缺一个光宗耀祖的大学生（最好985、211），对管小木的期望值很高。他爸性格耿直，脾气暴躁，从小就用长官对待士兵的说一不二的方法对待他。归结起来两个词：命令、打骂。哪句难听说哪句。一旦考不好，他爸就指着他的鼻子尖骂道："考这样还有脸活着，从楼上跳下去吧。"为了免于皮肉之苦，他在爸爸面前很乖巧。他妈妈在家里没有发言权，爸爸的性格得不到中和，家庭教育得不到平衡。在他6岁时，他爸听从了一个教练的建议，打算让他走特长生上好大学的路子。他在武术学校待了2年，教练比他爸还严厉，这加剧了他的性格向纵深发展，以致形成了人前极乖、人后极乱的性格特质。初中又去练了一年田径，仍然希望找到一条通向好大学的捷径。

侥幸和逃避风险是他最大的特点。

我看着他的眼睛，真诚地说："你知道那些做法不好，为什么还要去做？"

他说，他那年练田径，把心练浮练散了。知识一听就会，但也不往深处钻研。他坐不住，想出去玩，就得编各种各样的谎话。有时候，他自己也很讨厌自己。但每次说谎都能让马上暴露的事情化险为夷，以致他谎话张嘴就来。如果说实话，得挨多少骂，挨多少揍啊。

我悲悯地看着眼前这个小兽一般的孩子。身量初成，资质优秀，心灵经过那么多随意的涂抹，仍保持着坦率的底色。口头上是非分明，行为上错误百出。他用无限的能量乱冲乱撞，有时候伤别人，有时候伤自己。错误的教育方式是罪过，给了孩子无形的沉重枷锁。我最不愿看到的就是我的学生在人生之途上被半路撂倒，从而断送掉前途。

我说："管小木你啥都懂，那些偷鸡摸狗的事不去做不就太平了？"

他急于辩白似的说："老师，我管不住自己。我怎样想、怎样做、怎样说，都有个东西支配着我。我不是光明正大的人，我习惯我是这个样子了。老师，说实话，我适合揍和骂，您不用对我这么好。老师，您性格太柔，可能管不住我，我是鞭子在旁边伺候着才耕地的牛。"

我的心被什么刺了一下，很短，但很疼。

我正色道："你是说你适合被管？你不适合被别人尊重，不习惯别人把你当作一个有尊严的人对待？有尊严也是你的权利啊！你把自己当成什么了？"

他第一次低下头，沉默不语。

从吃过中午饭到下午预备铃响，谈话一直持续。校园在午睡，教学楼在打盹儿。到了下午一点半，有同学来教室，我和他移地走廊，继续谈。但愿我的话是空谷足音，能在管小木的心里碰撞出哪怕一点点的回响。

管小木最后说："谢谢老师！我试着去改好！"

目送他回到教室，我心情复杂地摇了摇头。他是龙，是鳝，还是牛？我似乎抓住了他，又似乎没抓住。

那天之后，我就开始观察谈话效果。随便扔块石头，池塘还产生一阵涟漪，何况我用心良苦呢。

管小木照样迟到，照样起哄，照样嘲笑别人，小错连绵无绝期。问他原因，他总能用各种理由去辩解，或者叫解释。因为他的声音很平和，不是强烈辩解，让你几乎相信他犯的错都可以被原谅。抓住了就认错，抓不住就依然如故，对纪律没有敬畏之心，写的检讨已经厚厚一沓了。每一份检讨，都代表着一次交锋、一次努力，当然也是一次失败。我坐在办公桌前，随手翻着他的"作品集"，一个教育困惑冲击着我：知和行产生如此大的错位，言和行强烈地不对等，其原因是什么？破解的密码又在哪里？那个能击碎他壁垒的东西在哪里？难道除了"揍和骂"确实没有第三种方法了吗？我发出的电波到底多久才能进入他心灵的频道？

教育的难度就在于品行无法测量，没有一种仪器能够给你一套可参考的数据！你必须靠"人工"的敏锐去捕捉和调整，说到底，就是靠育人者的那颗心。

管小木不是那种支好了架就顺着往上爬的学生，他确实不吃我这一套。

班里的学生也看出了端倪，有个爱置身事外、漫谈天下风云的"评论家"在周记里毫不避讳地写道："资深地龙，遇上资深班主任，有好戏看了。"

原来，管小木是龙，是鳝，也是牛啊。

我同时也在思考我的教育方式是否对症，下一步棋该怎么走。

最终我决定：太阳照耀万物用的是同一种方式，真诚和执着一定没有错；积极寻找和等待突破口，相信我终会等来顽石点头的那一美好教育瞬间！

（四） 第二次长谈

所谓长谈，就是我做足了功课跟管小木进行的正式谈话。那些非正式的"短谈"在此通通略过。

大约12月份，下了入冬以来的第一场雪。周三的体育课改成了内堂课，我把管小木叫出来进行了第二次长谈。

这次谈话，管小木暴露出一个极为隐秘的心理：改好有压力。一个是不知怎么改，另一个是不习惯变成更好的自己，觉得那样的自己很可笑——怎么能这么中规中矩且遵守纪律呢？犯了错怎么能不百般辩解呢？那多无能多窝囊啊！另外，害怕同学笑话自己，变成好学生没面子。

我暗暗吃惊。学生的这种心理我闻所未闻！对我来说是石破天惊！谁把一个好端端的孩子变成了这样的不敢向善！

那天杂七杂八谈了不少。我最后总结陈词："管小木，你这样聪明伶俐，真是有成为尖子生的潜力；我觉得我在和坏习惯争夺你，这是一场激烈的争夺战，希望你站到我这一边，咱俩一致对外。"他使劲点了点头。从他的眼睛里，我能读出，他是懂我的。一颗冰球似乎开始融化了。当然，我明白，要融化它需要整个春天的温暖。

管小木确实有了良好的变化。化学老师有一次在走廊碰见我，特地停下来问："管小木这一阵儿这么乖，他怎么了？"他的话我听出了两层意思：一是管小木确实在变好；二是管小木变好真的有难度，因为环境不习惯他的一反常态。这也印证了管小木前面隐秘心理的合理性存在。

哦，天哪，我倒要为管小木抱不平了！我要使出全身的力气去推开点儿什么。用力去推，推开，推走——这样管小木才有变化腾挪的空间！

希望不断向我靠拢，我有时会小小地雀跃一番，憧憬着把他转化成了一个优等生的美好情景。可是我暗自得意之时，一场倒春寒把所有的花朵都冻僵在半路上。管小木又悄悄犯了两个大错，且其中一个和他成了"尖子生"有关。

五　插头事件

随着5月的来临，宿舍空气闷热。学校新安的空调因线路改造暂时不能使用。男生们望梅止不了渴，就打起了歪主意。他们从门口的五金店买来插头，晚休后接上，早起后拆下，现场没有任何破绽。一天晚上，二楼的一间宿舍接得太早，被舍管发现，"嫌犯"当场落网。第二天一早，学校进行安全大排查，发现我班的一个宿舍格外凉爽，是开了一夜空调才有的那种凉爽。舍管判断有猫腻，但找不到任何蛛丝马迹。我也怕出安全问题，决定亲自查一查。而这正是管小木所在的宿舍，在顶楼的边缘。

我调查了相关人员，甚至来到五金店了解情况，让店主详细描述近期来买东西的学生的长相以进行判断。最后，我断定这事百分之九十以上是管小木所为。这使我相当懊恼。前面的教育又归零了吗？这个孩子没救了吗？他的发展何去何从？那个教育他的最佳方法在哪里？什么时候到来？—— 一切都无从知晓。足足有两节课，我一直在想怎么处理这件事。上交，借助学校的警告给他棒喝？叫家长，把问题踢走？私了，再一次以诚心感动他？思忖再三，我听从了内心深处传来的声音：再努力，再尝试，再相信，要比他的坏习惯更有韧劲。

我打算打草惊蛇。那一周的班会上，关于空调我讲了三点：

一、我会把同学们的诉求一直反映到校长那里，督促学校让同学们尽早用上空调。

二、学校发现了私自接电问题，这是严重违反校规校纪的事件，威胁到整栋楼的人的人身安全，学校对此事件零容忍，将对违纪同学进行处理。

三、咱班有则改之无则加勉。如果有，赶紧收手，这之前的一律不追究；如果没有，引以为戒，勿蹈他人覆辙。

每一句话讲完，我都有较长的停顿，我的目光迅速在同学们脸上扫来扫去，尤其是管小木和同宿舍的男生。他们都安静地微低着头，没有人抬眼看我。也许他们在想：老班（班主任）到底是知道了呢，还是不知道呢？

反正，敲山震虎，管小木他们得好好反省一下了。

这之后的连续一周，我都天天暗中和舍管保持密切联系，问管小木有没有故技重演。得到的反馈一直是：没有。

我心里稍稍松了一口气，觉得管小木还是知道好歹的。

但我这口放松的气还没吐完，管小木又犯事了。

六 有凤来仪

对管小木，我一直采取的方法是：先解决意识问题，再解决行为问题。我用这种"攻心术""换脑法"确实转变了不少学生。但这些在管小木身上收效甚微。

也就是说，自内而外的方法，对他不灵。

我的教育方式也必须做出调整。要让管小木有所改变，我还得请求那些优秀的理论给我鼎力相助。

孔子在批评他的学生宰予时有句名言："始吾于人也，听其言而信其行；今吾于人也，听其言而观其行。"讲的是"言"和"行"的关系问题，一个说得好听的人不一定做得好看。管小木的问题还不纯粹是一个"说"和"做"的问题。他往往认识很到位也比较深刻（此认识有误，后边有拨正），但并不天花乱坠地给你做保证。

他的问题关键是"知"和"行"的错位，知行不统一（此认识有误，后面有拨正）。我按照教育学理论要让他"知行统一"。于是，我不厌其烦地给他校正思想意识，而在一定程度上忽略了"行"的要求。或者，在我的教育理念里，过于重视了"知"的作用，认为"知"到位，"行"就不成问题；认识越深刻，行动越坚决。从教育效果看，我是摸着黑在大路边缘走了很长的时间。

最后，给灰暗的教育天空透进一束光的还是王阳明的知行理论。它使我对"知行"关系有了崭新的认识，从而找到下一步教育的切入点。

我的天空，有凤来仪！

王阳明认为，"知和行"是"功夫不分次第"，知是开始，行是完成，世界上没有只开始无结束的事情，所有的事都是知行互相支撑互相存养而完成的。"真知之所以为行，不行不足谓之知"，"知之真切笃实处即是行，行之明觉精察处即是知"。有了行动的知才是真知，在实践中体悟的知才是真知。知道孝顺还不是孝顺，有了行动的孝顺才是孝顺。知道运动好处的人还不能叫知道，真去迈开步的人才能叫知道。最终落脚于"行"，是阳明理论迥异于儒学前人，同时也与佛教的顿悟有本质不同的可贵之处；也是其最具活力和生命力的地方，在当时对明朝的国家风貌和民众精神有所提振。"体究践履，实地用功"，王阳明理论具有很强的实践性。[①]

我的理解就是：知行是一体，是一个对象，不存在先后的问题。你"行"的水准，就是你"知"的水准。"知"而"不行"，那是假知、概

---

① 王阳明：《传习录》，南海出版公司，2015年12月版，编译自P153—155。

知、泛知。我打个比方说，所有的树都开花，但不是所有的花都结果；能结果的是花，不能结果的是谎花，不能算真花。所有的花都指向果，正像所有的知都趋向于行。知和行是对等的，互通的，在一个水平线上的，是一体的。而我过去的理解是，知是知，行是行，是两个独立的东西，我们要把它们统一起来。其实不用统一，两者本是一体；不但不用统一，你想分都分不开。

按阳明理论，管小木不是"知行错位"，而算是"知行统一"，因为他的行体现出他的知是有限的。一个人能读出《老子》，并非领悟了语言文字背后的要义。管小木检讨书里所谓的认识，只是他用来免于被打被罚的皮相之论，是阻挡打骂和责罚的盾牌，他不懂他所写的话对于人生的指导意义。他的知和他的行一样幼稚和糟糕。

原来如此！

当明白了个中奥秘之后，我激动得坐不住了，端着杯子在办公室来回走了好几圈。世间确实有醍醐灌顶的瞬间！

因此，对管小木我应该采取新办法，坚持由外到内，内外结合，提高"知"的标准和规格，保证"行"的力度和频率。边讲"为什么"进行精神建构，边教"怎么做"进行行为矫正，而且重点关注后者。

有的读者可能会有疑惑：教育一个人需要这么麻烦吗？是，可能更甚。没有比教育这个行业更独特的领域了，它面对的是成长中的人。如果一栋楼烂尾、一座桥豆腐渣，损失的是经济，殃及的是一时；但如果人才出现了烂尾和豆腐渣，小者殃及一个人、一个家庭，大者殃及社会、民族和国家。此言并非耸人听闻！只是育人是个漫长而隐形的过程，严肃性和紧迫性常常被忽视。人们往往对危及生命的事情看得很急，对危害心灵的事情总觉得来日方长！

我教育学生习惯于教育透彻，不计时间和精力成本，力求把他心里坚硬的东西都化开——这是我的"浸透式谈话法"之一端。如此去做的确是有些迂拙，但转化成功后的学生很少反弹。作为一个教育者，处理问题的方式、对待人事的态度本也是一种教育，教育也是一种传播。我期待学生携带这些思想武器奔赴社会，成长为国家的优秀公民。

我的孜孜努力，是在表达一个教育者的美好愿望。

七　作弊风波

期中考试尘埃落定，总分和各种数据接踵而来。这也是班主任最忙碌的时候，恨不得分身有术，几个"我"齐头并进地工作。

班里的几个优等生发挥欠佳，管小木排到班级第一，在级部擦边进了前十名。但总分并不高。我想让管小木做个经验介绍，在家长会上大力表彰。想用这个千载难逢的好机会，使劲往上推一把，让他有一个较大跨度的突破。这个成果巩固住后，他想故态复萌，站在高处都找不到下来的路径。

我把管小木叫到教室门口，告诉他准备个家长会的发言稿。他有些忸怩，嗫嚅道："老师，我行吗？"这个孩子五官端正，额头饱满，留着板寸头。一张本来很英俊的脸，让玩世不恭的痞气给破坏了，幸亏还有时间修正。我知道他心里打鼓，我知道他心里的那个结，但我不能给他退缩的机会，就用十分肯定的语气说："你一定行。再说还有我呢。你主要介绍一下学习方法，长度控制在八分钟以内。周四下午第四节写完。我先给你过一遍。"他似乎还要推脱，正好数学老师拿着课本来上课了，我就说："就这么定了，回教室吧。"

星期三下午大课间，管小木就来找我了。正在做PPT的我头也没抬地对他说："写完了？挺快！"可是一阵沉默，他没有回答。我抬起头，发现他的脸上写着大大的不对劲。生气、委屈、难过的复杂表情同时呈现，眼圈也有些发红。这可是天大的怪事，他管小木从来都是无理抢三分、得理不饶人，今天竟然成了"受气包"？我停下手里的活儿，诧异而担心地看着他，问："怎么了，你？"

他左右看了看办公室的老师，有些难为情。我马上意会，拉着他来到走廊尽头的无人处。"说吧，小木，怎么了？"他愤怒地说："他们造谣我作弊！说我的第一是抄来的。"语气是前所未有的激动。我问："谁说的？他们是谁们？"他赌着一口气大声说："他们都说。"

我想了想，直接问道："小木你说实话，到底有没有作弊？这个成绩真实不真实？如果有，就老老实实认错；如果没有，我会帮着你讨回公道。"

"老师，绝对没有！我对天发誓，绝对没抄！"他挺着胸脯，笃定地说。我盯着他的眼睛看，他的目光没有丝毫的游移和躲闪。

"你的稿子写得怎么样了？"我把话题岔开。

"才写了一点儿。我没有心情往下写了。老师，能不让我发言吗？"

我思考的也是这个问题，事情又节外生枝了。如果真有其事，我让一个作弊获得第一的学生做经验介绍，那不是滑天下之大稽吗？我只好说："行。你积极努力，以后还有机会。至于作弊的事儿，你问心无愧，就别怕半夜鬼敲门。开完家长会，我再找你谈。"

管小木走了，我手里的活儿却怎么也干不下去了。作弊的事儿在我心里翻腾过来翻腾过去，就像潮汐一般不停歇。

一看到成绩的时候，我心里也咯噔了一下，一个疑问也曾瞬间闪过：这是真的吗？但转念一想，管小木也有这个实力，他的领悟能力实在太好。再说，就算对一个学生的成绩有怀疑，又能怎样？我在没有证据的情况下不能说："你成绩这么好，是抄的吧？"再说，他成绩一好就认为是抄的，这是不给学生进步的机会。

可是，有空穴方有来风，传闻的出现总有些依据。管小木往日的行为也让我不能轻易信任他。一沓检讨还摆在案头，我怎么能全信他？

但我隐约觉得一个绝好的机会到来了。无论作弊是真是假，管小木这次"心动"了，他那颗顽固的心被什么东西撬动了，被埋压得很深的自尊心小露了一下峥嵘。真的，他的尊严感缺席太久了，我今天看到了厚厚的伤疤下鲜嫩健康的肌理——有一种生命力叫新生啊。

如果这一次管小木作弊属实，我就要采取"断臂求生法"，给他一个棒喝；如果他确实被冤枉了，那就更好说了。一切待我开完了家长会再去理会。

家长会一过，我就集中精力去处理"作弊"事件。

跟同学谈话，我就旁敲侧击地打听。（谈话中不能出现"管小木作弊"的字眼，否则，就是无意中扩散了不实信息，并可能造成新的传播以致误伤管小木。）

跟邻班同学聊天，也巧妙地去引导话题以探听虚实。

找到管小木考场的监考老师回忆当时的情景。

我把班长叫来。班长是每个班的"精神领袖"，涉及班级管理的问题我和他都是直来直去，"无门槛"交流。我直奔主题，问他"管小木作弊"是怎么回事。班长答曰："上周级部传得沸沸扬扬，咱班和其他班的'好事者'议论纷纷，都在传管小木手机作弊才考了第一的事儿，讽刺他'得来全不费工夫'，但没有人说亲眼看见他作弊。"

最后，我去找了数学老师。管小木数学145分（高中数学满分150，只有数学极好的人才能考到140分以上）。如果作弊，数学的可能性最大。数学老师说，这次的考试题都是原创，在网上不可能查到答案；数理化试题都是原创，这是统一要求。

管小木微红的眼圈浮现在脑海中，看来成绩一出炉他就处在舆论旋涡的中心，被"旋"得受了内伤，这样一个"皮厚"的人竟然含着眼泪去找老师，这事对他的冲击力无异于受到了一颗小行星的撞击。犯错无数皆可要赖，被冤一次绝不容忍——这个管小木啊！

他没有作弊！这个结局很美好！

我能听到心里的石头咚的一声落地了。让我先坐在办公椅上歇一歇，大量的转化工作还在后头。

（八）直击心灵

5月中旬。

石榴花开别样红，红了林间；银杏身披君子绿，绿了校园。

万物从春天生命之初的纯净之美，开始绽放个性之美、蓬勃之美。

中午的办公室，洒满了阳光。窗台上，一盆被救过来的芦荟长出了新的叶片。

管小木坐在办公桌旁，穿着蓝色短袖校服，后背有个不规则的汗渍图形。第四节是体育课，再加上午饭匆匆，他的脸是红润的。

他知道我要跟他接续未完的谈话，家长会前我说过要找他谈。

"你真的被冤枉了，你没有作弊。"我说。

"家里也怀疑我，我爸说，你这个熊样也能考第一？"他无奈地说。考第一的喜悦被冲击得荡然无存，随之而来的是旷日持久的烦恼。

"如果是小申（我班学神）考了第一，大家会觉得实至名归，你考第一却招来这么多猜疑，这是为什么呢，小木？"

"因为我不够好。"他小声说。

"所以，大家不相信你。这个结果是你自己挣来的。"

他吃惊地看着我，因为我强调了"挣"这个字眼。

"对一个人的判断不仅靠一时一事，更是根据他一贯的行事作风。如果给人留下的总体印象是'此人不靠谱，做事无底线'，那他的信任度就为零。一个诚信上余额不足的人，即使没有做坏事，人们也会那样臆想，甚至栽赃他，且容易得到众人的呼应。于是，他在人群中的生存环境就雪上加霜。"

管小木耷拉着脑袋，含胸矮坐，一副"我错了，任由处置"的样子。

"这就是心理学上的破窗效应。第一个砸坏你窗子的是你，第一个往你地上扔垃圾的是你，于是，大家都来砸你的窗子，向你扔垃圾。所以，认为你作弊，就像大家顺手往垃圾桶里扔垃圾那样自然。你看起来冤枉，实则是应得啊。诽谤你作弊，是对你所作所为的一次性返还。一个人说，百个人信。蝴蝶扇动了一下翅膀，太平洋上全是狂风巨浪。作弊风波就是这么来的，你有什么受不了的？"

"老师，我也想不到我名声这么差。从前总觉得耍个聪明，挺得意，同学也会高看我一眼。"他抬起头看着我说。我听出这句话是从心灵深处发出的，不是从嘴皮上。

"现在栽赃你作弊，如果你依然如故，将来就栽赃你犯罪。"我一字一顿地说，"小木，你听好。我说过你没作弊我会帮你讨回公道，但我只能讨这一次，你自己的形象重塑只能靠自己，谁也帮不上忙。"

他点点头，说："老师，唉……我……"他对自己的审视和反思第一次出现在我们的谈话中，我知道他内心世界里在做着组合，还有增删。

"这个问题你慢慢想。我现在想听你的下一步打算。"

"老师，我下定决心要改，我写一份保证。"

"不用写。"我打断他说，"我抽屉里多的是。你就从行动上改。"

管小木的脸一下子红了。

"完全按照我的要求去做，有困难吗？"

"没有，老师！"

"你先从行为习惯改起，从今天开始，一周内不迟到，课上不起哄，自习不乱腾。基本的'三不'，能做到吗？"

"能能能！"他急迫地说。

"我送你个记录本，把这'三不'的情况进行量化。一天一记，一周一结。下周这个时间找我。"

第二天一早，我来到办公室。一份保证书静静躺在教案本上，只有寥寥几个字："以前都是假保证，今天是真发誓：老师，请看我的行动！"这份保证堪称他的史上最短，而我愿意相信它，但还是要看他的实际行动。

去教室的时候，我看见小木的书立上贴着黄色的正方形便利贴，上面用狂放的字体写着："闭上你的臭嘴！"我拍了拍他的肩膀，心里一股热流升腾。相比于上面的保证，昭示着他真正要发生变化的是这六个字。管小木突破了心理上的第一层壳，不惮于改变自我了。他的内心有了亮光，并给亮光的进入打开了心门。

大课间上操的时候，学生转述物理课上的一个细节：整节课管小木没有像以前一样咋咋呼呼，物理老师开玩笑地说："哎哟，管小木你今天没带嘴来啊！"我听了心里却是一惊：刚发了个小芽，可别给我喷死啊。下操后，我正好看见物理老师，简单聊了聊管小木的现状，也跟他开玩笑似的说："看在我的面子上，求您千万别这样说他！"

九　求助系铃人

接下来的工作，我得注意三点：一、巩固要及时；二、提升要有层次性；三、对反复性要有足够的心理准备。

从行为规范入手，让他尊重规则，敬畏规则。这个是最浅层的，对负重累累的管小木来讲，一时做到容易，日常不犯或少犯却得拭目以待。随之而来的就是巩固问题。

巩固需要他自身的努力，更需要客观环境的支持。一棵树苗长成什么样，不仅是它自己的事情，还要看整个大环境——根植的什么样的土壤，浇的什么水，刮的什么风，照耀的什么样的阳光。

我把主要班委召集起来，统一思想和目标。分管宿舍的副班长正好住在管小木对门宿舍，他负责每天来教室前去叫管小木，防止他睡懒觉。我又找来管小木的舍长，交代他多提醒，勤关心。我又找了管小木的同桌，拜托他当管小木在课堂上刹不住车的时候，给予提醒。

在管小木转变的过程中，最不能缺失的就是家长的力量。我把家长群称为"价值观共同体"。无论是在家长会，还是在家长QQ群，还是个别交流时，我都抱着"沟通无极限，建立统一战线"的热望，把每一份力量都吸纳到班级管理中。我跟家长探讨孩子性格形成的深层原因，问题解决的关键，以什么样的态度、方式、口吻跟孩子说话，找什么样的节点。每次大考之后，或家长会之前，我都会发文，引导家长正确看待现阶段孩子的状况，做到跟孩子的谈话都是有备而来，力求有效。

现在是管小木转化的节点，取得父母的配合至关重要。

于是，管爸和管妈又一次来到学校。

那是周五下午。四十多岁的管爸一脸严肃，腰板挺直地坐在办公室的绿色塑料方凳上。他声音洪亮，语速急促，气场强大。管妈跟上次一样，话不密，多数时候是管爸说，她听。

我把作弊风波的来龙去脉简要陈述，把此事对管小木的震动和对他所做的工作粗略一说，话题很快转到下一步家长应怎样配合上。

管爸说："好说歹说都不听，这孩子就是欠揍。"

我说："我坦率地谈谈我的想法，不对的地方，您多包涵。小木身上的一些缺点主要是您的教育方法造成的，您脾气急，总想靠棍棒解决问题。"

管爸说："真是怪了。无论在部队还是后来自己干，我都没有做不妥的事儿，唯独这个孩子让我头疼。"

　　我说："您试着改变一下方法。一味打骂不但不管用，隐患还很大。再说，管小木都17岁了，儿大三分客，您得尊重他。您要再不注意，将来会造成父子关系疏离。"

　　管爸说："我也听了几次讲座，也不是没想过改。可事情一来到跟前，就控制不住，到最后，还是得靠打和骂。"

　　我说："您想想啊，打骂成了发泄怒气的方式，根本不是从教育好孩子出发，这对孩子很不公平。管小木现在特别想改好。解铃还须系铃人，您的作用很关键。我渴望得到您的配合。"

　　管爸说："这没问题。王老师，您说需要我怎么做？"

　　我说："您能不能这样做，您试着把儿子当朋友对待，试着把儿子当别人的孩子对待，试着把儿子当人对待。"

　　"我……"管爸想打断我。

　　我接着说："您听我说完。第一条的意思是，您怎么对待朋友就怎么对待儿子，客气而尊重；第二条的意思是，您怎么对待别人的孩子就怎么对待儿子，鼓励而欣赏；第三条的意思是，不能把他当物品，想怎么对待就怎么对待。"

　　管爸说："这……可能有点儿难。"

　　我说："您要心诚，就得真改。孩子都在变，您能不变吗？您的孩子，您都下不了决心，我往后该怎么管？"

　　我语气很柔和，可主张上一点儿也不妥协。欲改变孩子，先改变家长。

　　我又对着管妈说："您该站出来的时候就得站出来。孩子要改好，咱心得齐，您说是吧？"

　　管妈说："王老师说得对。他爸的做法有时我都看不下去，说话也特别难听。"

　　我说："这是语言暴力啊！"

管爸有点儿尴尬。

他接着说："谢谢王老师！我知道我的方法简单粗暴，我会尽力配合。"

我最后对他说："您这个周末回去，一定要表扬他。把我的肯定和赞赏传达给他。可不能刚刚搭建好的东西，您一句话就把它冲塌了，拜托啊！"

把小木爸妈送到门外。看到走廊的窗子里透进夏天的葱茏绿意。合适的季节里，万物正有力地生长。

⑩　拉锯战

一周后，管小木拿着本子找我：迟到一次，起哄一次，自习没说话。这已经属于正常范围。我核查了大体情况，了解了值日班长的考勤记录，属实。

我也信守诺言，在班会上不点名地澄清了作弊事实。管小木着实扬眉吐气了一把，同学们也对他刮目相看。

才仅仅一周，我不敢掉以轻心。我把他找来，打算再用力夯实一下。

我说："这一周感觉怎样？"

"挺充实。因为纪律好了，作业做得也快了，还能刷点儿数学题。"

"这一周的新要求是：零迟到。你成绩这么好，好好表现，争取期末能评上'三好'。"

"我？"他的眸子里有一闪就消失了的亮光。

管小木除了成绩好，别的方面乏善可陈，高中以来从不是先进。上个期末的评优中，票数寥寥，评上"三好"对他来说是天方夜谭。

"你试试看！每个人都是座小金矿。你就冲着'三好'的标准去努力。"

我等于给他提升了目标的高度。没有不想当将军的士兵，没有不想当"三好"的学生，管小木也是。这个目标一定有激励作用，而且会持续地给他动力。

第二周结束，小木又拿着本子找我。本周无迟到，无起哄。我对他是七分信任，三分审慎。我深谙一个人要彻底改变自我得有砭骨之痛、切肤之痛，哪能像喝清汤面一样毫不费力呢？

我说："小木，为师有个问题。这两周，你前后判若两人，心里没有矛盾冲突吗？"

小木犹豫了一下，说："有。好几次自习课憋得很难受，心里有个东西就要发散出来，让我前后左右地说话。那就是我的坏习惯。它拱得我难受的时候，我就看看桌角上的那个纸条，在心里跟自己较劲，千万管住嘴，千万管住嘴。有一次，我刚说了个'你看化学老师的小平头'，同位就'嘘'住了我。老师，这周其实我有半次迟到。周二早晨我不愿起床，心里乱得很。一个声音说：'快起来，要不就迟到了。'另一个说：'再躺会儿，再躺会儿。'最后，我爬起来跑向教室。来到教室门口铃就响了，值日班长也没记我。"

我惊喜地说："你在进步啊！从前对纪律不在乎，违反纪律没商量；现在内心里能有斗争。只要你坚持下去，就会到这样的境界——遵守纪律自然而然，像大多数同学一样成为一种自觉行为。"

我又说："小木，你还有一点让老师很欣慰，迟到半次也能坦率地讲出，而不是遮遮掩掩。人犯错很正常，不必撒谎。一个谎言需要另一个谎言来遮盖，这样活得多累啊。坦诚面对，错了就改，心里一派风清月明。诚实是最低的做人成本，欺骗是最高的做人成本。"

小木说："诚实就挨打，撒谎才平安。"

我心疼地说："小木，环境已经变了，不要再用撒谎换安全了。"

到6月中旬的时候，管小木的行为记录上基本保持着良好。王阳明的知行理论功劳甚大。我现在基本不给他讲道理了，主要是在方向和行为上给予指导，并不断给他勾勒生活的愿景，让他的能量转移到实现梦想上，不像从前一样制造麻烦。他精力旺盛，动作迅速，再加上基础不错，课余时间绰绰有余。我建议他写个每天的时间计划表，并提醒他11月份有新概念作文大赛，可提前考虑和着手准备，对明年的自主招生可能有用。

第二天，他就在记录本上写了两页的文字，题目是"目标和计划"。要知道，从前他写的可都是"检讨和保证"啊！娟秀的行楷、有条不紊的安排，至今存留在我手机的图库里。

炎热夏季的到来，意味着一学期即将结束，各项事宜呼啸而至。因为不是年末，期末评比没有优秀团员，只有"三好"，名额有限。我班在考试前预先民主选举出"三好学生"，参考已经发来的音体美成绩，根据票数定个临时名单，等出成绩后再按学校的硬件筛选。

周一班会时间，我全程在场，由班长主持，选举有条不紊地进行。无记名投票，收票，唱票，黑板上用"正"字计票，公布选举结果，整个过程非常透明。我特别关注了一下管小木的票数：排在第19位。我班根据比例有16个"三好"名额。站在黑板一侧的我扭头看向中排的管小木，他正认真而专注地看着黑板上的结果，嘴唇翕动，微微颔首，应该是在数他的名次。他惊讶地睁大眼睛，随即一朵笑容绽放，笑波像涟漪一圈一圈微微展开去。也许，他在体验一种从未有过的深刻快乐。

临时名单上的同学有压力也有动力，这能够促使他们认真复习，专心考试，他们唯恐有不及格现象而被刷掉。前面的被刷下后，按照票数进行递补，得票前20名的同学都有最终入选的可能。管小木有望成为"三好"。

边考试，边阅卷，边汇总分数，期末工作就是行军打仗的速度，一刻也耽误不得，办公室所有老师都累得东倒西歪，眼睛发涩。考完试的第二天下午，完整的成绩数据就传给各班班主任。

我把班长和学习委员叫来办公室，让他俩根据成绩，一一审核临时名单里的所有同学。最终的名单我签字上报政教处后，才能领取证书和各种表格，放假前的这个晚上有时要忙到11点。我要随时和班委商量解决一些小意外，要准备第二天的放假班会，要找发挥失常的同学安抚情绪……忙得无法到教室去。

那天，班长把名单交给我签字的时候，说："刷下3人，递补了3人。老师您审核，没问题的话我就去领表。"我从头到尾仔细审核，正好16个，不多也不少。第16名是管小木，是的，没错，是管小木！

班长去政教处交表了，学委回教室叫几个写字好的了。我坐在椅子上，头靠在椅背上，浑身疲惫。这种劳累一方面来自忙碌，一方面来自某种完成感——一件事情结束时放松的疲惫。

可是，事不遂愿，我并未放松多久，问题又来了。

十一　无风又起浪

班长和学习委员带着大家伏案填表。

一位家长在微信里让我给一名学生捎个口信，明天有事，晚点儿来接孩子。我放下手机，就去教室。从后门轻轻进去，给那位同学交代好后，扫视了一遍教室。同学们各忙其事，有的读书，有的做暑假作业，有的在整理期末试题，管小木和同桌头挨着头，伏在桌子上，姿势可疑。我悄悄走过去，俯下身子仔细瞧，发现他俩正使用手机看视频，一人一只耳机。是一部外国电影，在一个高层的户外平台上，两个男人在激烈地打斗。他俩看得如此投入，以至于我陪着看了一会儿都没人发觉。

我伸手去拿手机，两个当事人吓了一跳，抬头一看是我，惊恐得怔在那里不知如何是好。我努力压低声音说："谁的手机？"管小木快速而轻声地说："晓峰的。""你出来！"我对着他的同桌严厉地说。晓峰（化名）耷拉着脑袋跟我来到班主任办公室。

晓峰是个内向的孩子，一向不善表达，性情温顺，人缘很好，同学们都喜欢跟他开善意的玩笑。可最后一个晚自习，他却违反纪律把手机带到教学区域。我虽然有些生气，但念在是初犯，并不想大动干戈，就说："你一直表现很好。一学期马上结束，却不能善终，真是可惜！"他使劲低着头，一言不发。很少犯错的孩子，站在老师面前会浑身不自在。

"你触碰了学校纪律的底线。根据规定，只好把你的进步奖取消了！你去办公室告诉班长，你的奖状别写了。"

"老师，我……这……"他满脸愧疚，欲言又止。

"晓峰，你觉得冤枉吗？"

"不是，老师。可是……手机……"

"手机？我明天给你家长。"我以为他想要回手机。

"手机不是我的，是管小木的。"晓峰鼓起勇气说。

"啊？手机是管小木的？"这回该我怔在那儿了，"确实？"

"确实！"

细思极是！这是管小木的特长！刚才的反应速度和应对能力完全是管式风格啊！我跟他打了一年交道，还是被他骗过了。

我的胃突然一阵抽搐，疼如刀割。

"你去叫管小木来！"

管小木瑟瑟缩缩地走进来，抬头观察了一下我的脸色。我冷若冰霜，他从没见过我这副样子。

"老师，是隔壁班阿鑫要用我的手机拍社团照片，我才拿来的。他还了后，我没忍住。对不起，老师！"他低头认错，把整个人缩到最小。

过去找他谈话，都是拉过凳子让他坐下。今天，他站在我的面前，虽然比我高出一大截，却像一片霜打过的菜叶，稀软。我和他面对面站着，足足有一分钟不说话，盛怒让我发抖。

"管小木！"这三个字说出时，我的右手重重拍向桌子，一个白色粉笔头被震得跳了起来。充满愤怒的声音在空荡荡的室内回荡，碰撞，轰响。

"你的心肝肺还是肉长的吗？"我指着他的鼻子尖说，"是块石头也该焐热了。这一年来，无论你犯什么错，老师都宽容你、接纳你。跟你谈了多少次话，讲了多少道理，花了多少时间和精力。但凡有点儿感恩之心，就不会一犯再犯，执迷不悟！"

想想那些期待和探索、担忧和思考、思量和难熬，我忽然泪如泉涌。

管小木抬起头吃惊地看着我，我的泪流满面使他惊慌失措。

"老师，对不起，对不起，都是我的错！我最怕的就是让您失望和生气，所以我才说手机是晓峰的。"

他慌乱中的说辞让我的心瞬间软了下来，我控制好自己，正想说话，他的眼泪却流了下来。可能感受到老师的不易和在乎，感受到辜负带来的伤害，也许还有很想做好偏又出错的懊恼。

我就站在那里，静静看他流泪和抽噎，我也理理思绪，决定事情如何处理。

"来，你坐下。"我拉开椅子对他说。

"走到今天多么不易，你心里最清楚，不能随意破坏它。刚评了个'三好'就这么嘚瑟，心窝这么浅，将来能盛放什么事？"

"手机这个事儿除了晓峰也没人知道。明天班会上给你留面子。但是下面三条你听好：一是这事我会跟你父母交流，二是手机得暂时由我来保管，三是你的'三好'证书暂时扣留，发展报告上'三好学生'的章先空着。一切看你下学期表现够不够'三好'资格。这样处理你有意见吗？"

"没有，老师。"他点了点头说。

"那你回教室吧。"

"谢谢老师！"他规规矩矩地给我鞠了一躬。

后来我对今晚发生的事情又咀嚼回味，自感处理得恰到好处。特别感谢我的哭，比说教更打动学生。学生也知道，老师不是圣人，确实做不到居高临下，无所不能，无所不容。老师是个活生生的人，是有着喜怒哀乐的一个真人。同时，教育者有时候需要示弱，以正常的人性打动学生。人之为人，心心相印。人是心灵相通的。

第二天，管小木的父母来接孩子，我邀他们到办公室小坐。我把管小木的进步与不足一一汇报，特地嘱咐暑假里要保持教育的一惯性和标准的连续性，巩固转化成果。

下学期，可就是高三了。

十二　完成时和进行时

九月来临。秋风和高三不分先后，一起涌进我们的时光。

高三级部一切独立。校园里这群人，脚步匆匆，目不斜视，担负特殊的使命。他们居住的楼叫高三宿舍，用餐的餐厅叫高三餐厅，上课的教学楼叫高三楼，他们叫高三生！这一年，他们自甘与世隔绝，自甘放下一切，与数百万同伴一起"围剿"一个叫"高考"的东西。

我的学生一个不少，准时返校。驻扎在高三楼的学生忽然成熟了很多。管小木也不例外。新理了头发，穿着干净的天蓝色校服，表情平静，有了一种好看的气质。

傍晚终于抽出空来，我把他叫到门厅，问他暑假可好。他说，上学11年，这是最好的暑假。我问他这学期还要不要行为记录表。他说，他试1个月，需要的话，再找老师监督。

"对。我是个拐棍儿，你得扔掉独立行走了。"我拍拍他的肩膀说。

"你上学期自我约束力提升很大，自我管理做得不错。"我想完成他转化的最后一个台阶：奉献和关爱。在我的教育理念里，这两个词是人格饱满健康、心灵成熟有力的标志。

"小木，你能帮老师个忙吗？"

"没问题，老师。"

"理科生在高三遇到的最大问题是理综。前两个月是3门分考，11月后3科综合。一综合，杀伤力就显现出来了。你这3科都是强项，能否把你的笔记什么的共享？"

管小木不好意思地笑了笑，说："我不大记笔记。老师您这么一说，我倒要好好记笔记了。"

我说："你这个熊孩子啊！"

高三的第一次诊断性考试过后，针对考试情况，班委制订了一个理科学习"一周一结"计划。选了五六个人组成讲师团，周日晚自习第一节上台讲课。学委说，第一批的5个人都是自愿报的名，其中就有管小木。

国庆节后，管小木的第一批理科笔记贴到了后墙上。他4科都是手工整理，密密麻麻，黑色签字笔书写，整齐实用，很受中下游同学的欢迎。

"二诊"之后，他同桌的薄弱处集中暴露：做题慢，数理化的综合能力欠缺。我就嘱咐管小木："你主动帮一下同桌。这个帮助不是可有可无，而是老师交给你的一项任务。你过去嘲笑人家是倭瓜脑子，上学期手机事件还想让人家替你背黑锅。你主动拉他一把，也算一种补偿。"之后的课间，我不止一次看到管小木给晓峰投入地讲题的场景。

上面的事都是管小木凭特长去助人，不费吹灰之力。

让我们再回到文章的开头，那个灯光明亮的晚自习。

面对一盒腐臭的牛奶，能不躲不退，还能冲到前头撸起袖子去干，凭的已经是别的东西。

这个"别的东西"正是教育千寻万找、千呼万唤的东西。

我的班级管理理念是"学会做人，学会做事，学会学习"。管小木学习天分很高，边玩边学也能成为学霸。但在前两者上明显欠缺。我能够施加影响的也正在于此，我所期盼的也在于此。端正做人，永远是教育的第一要义，乐于做事是这个要义的体现。管小木从班级的麻烦制造者，到不去制造麻烦，到能去奉献自己，进步的梯度还是显而易见的。之所以进步，不完全赖于我的引导，还在于他本身具备了自省的能力，并且身处实验中学优良的大环境中，他本人和好环境共同帮衬着我，使之完成了较为理想的转变。设想管小木的周围环境仍然很糟糕或他年龄幼小，认知稚嫩，我想我是无能为力的，或者说转化的可能是微乎其微的。我愿意看到我的每一个学生都是自悟自正、人格饱满、内心觉醒、精神富有、心相端庄的人。

我希望它们能长久地生长在这些少年的心里，与之相伴一生。

后 记

一、我要感谢两个人

一是王阳明，他送给我一盏灯；二是我的学生管小木。

当我面对教育困惑且用常规的方法打不开教育症结的时候，是王阳明"知行合一"的独特理论助我一臂之力，让我转到问题的背面，看清了管小木行为的实质，从而对症下药，使问题的走向发生了改变，即管小木问题的解决不仅是"治心"，更在于"治行"。

我的学生大都是15—18岁的青少年，这是青春期，也是迷茫期。他们的世界正是初夏万物疯长的季节，有嘉树美木，也有荆棘杂草。作为陪伴他们三年的班主任，我把自己的责任上升到给国家培养建设者接班人的高度、给国家培养优秀公民的高度。培养学生的过程也是自我成长、自我修行、自我完成的过程。管小木出现的各种问题都是来帮我提升自己的。我对这样的学生没有反感，只有惋惜和使命感。感谢管小木，能够在经历种种波折后成长为现在的样子，感谢这个过程给了我那么多思考和尝试的机会，使我对自己也更满意。

二、"教育者的真诚"体现形式之一是"韧性"

遇见难以管教的学生，没花多少精力，就打算放弃，或仅仅安抚到"别给我惹事"的程度（如果是这样，这个学生还会不断地惹事），那么教育者表现出的就是半途而废、浅尝辄止的脆弱性，真诚就无从说起。教育从来都不是一件轻而易举的事，从真诚出发，从"人"出发，就能历练出与学生身上的不良习惯较劲到底的韧性。

三、把学生本人跟他的缺点和错误剥离开来，分别对待

这真是一个教育难题！当学生犯错时，我们通常是站在学生的对立面，把他和他的错误行为糅合成一个整体来教育的，学生也就顺势把我们当作了对立面。而在管小木的转变中，我把他的缺点当成一个假想敌，我和小木站在同一个阵营，共同面对缺点和错误。所以，小木自始至终对我的教育没有一点儿抵触和反感，一开始我们就是并肩作战的，最后是我们俩一起把那个假想敌击败的。这就是我所使用的"剥离式转化法"。

四、改良原生态家庭和改造学生同步进行

转化学生要联手进行。管小木的性格特点主要是在家庭环境中形成的。原有的生态环境如果不改变，他的性格就会继续向纵深发展。那样，学校和家庭的力量正好背道而驰，无论我们怎样用力，小木转化好的希望也是渺茫的。对于管小木式的学生，我的理念是"想改变学生，先改变家长"。所以，小木的每一次成长，都和家长的变化两相呼应，最终才有了理想的结果。

五、珍惜进步契机，寻找学生幽微之处的亮色

"张某毫无希望！""王某一无是处！""李某两商（情商和智商）俱缺！""赵某令人讨厌！"……

班主任恨铁不成钢，有时会说些赌气的话，对那些不听管教的"张王李赵"失望至极，比如上述言词。

我感同身受。当所有耐心和热情被一犯再犯的学生完全消耗掉后，

老师会束手无策，不知如何着手下一步工作。想表扬这类学生都找不着机会，恨不得让他"回炉重铸"。

这真的很考验人。

从哲学意义上讲，事物都有多面性，到处充满辩证法。学生一定有优点，有缺点，甚至还有"不优不缺"的中间地带。只是，累累缺点把优点深深掩埋，再加上教育者被疲惫的教育情感蒙蔽，学生心灵的真相也就一同被掩盖。

面对一件不该做的事情，学生的心理分为三种情形：毫不犹豫地去做，犹豫徘徊后再去做，毫不犹豫地不做。如果学生从第一种情形攀到第二种情形，虽然结果看起来一样，但他心理上已经有进步，"做"和"不做"有了斗争，成分比例有了变化，就应该大大给予肯定了。只可惜，这种细小而微妙的变化经常被忽略，我们误以为学生的心灵铁板一块，没有任何被撬动的迹象，看不到幽微之处的亮色。因为这样的学生，找他的缺点比寻觅他的优点容易多了。上文中，我对管小木的评价"从前对纪律不在乎，违反纪律没商量；现在内心里能有斗争。只要你坚持下去，就会到这样的境界——遵守纪律自然而然，像大多数同学一样成为一种自觉行为"就是抓住了他微小而可喜的变化。

六、浸透式谈话法

这是我定义的一种教育方法。

浸透式谈话法主要指真诚而彻底的谈话方式。真诚是前提，彻底是结果。所谓彻底，就是全方位地交谈，包括学生的小学和初中毕业学校、家庭相处模式、他对自我的认知、他对家长的评价、对初中老师和同伴的评价、他的特长爱好、他喜欢读的书籍、他经历的喜悦和痛苦，等等。只有对这些做全面了解，对他的问题的形成才有明晰的认识，从而把准穴位，对症下药，做出指导。

这种谈话法的特征之一，是每次谈话时间很长，但谈话总次数很少。

特征之二就是直击心灵。把握学生心理，找准切入点，触动灵魂深处。

特征之三就是"谈透"。把问题像一枚茶叶一样"泡开"。"揉""捋""搓"，不留"硬块儿"。

特征之四就是适合于缺点较多、转化较难的学生。

这种谈话法的前提是"真诚"，没有人会拒绝真诚的谈话。班主任切忌玩花样，作假，学生的感觉非常准确，直觉会告诉他"这是否是一次真诚的谈话"。按照常理，谈话中学生会有所保留（允许保留，涉及隐私的不去谈及），但保留部分对整体的影响应基本可以忽略不计。

第三节　致敬袁了凡——苏璇的故事

一　传奇袁了凡

袁黄，号了凡，《了凡四训》的作者。

初遇《了凡四训》，我有相见恨晚之感，认真读这本书也就是前几年的事。话又说回来，因为视它为弥足珍贵之物，读起来更走心，吸收起来更充分，虽相见恨晚却也没甚遗憾了。

袁了凡的父亲袁仁与王阳明是同时代人，两人有一两面之缘。但历史上没有阳明的名气大，可见彼时大儒云集，人物阜盛，习惯于健忘的历史只记住金字塔塔尖的人。但王阳明的高足、明代思想家王畿这样评价袁仁："公之学问能洞穿性命之精，而不弃人事之粗，能明了玄禅之奥，但弗敢有悖仲尼之轨。"①

袁了凡擅长祖传医学，文史哲样样精通，著述颇丰。他在年轻时遇到了一位孔姓算命大师，把他人生的几个大节点全推算出来了，翻译成今天的话就是：中考全市第多少名，高考全省第多少名，公务员考试第几名；哪一年在什么任上做个小官，做几年就得挂印归家，薪水多少；哪一年告老还乡；一生无后；寿终正寝，53岁的哪一天哪个时辰离世。

这些推算的前6项后来一一应验，丝毫不差，如同先得天机。袁了凡惊讶之余，心服口服。从此人生一眼洞穿，再没有奋斗的动力，一切听从命运的安排。按他自己的话说就是"进退有命，迟速有时，淡然无求"。日月如梭，白驹过隙，一晃就是20年。

如果人生如此按部就班，世上便无传奇，人间便无《了凡四训》！

---

① ［明］袁了凡：《了凡四训》，中州古籍出版社，2010年6月第1版，P5。

1569年，36岁的袁了凡遭遇人生中的当头棒喝，从此生命之河改道而行，人生形成奇特景观。

这一年，袁了凡遇到了云谷禅师。禅师惊讶于袁了凡非凡的修行功夫，三天三夜静坐不闭眼睛，不起妄念，问他何以修炼到如此程度。

袁了凡告诉他："我的一生已被算定，再折腾也不过如此，所以就坐以待毙，不与命争。"

原来所谓道行深厚，只不过心如死灰，形如走肉罢了！

云谷禅师大笑三声，然后看着袁氏的眼睛正色道："我待汝是豪杰，原来只是凡夫。"

袁了凡一头雾水，迷惑地问道："为什么这么说我？"

云谷禅师对他开悟道："也许人生是有个'定数'的。但'数'这个东西是控制不了极善和极恶之人的，这两种人生命力太强大了。你20年来被一卦算定，不敢动弹一分一毫，足见你是个彻头彻尾的凡夫俗子！你有啥不服气？"

袁了凡竟然天真地反问："命数是可以改变的吗？"

禅师笃定地说："命由我作，福自己求；念念不忘，终有回响。命数就掌握在你手心里，你要什么它就是什么。"

袁了凡犹如饮了仙露琼浆，生命的味蕾突然被唤醒："哈哈，人生原来可以活得这么芬芳啊！"

从此他走上了行善修行、追求理想、实现梦想的人生之路！一修就是近40年。

结果三大逆袭打碎了孔高人的预言：中了进士，生了儿子，活到了70多岁！

于是才有了《了凡四训》。

这是袁氏晚年写给儿子的，篇幅不长，分为四训：立命之学，改过之法，积善之方，谦德之效。当然，内容中也有糟粕，其中功利的行善目的受人诟病。取其精华，为我所用。当我发现它熠熠生辉的优秀思想时，难掩激动之情。

二 见人过失，且涵容而掩覆之

见人过失，且涵容而掩覆之，一则令其可改，一则令其有所顾忌而不敢纵。见人有微长可取，小善可录，翻然舍己而从之，且为艳称而广述之。凡日用间，发一言，行一事，全不为自己起念，全是为物立则，此大人天下为公之度也。[①]

这段文字的意思是：见到别人的过失，要宽容而不要去声张，这样一则给对方留有余地，给他改过的机会；一则使其有所顾忌不敢放肆。见到别人有一丁点儿的长处、微小的善行可资借鉴，就要毅然舍弃自己的架子，去学习他的长处，并且要称赞他，替他广为传扬。在日常生活中，说一句话，办一件事，全不为自己着想，全是为万物树立榜样，这就是圣人天下为公的气度。[②]

已经过了很多年了。那年冬季，班里发生了一件棘手的事。

章尧（化名）的饭卡被盗刷了。他是去挂失时，才发现112元钱被刷得分文不剩（当时，还没规定每天100元的消费上限）。盗刷别人的饭卡是严重的错误，是一种明知其不对的故意为之。而且，在大家的意识中，盗刷是一件丢人的事，与偷盗无异。偷盗行为是人品的污点，令人不齿，无论出于什么原因。

失窃事件也是班级管理中最难处理的，找出和找不出"案犯"都让人难受。破不了"案"，失主受损，还互相怀疑和猜忌，人心惶惶，影响和睦

---

① ［明］袁了凡：《了凡四训》，中州古籍出版社，2010年6月版，P96。
② ［明］袁了凡：《了凡四训》，中州古籍出版社，2010年6月版，P97。

的同学关系；破了"案"更难受，因为大多数情况下，"案犯"还是个孩子，是朝夕相处的同学，批评教育之外，还得抚慰，怕他想不开走极端。

所以，最怕学生眼泪汪汪地来跟我说："老师，我的300块钱不见了。上体育课前还在书包的夹层里。"我一面说着"贵重物品不要放教室"，一面还得细细了解情况，把相关同学都筛一遍。能看到书包夹层里有钱的能有谁啊？也就是前后左右加同桌。可是前后左右加同桌都是品行端正的人，只是怀疑人家一下都不好意思了，怎么认定他们伸手了呢？可是钱上哪去了？

教育生涯的最痛苦时刻莫过于此！

最可气可笑的是，你已经锁定"犯罪嫌疑人"马上就要"审问"了，他又急匆匆跑来，一脸无辜地说："报告老师，钱找到了。原来我犯迷糊了，夹在数学课本里了。"或者，"老师，运动鞋没丢，返校时，妈妈忘了给我放进包里了。"

当然，最好是别发生这种事。未雨绸缪，防患于未然，三令五申地告诉学生："贵重物品不要带到学校，不要带大额的人民币；带来了要放在稳妥的地方或让老师保存；教室门窗要及时锁闭。"

我对章尧说："我留心着这件事，你去给苏主任说一声。别的班好像也有一起，学校可以一起查。"

一两天后，我下班刚进家门，苏主任的电话就打过来了。

他说："盗刷章尧饭卡的人找到了，你猜猜是谁？"

我说："我可没处猜。"

他说："是你班的苏璇（化名）！"

我说："啊，苏璇？不可能！"

他说："我查了监控，画面清晰。是上周二傍晚17：55分刷的。你看怎么办？"

我说："抱歉，我的学生给您添麻烦了。我明天看一下监控再说，好吗？"

我怎么能相信呢？苏璇是班里的"种子选手"。虽不是班干部，但高一以来，品学兼优，威信极高，是班级的领跑者，几乎没有什么缺点。现在是高考备考期间，如果此事一旦证据确凿，对苏璇的影响将是毁灭性的。

我心绪不宁。第二天一上班，我就叫着苏主任去总监控室看录像。百十米的路上，内心一个强烈的声音轰轰响着："不是，但愿不是，也许苏主任搞错了。"

监控画面上，苏璇正在等待结账。

她捧着一本书，一本窄长而厚的书，像是英语单词，边等边背，嘈杂的环境跟她一点儿关系也没有。轮到她时，她沉着冷静地把扫过码的物品一一放入购物袋，她那张知性好看的脸庞正对着监控，不偏不倚，清清楚楚。

真的是她！17：55！餐卡管理中心查到的使用明细上，章尧的卡就是这个时间被盗刷的。

我宁愿相信月亮带着吴刚、白兔、桂花树一起陨落到操场上而安然无恙，也不能相信这一幕！苏璇是我亲手带了近3年的学生，我了解她就像了解我自己。

可不相信又能怎样？人证物证俱在，监控不会说谎，不能伪造——也没必要伪造。

苏主任看着我，不言语。他是等着我说话。

其实从昨天知道了这件事，我就一直在琢磨：怎么办？虽然感情上不愿是她，但理智告诉我，一旦是她的话，我必须有个处理策略。无论她这样做的原因是什么，我的处理底线就是：尽量保护她，让一切在可控的范围内运转。

袁了凡说过："见人过失，且涵容而掩覆之，一则令其可改，一则令其有所顾忌而不敢纵。"

不宣扬学生之恶名，不用错误的方法把学生向外推，向邪道上推。对犯了错的同学用药要准，并区别待之。对"耐药性"已经很强的同学，对偶尔犯错的同学采取不同的方法；对不同性质的犯错更要采取不同的方法。

但同时必须点醒她！让她知道，她的所作所为已有人知晓，她的行为是错误的。

我理了理头绪，说："主任，我有两个请求。一是能否不处分她，让知道这个事儿的人缩小到最小范围，因为她不是'惯犯'；二是我装不知道，您去找她处理这个事情。苏璇知道她在我心目中是个极为美好的形象，她也一直努力维持这样的形象，如果我去处理，她受不了这个落差。到毕业的这大半年里，她也无法面对这个事实。这个孩子自尊心很强。"

苏主任也是个仁爱之人，我俩想到一处去了。他立马说："行。"

过了大约一周，苏主任给我发信息说："处理完了。"我放下手头的工作，立马去了主任办公室。

苏主任简述了处理经过：

周三晚自习，苏主任把苏璇叫了过来。他单刀直入，劈头就问她为什么要刷人家章尧的卡。她一开始矢口否认，语气坚决果断。来回好几个回合，她死不承认。苏主任说："我调了监控录像和餐卡管理处的消费明细，确认是你。如果你不承认，人家家长要报警了。证据确凿，警察一查一个准。到时候，对你的处理就不是学校管得了的了。你这是偷盗，而且已经年满18岁，拘留你几天，档案上有了犯罪记录，不只是耽误高考的事，你这辈子都完了。"

她一听，哭开了，承认盗刷了同学的卡。苏主任就问她："为什么这样做？是生活有困难吗？"

她说："不是。是章尧冒犯了我，我才这样做的。他造谣说我和××谈恋爱了，我警告过他别胡说八道，他不听。他给我带来了坏情绪，影响我的复习，我心里有些记恨他。另外——当然不全是他的错——最近数学老师老表扬他，他数学不就才两次考到140多吗？我最近数学很反常，才考到120多分，没有出现9月份的巅峰状态，那时大小测都在140以上（苏璇高一和高二是搞数学竞赛的）。"

这哪是章尧的错？这明明是嫉妒心在作怪嘛！妒忌是尖子生最容易出现的错误心理，频率比普通同学高。他们有时受不了别人比自己好。苏璇高一、高二没有这种现象——至少没明显地表露出来。这应该是高三压力大、焦虑重，导致情绪不稳、表现异常。

苏主任说："那为什么以这种方式去报复？"

苏璇说："那天下午课间操，他的饭卡从羽绒服口袋里滑出来了，教室正好没人。我脑海里有一个念头瞬间闪过：把他的卡刷净，让他心情糟糕。现在我知道自己错了，对不起章尧，我错了，我道歉。"

苏主任把她教育一番，苏璇本是个品行不错的孩子，这次属于一时糊涂，也很快认识到自己的错误。

她说："谢谢老师！我怎么弥补？我去给他充200块钱行吗？"

苏主任说："你一充钱，等于承认卡是你刷的。现在很多人都知道章尧的卡被盗刷了。不建议你充卡，你用你合适的方式去弥补吧。"

苏璇问："那章尧那边怎么办？"

苏主任说："我来处理，你就不用操心了。"

苏璇最后吞吞吐吐地说："这事别告诉我老班，求您！"

听完我长出一口气。

我心里在说：苏璇，纵使对方有错，你采取的手段更是错的。现在你是学生，学校是以培养人为目的，是以教育代惩罚。你犯了这样的错在学校是以教育为手段，到了社会就是以惩罚代教育，就会让你付出更大的代价。念你初犯，先放你一马。你最要感念的是，老师是一心要保护你的自尊，维护你的好名声，然后让你自我校正，以免再犯。

大约过了一周，苏璇到办公室来找我。

她说："老师，我在班里捡了200块钱，问了同学们好几遍，没有人来领。"

"那按惯例充班费吧。"我想也没想地说，抬起头，正碰上她的目光，充满了探询。

"先放您这里几天。如果没人认领，就给章尧充卡行不？听同学说，他的饭卡被盗刷了。"

哦……原来是这样！

我立马说："是，一直查不出下落。你的主意不错，先放我这里吧。"

一直到高考离校，苏璇情绪稳定，全力备考。章尧的饭卡充进了"不知谁丢的"200块钱，也保持了心理的平衡，没有执着于"到底谁盗刷了我的饭卡"。整个班级没有被这件事惊扰的任何迹象。事件消弭于无形之中，并且没有后遗症。

后 记

我对事件进行了梳理和思考，做了很多设想。

设想一：

班主任耿直无私，疾恶如仇，眼里不揉沙子，一听到主任的电话后就火冒三丈。把苏璇叫到办公室狂风暴雨地教育一通，责令还钱，通报家长，召开班会，上报学校。如果苏璇有不服或争辩，回家反省。苏璇的错误被宣扬到最大范围。因为，这件事性质太恶劣！小时偷针，大时偷银；现在不管教，到了社会会犯大错。这是从惩恶扬善的角度出发，是从为孩子未来着想的角度出发，动机没有什么问题。

可是，设想一下后果吧：苏璇承受不住，会走极端，或情绪崩溃，或无脸见人不回学校，章尧也会背负巨大压力，虽然他是如此无辜。班级被搅得鸡犬不宁，正常的复习秩序被打乱，同学对此事议论纷纷，精力被暂时分走。这件事的负面影响需要怎样的努力才能消除啊！

我看不到这貌似正确的做法带来的丝毫益处！

设想二：

苏璇作为十全十美的孩子，却做出出人意料的事情。班主任和其他知情者逢人便说："现在的学生怎么这样？好学生更自私！学生太复杂了，真让人看不懂！警惕嫉妒心！"慢慢地，苏璇盗刷饭卡的名声也被传扬到一定范围，并且引发她和章尧之间的矛盾。

虽然没有狂风暴雨那么可怕，但是"渗透性"的酸雨足够销蚀它腐蚀范围内的地方。

设想三：

我直接处理此事。在寄宿制高中，学生与班主任相处的时间多于跟父母相处的时间。如果师生之间有了嫌隙和矛盾，那叫一个难受！最重要的是，苏璇在我的心目中是个表里如一、率真坦诚的孩子，她也这么认定她在我眼中的形象。如果此事抵消了美好印象，苏璇就会很尴尬，并渐渐失去自信。当一个人知道自己在对方眼里是个负面形象时，他就不会修复和维护，而是更负面下去，造成趋下的走势。

班主任的情怀

我每天都要跟学生N次碰面，每碰一次面，就等于强化一次，苏璇的内伤就会找不到时间恢复。在学校里，心理最强大的孩子往往是最顽皮的孩子，成绩越好的孩子，往往心理越脆弱。

苏璇会枯萎下去！

我想来想去，觉得目前的处理方法是最好的选择。有时候处理事情就必须是"破坏性"的，"革命性"的。但"饭卡事件"不一样。时间、环境、人物等因素都不适合"破坏性"地处理，而适合"轻手轻脚"地处理。

扬人之善，隐人之过，做事出于纯粹之公心，出于爱人之仁心。袁了凡的深刻论述契合了我的做法，并加深了我的认识，使我对工作更加充满敬畏之心。

第四节　致敬袁了凡——贺小铁的故事

一　袁了凡：惠不在大，赴人之急

何谓救人危急？患难颠沛，人所时有。偶一遇之，当如痌瘝之在身，速为解救。……崔子曰："惠不在大，赴人之急，可也。"盖仁人之言哉！[①]

这段话翻译过来就是：什么叫做救人危急呢？忧患灾难、颠沛流离的事情，在人的一生当中，时常发生。偶然碰到遭遇不幸的人，就应该把他的痛苦当做自己身上的痛苦一样，迅速地去解救他。……崔子说："恩泽不在于有多大，能赶快地救人之急就行了。"这是仁人的话啊！[②]

教师的天职就是"传道受业解惑"。从职业和身份的界定来看，教师就是个"助人者"。

助人要讲究方法，才能助到心坎上、节点上。《了凡四训》中的"惠不在大，赴人之急"是为人之道，更是为师之道。我对这八个字一见钟情。

二　多事之秋里的温暖

贺小铁（化名）的母亲身患绝症，高一时我就知道了。她有时给我打电话，询问贺小铁的情况，声音孱弱得像从她南方的老家穿越千山万水而来。我问贺小铁，妈妈治疗的费用怎么来，够用不够用，需不需要资助。贺小铁说，他的父亲是包工头，有几十人的建筑队伍，收入颇丰，不需要

---

① ［明］袁了凡：《了凡四训》，中州古籍出版社，2010年6月版，P102。
② ［明］袁了凡：《了凡四训》，中州古籍出版社，2010年6月版，P102。

资助。孩子表现出色，我也不轻易地叨扰家长。

两年倏忽而过。一个周日的傍晚，电话响起，对方是一个操着浓重南方口音的人，我甚至听不清他在说什么，就说你打错电话了。对方一着急，蹦出来三个字"贺小铁"，我突然明白，这是贺小铁的父亲！

他悲伤地说："小铁的妈妈不行了，她想回到四川的老家去。"

贺小铁的妈妈不愿客死他乡，趁着还清醒要回南方。贺小铁要请假一天，帮着打点一下行李。

"贺小铁怎么办？谁来照顾他？"

"我托一个朋友照顾他。我们是在山东打工，这边没有亲人。"

最怕高三备考的时候，学生家里出现变故。社会上传说的每当高考结束，就出现一波离婚小高峰，应当属实。为了孩子高考，父母哪怕貌合神离已久也会忍到高考结束。高三最重要的是稳定，家庭整个状况的稳定至关重要。每届高三，我都跟家长不厌其烦地说："大家要牢记自己的新身份——高三家长，工作、身体、家庭要顺利平稳，不可有闪失。"

但，病不由人，天不遂心啊！小铁的母亲已经撑了很久了。

贺小铁返校时，我提了一兜水果去宿舍看他。他是个典型的南方人，身材瘦小而灵活，面庞白皙，五官匀称。我格外关注他的神情，但他平静如初，这使人稍稍放心。交谈中，他告诉我，他自己住在家里，没有人照顾他。说完他马上补充说："我会做饭。""会"字做了强调。平静的陈述，没有一句抱怨，没有表露一丝忧伤。

高考当前，重病的妈妈在四川，他在山东，一个人，举目无亲。在周末，贺小铁还要到药店买一种四川乡下买不到的药品快递到老家给妈妈用。

我找来班长、团支书，简要陈述了贺小铁的家庭现状，商量班里怎么去帮他一把。说到捐款，班长说："这是万万不行的。贺小铁不会要，他的自尊心太强了，他从不无缘无故地接受别人一丁点儿的物质帮助。（班长跟他一个宿舍住了近三年了，非常了解他。）要不，就每人写一句鼓励的话送给他。"团支书说："这恐怕行不通。小铁低调惯了，他母亲得癌症3年了，他都守口如瓶，这说明他不想让人知道。每个同学都去问候，小铁恐怕不能承受。"最后我们决定，尊重贺小铁的性格特点，悄悄关心，不刻意为之，务必让贺小铁感觉舒适。

这倒使我想起了两件事。过去有个男生，家境极为贫寒，不知谁往他的饭卡里充了300元钱。他像受了莫大的耻辱，怒气冲冲地回到教室，大喊大叫，过了好几周，心情才平复如初。自此以后，谁也不敢跟他提资助的事儿。还有，一个同学的父亲去世后，班里背着她发动捐款，加上邻班共捐八千余元，甚至还谋划好了善款的使用方法；并且，学校还对班级进行了表彰，媒体还打算前来采访。但令人遗憾的是，为此事，这个学生再也没有回来。从此，班里再也没有她的身影。据说，是转到一所遥远的学校去了。

青少年时期的孩子是多么敏感啊！即使是给予他爱，也要小心翼翼，看看他能不能接受。

正好要报国家助学金了。最高档是一学年2 500元，贺小铁之前一直没报。这次我就动员他，说可以帮他申请最高档的。贺小铁有些犹豫，我知道他是不愿给我添麻烦。贺小铁一家虽然不幸，但非常自强，宁愿自己忍着，也不愿麻烦别人。

我说："贺小铁，助学金一学年2 500元，够你的生活费了。你可以省下钱给妈妈治病；现在爸爸陪护妈妈，又没法儿出去挣钱。不少同学申请，一起走正常手续，一点儿都不麻烦。再说，需要求助的时候学会求助，需要帮助的时候接受帮助，也是成熟的表现。不能事事老是自己扛着。"

这才把他说动。办理程序中有一项是需要所在街道办事处在申请表上审核盖章，而办事处一般都是工作日上班。别的同学都是爸妈帮办，但贺小铁不行。我没有惊动他，自己开车去了20公里外的办事处。但贺小铁属于外来务工人员子弟，需要家人或本人亲自前往才行，第一次没有办成。于是，在周二下午，我开车拉着贺小铁到办事处才把这件事办完。

贺小铁终于，终于，接受了一次帮助！

11月中旬，贺小铁妈妈病危。贺小铁需立即回四川见妈妈一面。他带上书本坐上了回家的火车。临行前，我嘱咐他每隔半天给我发一次短信，报告行踪。可是，从离开济南到回到四川乡下老家，需要28个小时。贺小铁有时睡过去，忘记给我发短信，我就处在紧张的等待中。贺小铁在四川待了一周，妈妈的病情时好时坏，但贺小铁不能再拖延下去，他不得不又赶回来。

虽然他越来越努力，但学习越来越吃力。班委悄悄安排了各科帮扶的同学，主动接近他，给他解决学习难题。而一切都是悄悄的，不让小铁有任何察觉。

12月初，贺小铁的母亲熬不住，撒手人寰。一个母亲临终之时多么挂念远在异乡上高三的儿子！她已经拼尽了全力才支撑到现在！她在无限不舍中离开了人世。

贺小铁又要单程坐28个小时去奔丧。他在家又待了一周，然后独自再坐28个小时回山东。贺小铁从不表露他的心迹，他既不用言语诉说，也不用文字记录，至少我们看到的是这样。我嘱咐他一回到济南就给我发短信报平安。我现在是这个孩子在求学之地唯一亲近的成年人。

可是，预计到家的时间过了半天，我也没有收到贺小铁的信息。我给他打电话，不接；发短信，不回。我心里有些慌，也有些急，就给贺小铁远在四川的父亲打去了电话。过了一个多小时，贺小铁的父亲回电，说让邻居过去看了，贺小铁在睡觉。我说："孩子平安就好，让贺小铁给我回个电话。"但一直到第二天早上，贺小铁仍未回电。我给他发去了短信，告诉他，再不回电，我就开车去看他。

　　我感觉事情不妙，贺小铁有些异常。以往他是很乖巧懂事的，说定的事从不违约，答应的事一定去办，这次却如此滞后拖沓。我一边给学校领导反映情况，一边等贺小铁的电话，但是始终没有等到。

　　我就又给他拨过去，这次他终于接了。只要接通电话，知道孩子平安无事，我的心就放下了。一切的事都好解决。

　　我说："小铁，休息过来了吗？回学校吧。"我想，家里空无一人，他是多么孤独无依，他必须回到班级中来，回到同学中来，回到我的眼皮子底下来，我强拉硬拽也得让他回到轨道上来，和大家一起运转，靠集体的力量裹挟着他往前走。

　　电话里是长久的沉默。我说："贺小铁，你在听吗？你什么时候回来？收拾一下今天下午回来。回来上第一节课。"

　　"老师，我……不想回学校了。我跟不上了。我不想……上学了。"他断断续续地说。

　　家庭的变故，两三周的误课，心力交瘁使贺小铁陷入了绝望。这就是他迟迟不给我回电话的原因。

　　"贺小铁，你快回来。有老师和同学就有家。你已经表现得很坚强了，再咬咬牙迈过这道坎，一切都会好起来的。你妈妈最不愿看到你这样！你中止学业，她灵魂会不安宁的。"

　　应该是最后这句话打动了他，他终于回到了班级的怀抱。

　　周末，我和我先生去小铁家"家访"。"家访"二字之所以打上引号，是因为他哪里有家啊！母亲安葬在南方，父亲家事缠身回不了北方，他一个人往返于家校之间，还要定期交水费、电费、煤气费、房租。我在楼下看见了小铁，他怕我们找不到地儿专门等在拐角处，他的摩托车前筐里放着鲜肉和芹菜，白皙的脸上浮现出愉快的微笑——久违了，这微笑……

　　转眼春天来临，又开学了。小铁随着东风回到学校。他渐渐从阴影里走出来，经常和同学说说笑笑，讨论问题。班长和团支书一直暗中帮助着他，一切运转着，一切又像没发生过。这个孩子在岁月的磕磕绊绊里，表现得这样坚强，这样可敬。

6月7日高考，我送考。第一天，我选择贺小铁所在的考点。

别的孩子都是家长高接远迎，全家出动陪考。贺小铁的父亲仍留在四川。贺小铁是单枪匹马闯高考。7点钟，我已经等在考点内高大的白杨树下。晓雨初霁，朝阳明媚，万物清新。考点门口已经有很多送考的家长，他们把孩子送进来，再眼巴巴地望着。贺小铁来了，自己骑摩托车来的。他高跨在摩托车上，背着双肩包，有种赛车手的感觉。他翻身下车，支好车后，主动给了我一个大大的拥抱。我拍了拍他的背，大声地说："加油，贺小铁！"他伸出大拇指说："放心，老师！"我看着他潇洒的背影，想：不管结果如何，这个孩子能走到今天已经不易！

几个月后，已经走进大学生活的贺小铁在教师节前夕给我发来短信："能有今天，多亏有您！不堪回首的高三，有几次几近放弃，都是您及时出手相助把我捞起！"

后　记

其实，作为人师，我仅仅做了该做之事，换了别人也会这样。当心灵在暗夜里突围的时候及时给他一束光，在他就要跌倒的时候及时伸出一只手，把孤独的他包裹在一个温暖的集体中。我要特别感谢袁了凡先生，是他教导我：惠不在大，赴人之急。

同时我也进一步思考：如何让获得帮助的学生有尊严感？如何让需要帮助的学生得到帮助并保持他生活的平静？兴师动众的爱是否是合适的馈赠？在贺小铁的故事中，如果我们班大张旗鼓地捐款捐物献爱心，我们的奉献欲得到了满足，班级的美誉度有了提升，我们甚至也许会被自己的善举感动。可是，我们考虑过他喜欢的接受方式吗？那颗内敛敏感的心灵会感受到什么？给贺小铁留下的是美好的记忆，还是复杂纠结的生命体验呢？

我不知道答案。我只知道，我和我的班级尊重贺小铁的特点和需要，帮他是以他能接受为前提。我们不把爱硬塞给他，让他要也不是，不要也不是。我们都在给予他爱，可是我们从来不说"你看，我们在给予你爱"。难道不是吗？我们都喜欢这种春风徐来的感觉。

第五节　致敬曾国藩——"学会做事"训练记

一　曾氏思想

1872年3月12日，一代名臣曾国藩陨落，"曾"时代结束。左宗棠沉痛撰写挽联：知人之明，谋国之忠，自愧不如元辅；同心若金，攻错若石，相期无负平生。并赠400金费用。两人在军政方面的顶层设计上一直龃龉不合，但左宗棠对曾国藩的内圣修行境界敬佩不已，甚至在上奏皇帝的奏折里也有对曾的褒誉。

曾氏的内圣修为是建立在儒学基础之上的博大精深体系，一个"挺"字贯穿其中。曾国藩一生跌宕起伏，危艰之时无数，他有主动退却，有迂回绕行，有一往直前，但"向前走"是不变的主题，"不忘初心，矢志不渝"是他的纲领。"挺"字充满现代竞争意识，它指向目标，手段可以灵活，但初心不可改变。不是为挺而挺，为柔而柔，一切指向目标。

曾国藩的"有为"人生观，使他一生积极向上，掌握着人生的主动权。作为教育工作者，我十分认可曾氏的"天下事在局外呐喊议论，总是无益，必须躬自入局，挺膺负责，乃有成事之可冀"[①]，我无可置疑地把它用于教育教学管理中，并把它教导给学生。

二　管中窥豹，可见一斑——我班进行的做事训练

不做局外人，躬身入内，挺膺负责，勇于担当，才能锻炼自我，丰盈精神，在校成为优秀学生，踏入社会成为优秀公民，才高德优者成为国之重器。与事情深度接触，深度交锋，才能磨砺自己，增长才干。这与我借

---

① [清] 曾国藩：《挺经》，吴樵子注译，中国言实出版社，1998年6月版，序言P4。

鉴的王阳明先生的"事上练"是相同的，是同一个精神肌理。这些优秀的传统理念和伟大的先哲思想滋养着我，也滋养着我的学生；如此，我们也成为传承者，成为薪火相传的一部分。幸甚至哉！

但这一切必须从具体的事务做起，从具体的事务抓起，从具体的事务培养起。因为理论必须落脚到实践。比如：

有一个冬天，暖气管突然漏水，导致我班教室没法正常使用，需要搬家。

所谓搬家，就是要把我们的桌椅与备用教室的桌椅互换（备用教室的桌椅是淘汰下来的），所有物品都搬过去；不是一般意义上的人提着书包换过去。

这是锻炼班长的好机会。我把任何事情都当作教育机会，360度全视角无缝隙。不要误解我是高高在上的说教者，非也。我让自己始终保持清醒的教育意识，把言和行、明和暗巧妙结合用以施教。

我头脑中已经有了明晰的思路。事情分三步走：搬家前的预备工作，搬家，搬家后的总结提升。

事先，我把班长叫来，问他打算怎么干。他说："简单！就是搬呗！"我接着问："怎么搬？"他说："下午6点，统一来教室，大家一起干，很快。"

我说："事情没有这么简单。如果你这样想，就是还把自己当个局外人。你得深入进去，好好想想，来来回回琢磨几遍。备用教室若是空教室倒好说，把我们的东西搬过去按原有的格局排好，按原有的座位就座。咱明天搬也可以。你回去先想想，去实地考察考察，跟其他班委商量一下，怎么秩序井然地搬家，而不是陷入混乱无序。"

下午6点我班并没有搬家。一直到第一节晚自习，班长才拿着本子来找我。

他说，他先前的确太草率了。他和班委商量了一下，想这样做，他翻着小本一条一条地说给我听：

1. 明天早上6：40开始搬家。今晚回宿舍前，每人把自己的书本收拾好。

2. 生活委员负责调换两边的锁，负责把粉笔、板擦、抹布拿过去，并最后关好旧教室的门窗。

3. 卫生委员把新教室打扫干净，把卫生洁具拿过去。

4. 体育委员负责把墙上的石英钟、锦旗和书画作品搬走。

5. 搬桌子时，要听指挥。从前往后，按秩序搬。一半人从旧教室往新教室搬桌椅，一半人从新教室往旧教室搬。班长在新教室指挥，团支书在旧教室指挥。力气小的女生由体委负责帮忙。

他汇报完后，静静地看着我，等我说话。我说："比较周全。任课老师不知道搬家，他们会去原教室上课，这个怎么办？新教室的多媒体是否能用，这个怎么办？"

他略微一想，又添上了两条：

6. 各科课代表告知任课老师新教室的位置。

7. 电教管理员调试新教室的多媒体，若有问题及时上报。

我欣慰地看向班长，说："很棒了。"

由于事先做了充分的准备，第二天一早，我们半个小时就干净利落地搬完了教室，还上了大半个早自习。

可是设想一下，若按最初的"无方案搬家法"，场面将不堪设想。而现在，我们班不但第一节课秩序井然，而且在第一个课间就把"多媒体不能使用"的报告单送到电教办公室了。

接下来是第三个步骤：总结提升，巩固良好的做事思维。

我跟班长说："下午班会咱预留一点儿时间，总结一下搬教室的事情。你谈谈自己的感受：如何做事？怎样才能把事情做好？"

班会课上，其他事宜完成后，班长走上讲台。

他感慨地说："通过这件事，我体会到以下几点：一是凡事预则立，不预则废；二是做事要有计划、有步骤、有方案；三是虑事要周全。"

我最后总结道："大家都知道曾国藩其人，被称为清朝的'中兴名臣'。虽然残酷镇压太平天国起义，又加晚节不保，留下很多骂名，那也有时代的原因。这个人儒生出身，却驰骋战场；戎马倥偬，却著书立说。是历史上少有的立言立功立德的'三立达人'，是被称作'两个半'圣人中的那半个（另两个是孔子和王阳明）。他做人做事的纲领是'天下事在局外呐喊议论，总是无益，必须躬自入局，挺膺负责，乃有成事之可冀'。"

我把"躬自入局，挺膺负责"写到黑板上，接着说："只要有了这种人生态度，就会以当事人、局内人的站位去思考和谋划问题，才能有责任，肯担当，唯恐不慎把事做坏。思维缜密，虑事周全，才能像我们搬家一样效率高，不留后续问题。在我们班要学会做事，不论你负责哪一块，都要躬自入局，挺膺负责。做事要过脑，事前有规划。只有在事上练，与事务深度接触，你才能增长才干。相反，一个人俯不下身子，凡事敷衍塞责，可能也会把事情马马虎虎做完，但心性却练坏了。心性坏了，事事偏离方向，人生就走歪了。"

我接着向同学们推荐了唐浩明的《曾国藩》三卷本。

这是一件小事。当然，学校本无大事。一切教育理念都是在小事中渗透，慢慢地灵魂的形状就被塑造成理想的样子。而曾国藩的理论又是关键时刻"鼎力相助"，使我在教育管理中得心应手，有了颇为得意的神来之笔。当然，我也有过败笔。

除了言传，我还身教。

班委培训、舍长培训、课代表培训，我都借用中午第四节放学时间，学生没法及时吃饭，那我也就不先去吃饭，同样暂时忍耐一下。学生看到班主任饥肠辘辘，即使自己的肚子"大唱空城计"，也就不好有怨言了。

太极拳比赛在即，因为我粗浅地会一点儿二十四式（至少比学生打得要好），我就借来循环播放器，中午不休息，教学生打太极。后来，比赛服装体委解决不了，向我求救，我二话不说，开上车就找朋友借来了。学生踢球，不小心把球踢过操场的围墙，围墙那边是个水泥厂。虽然一墙之隔，但要绕到他们的大门相当远。学生也不容易找到大门。我知道后，开上车拉着他们就奔过去，在丛生的杂草和杨树林中找了半天。虽然寻找未果，但把学生感动得不轻。他转述给别班的同学时，那同学惊诧地睁圆了眼睛说："世上竟然有这样的班主任？不但不批评，还开车帮找球！"

我班的大小事务，无论由谁来负责，他们都高度负责，极少出现疏漏和失误，班委和各负责人也相当干练和"在线"。略表几例：

1.巨额学费怎么收

前些年，学费还不是用银行卡线上缴纳，而是收现金。每人1 200元，每班五十余人。开学第一天要收齐六万余元，在规定时间内上交会计室。有的班级收完后，几个人手里攥着大把的现金前往会计室。虽是在校园比较安全，但给人欠妥的感觉。况且有一次，一个男生钱太厚，攥鼓了，哗地滑落了一地，正赶上那天有风，红彤彤的人民币满地乱跑，有刮到冬青缝里的，有刮到蜡梅丛里的。路过的同学、老师都来帮忙，在风里帮着"追钱"。那真是校园的一大罕见景观。学生担心被树丛"吃掉"几张，又回到教室重新点数，一直到顺利交上还心有余悸。

我班的团支书刘同学，收学费时体现出不一般的高素质，体现出"国家事乃我家事，班内事乃我之事"的胸襟，确实是躬自入局，自有招数。她返校时拿来三四个牛皮文件袋，分四组来收，每组分一个袋子。化整为零容易点数，四组相加便出总数。袋子上标好数目，交到会计室便捷好数。我班又快又准地完成了任务，受到会计室老师的好评。

完全可以想见，开学前夕，她除了像普通同学要考虑好自己的事、带全自己的东西外，还必须多出一份心思考虑学费怎么收，考虑好了之后，还要记着带好袋子，袋子不一定手边就有，她必须去一趟文具店，等等。如果没有躬自入局、高度担当的精神，就不会把事情处理得如此漂亮，就不会传递出努力成为一个精英人才的积极信号。

2. 可敬的门窗管理员

出于安全考虑，我班有固定的门窗管理员，上课间操、举行升旗仪式、上所有的外堂课、中午和晚上放学时都必须锁闭门窗。一开始，每每这些节点，我都在学生之后亲自检查一遍，有疏忽会及时提醒。到后来，我就只抽查，看看落实情况。我经常看见门窗管理员高同学和张同学分列前后门，手里拿着锁等着最后离开教室的人；有时，会听见他俩大声交代"走到最后的一定锁门！"夏天雨急，容易溅雨，他俩就嘱咐值日生最后一定关闭北窗，或自己边做作业边等到最后亲手关上。

高同学是个性格粗犷的男生，大大咧咧，可是这份工作他做了两年，持之以恒，极少遗忘，到高三的时候，严谨认真，沉着冷静。有一次他临时负责班里助学金的发放工作，涉及14个同学。他拿着记事本，在统计表格上随时记录：谁交了，谁没交；谁交全了材料，谁还缺身份证复印件；谁的盖了章，谁的没盖。圆满地完成了任务。若是在高一让他去做这件事，肯定要丢三落四，顾此失彼，还不知要做几个来回。

3. 三年不辍的板书

我们班习惯于把每天的课程竖排板书在黑板右侧，比如周一"数—英—语—生—理—化—自—班（会）"，在校期间，一天不落；功课微调，也能及时体现。班里的所有成员总是朝黑板边儿一扫，今天该做怎样的准备一目了然，也非常便于我判定班内一天的流程，以及什么节点什么状况，是内堂课还是外堂课，是否有课程调整等。这是件小得不能再小的事儿，即使某天忘了，也不会有多大损失。负责书写的是学习委员周同学，他每天进教室的第一件事就是抄起粉笔工整地板书。在我的印象里，三年下来，从无疏忽；而且他的字体，滴水穿石，大有长进。小事里有大乾坤，细微里有大担当。学生躬自入局的心相由此可见一斑。

与此呼应，副班长要把每天值日班长的姓名板书在黑板右上角。上面是姓名，下面是课程——成了我班黑板上的风景线。透过日复一日地勤写不辍，我看到的是学生的入局意识和可贵韧性。

在琐碎的班级事务中，培养朴素而高尚的灵魂。这就是我们的班级风貌，或者说是一个教育理想主义者追求的理想境界。学校是教育的专门场所，是一个"苗圃"，它为孩子的成长设置了独特的环境。作为班主任，要充分利用一切机会，对处于苗圃中的学生进行培育。教育学生"学会做事"，就得把事交给学生，让他体验，许他失败，然后提升能力，促进成长。也不能"一交了之"，而是要关注，要点评，要指导。我希望我的学生到了大学、走向社会、进入工作岗位，他们能始终"躬自入局，挺膺负责"！

高中只是学生学习生涯中的一段旅程，我感谢小学、初中学段的同仁们所做的良好铺垫，我也热切呼吁，低学段的同仁们能把"学会做事"当作一门必修课来抓，让学生12年的基础教育前后相继，相辅相成。在周期结束时，我们输送给大学和社会的是优秀人才、合格公民。

第二章 缔造学生崛起之传奇

第一节 学习上"鬼打墙"的孩子到底遇见了什么

跋涉过寒冬的千山万水，她站在春天的中心，心灵通透，思想萌发。

——题记

一 哭泣的张米

12月的联盟模拟，张米（化名）又一次跌入冰谷。按照高三的学习标准去评价，她几乎没有瑕疵。要勤奋有勤奋，要效率有效率，要习惯有习惯，要认真的书写有认真的书写——对于一个文科生，还能要求什么？她要考不好，老天都觉得不公。

可她就是没考好。我去找任课老师了解情况，老师们直摇头："这个孩子一会儿精神一会儿糊涂，真让人看不懂。"

老师们的苦闷我感同身受。张米平常表现让人欢欣鼓舞；成绩一出，就使人仿佛被泼了一身凉水。成绩单上从前往后找吧，只找得你涩了眼睛，才发现她的名字连同那些让人不忍直视的分数瑟缩在成绩单的尾部。

她不该这样。她不该这样却偏偏这样了。

那个每天清晨舍友还在酣睡，像鸟儿一样早起的孩子；那个黄昏躲开喧闹的校园，挑选僻静的花园一角背文综的孩子，此刻正坐在我面前啪嗒啪嗒地掉眼泪。

这个走在黑暗里的孩子！我握着她的手，感到了她哭泣时的颤抖。

她的父母来过学校。理智上都知道不要着急，要相信孩子；可心里的焦虑还是自然流露出来。高三学生的家长一般不可能那么佛系那么超脱。高考不是小事，谁能把成绩看得像一根鸡毛？

我说："别着急，孩子的学习态度和时长都是没有问题的，也许只是时间问题。"

但，一定还有个问题，藏在某个地方。

二　迷雾重重

我去探访她高一时的班主任，杨老师告诉我："张米是走指标来到高中的，中考分数属于中下。"

高中伊始，她表现出良好的学习品质。上课时眼神专注，时而会意点头，时而快速记笔记，眼睛亮亮地配合着老师——是个模范听课者。作业书写认真，是标准的楷书，连一处涂改都没有——是模范作业。课间围住老师问问题的人当中也时常有她的身影。周记品位不错，引用丰富，思维有条理，看得出小作者是个有追求有内涵有一定读书量的人。品行端正，说话有板有眼有分寸。种种迹象表明，这是个好苗子。杨老师已经把她物色为班里的团支书了。

期中考试是升入高中后的第一次大考。成绩一出，班主任非常惊讶：是不是弄错了，张米的成绩处于后几名。班主任叫来张米询问，看到她的脸色也就猜到了八九分：这是内心遭遇突然塌方才有的脸色——冰冷掺杂着失望，硬撑的面子。

成绩属实，她的考场作文甚至没写完。

表象与本质之间为什么反差这么大？

由于有成绩规定，张米既不能参加班干部的竞选，更无法参加学生会团总支的竞选。所以这个从军训时就被考察的孩子因为成绩拖后腿，无缘于这些锻炼机会。

整个高一，她就在期待——失望——再期待——再失望的循环中走了下来。在学习之海上，她挣扎着喘气，换气，溺水，呛水，这么浮浮沉沉地好歹待在水面上；要说往前游，几乎一步也不可能。

在学校教育中，有一部分痛苦的学习者。张米尤甚。

三　缺钙的学习者

每个事物的当下状态都有一个来龙去脉。一个学生学习的现状是由无数个细小的过去强化而成的，暗含着一部她的学习史。

我跟张米的家长详细了解了她初中的学习经历。

张米毕业的初中教学质量不错；但在整体评价中，偏向于应试教育。应试教育最突出的学习特点是死记硬背和题海战术。这两种方法都是利在当下、弊在未来，都是急功近利、不可持续的。它为获得成绩不计后果，往往伤害的是学生后续的学习生命，伤害学生的学习兴趣、思维方式、创新能力和理解能力。

可是，功利的社会已经顾不了这一切了。

思维活跃的学生会在一定程度上突破它的局限，受伤害最大的是乖巧的学生。这类学生本来习惯于接受，缺乏变通，应试教育碾压过的思维世界一切都是扁平化的，格式化的。要想恢复勃勃生机需要较久的时间。

张米是个标准意义上的好孩子。

到了初三，眼见各科均不理想，孩子三更眠五更起，熬得眼镜度数不断上升，学习成绩不断下降。家长就开始全面一对一，校内校外车轮大战。等于是张米在爬上一个陡坡时，有在上面连拉带拽的，有在下面连推带托的，好不容易把她弄了上去。

终于占上了一个指标生名额，上了梦寐以求的高中。但她的学习能力和悟性却没有随之而来。

她是个积极热情的学习者，但她不会学习。不会学习，此处指的是，她的方法中有价值的不多，最重要的是缺乏"本我"或称为"觉醒的自我"。"觉醒的自我"之于高中生的学习，就如同钙质之于人的骨骼，缺之，难以挺拔。

是这个原因么？

（四） 智商之外

张米的母亲说："俺孩儿是不是这里有问题啊。"边说边指指自己的头。意思是她的孩子脑子笨，但又不愿说出"笨"字。

老师们也忌讳用这个字直截了当地评价学生。面对家长焦急地探寻，之前也许有N个老师给了张米的母亲如下含蓄的回答："学习方法需要调整，悟性要再高一点儿，掌握东西要再快点儿。"

等于说他们都认为张米是笨的。

"笨"就是智商不高。

张米笨吗？

能够顺利完成初中学业，在高中升学中胜出的孩子，智力应该不会差。所以，高中生之间的智商有差异，但没有天壤之别，大多属于中等人群。在几十年的教育生涯中，我的学生不乏考入清华、北大这类顶尖学府的，毕业后也有作出卓越成就成为科学家的，但我没见到过绝顶聪明、生而知之者。他们的智商是挺高，但智商之外的东西也相当关键。

心理学研究表明，高中阶段与智商相关度最高的是阅读作文的成绩。据她高一班主任说，张米的阅读和写作并不差。况且，智商并不影响某一知识是否最终能被学生掌握，它主要是通过影响知觉的速度、数量和巩固程度、迁移程度，最终影响学业成绩。

张米不笨。她糟糕的学业成绩可以排除智商问题。那么，问题就是，不是智商问题那是什么问题呢？

五　必须改变

为师者，应该是给人信心、给人欢喜、给人希望的人。

无论学生在见你之前是什么心情，跟你谈完，他必定是信心满满、路径清晰的人，从你办公室出来后能急迫地坐在书桌前，继续积极探索的人。

我现在能给张米的大概就是欢喜和希望。

第二节晚自习，我把她叫到办公室。面对面而坐，膝盖碰着膝盖，是真正的促膝交谈。她乖乖地坐着，坐姿笔直，频繁点头以肯定或呼应我谈话的内容。

其间，穿插着如下的对答模式：

我说："你看，是这个道理吧。"

"是。"她说。

我说："你明白我的意思吗？"

"明白。"她说。

我说："你有什么想跟老师聊聊的吗？"

"没有，"她说，"谢谢老师。"

我给她讲述那些学长的例子，怎样厚积薄发，先苦后甜；怎样不断发现学习的奥秘，臻于完善；怎样起起伏伏，锻炼了强大的心理素质；跟她开玩笑，"不是不报时候未到"；告诉她把目光放长远，看到5年之后，10年之后……

直讲到熄灯铃从宿舍方向穿过夜幕来提醒。

张米走后，我深陷在座椅中，深陷在沉思里。

如果有一架录像机把张米整个高中的学习经历录下来，以画面的形式直观显现，就会发现她的学习轮回：充满信心参加考试——沮丧地拿到成绩——满脸阴云痛哭流涕——被开导被鼓励——再充满信心参加考试。在一个水平面上来回转圈——努力从未间断，成绩从没提高。张米遭遇了学习上的"鬼打墙"！

今晚，张米正在"被开导被鼓励"的情节上。

"再也不能这样下去。"边带上办公室的门，我边想，"必须改变。"

（六）痛苦地跟跑

高三的考试就是"乱石穿空，惊涛拍岸，卷起千堆雪"——壮观！一浪赶着一浪，首尾衔接，前后相连，浩浩汤汤，横无际涯！（真心讲，我所在的学校不算考试多的。我见过一些兄弟学校的考试，那才叫一个昏天黑地！）

这种"灌田式"复习模式很有好处，保证学生吃饱喝足，体验深刻，发现高频问题。不好之处就是，无论是学生还是老师，都没法静下心来去查找问题的根源，没法钻研和洞悉现象背后的复杂细微的奥秘！

高考是一场淘汰赛，跟上的就跟上，跟不上的也得努力跟上。

这可苦了张米！跟跑也是趔趔趄趄的。

七　水落石出

我前后跟她细谈了几次，又把她各科的笔记收来做了审视。

中间还间隔着三周的春节假期。

到3月份时候，我揭出了她学习的几大"致命伤"：

1. 被夸坏的孩子，被夸坏的思维

被夸着长大可能变得骄矜蛮横，可能变得谨小慎微。张米是后者。她从小善解人意，乖巧懂事，长相漂亮；父亲一直担任要职，周围的亲朋、父亲同事见了孩子就赞不绝口；从小被夸到大，容不得自己不好，巴巴盼着别人说好，于是就不断去迎合亲人和老师。对待一个知识点，不是考虑它是什么，而是考虑老师会怎么说。思维跑偏。

一味地称赞是慢性毒药，使学生不能正确认识自我，也容易丧失信心；因为她的自信建立在别人的夸奖之上，一旦夸奖撤离，她就挺立不住了；尤其是一些动机不纯粹的夸奖，让孩子迷乱了本性。

2. 唯书本是从，不敢越雷池半步

这是第一点的后遗症。由对人顺从，到对知识顺从，以至于形成思维上的禁锢。什么知识都要背得跟书上的一字不差才算心安。不去领会要义和主旨。这也造成了极大的精力浪费。一旦语词跟书本上的不一样，就心中忐忑，不知对错。

3. 过于爱惜羽毛

只注重羽毛好不好看，不注重羽毛好不好用。笔记过于唯美，她陷于整洁笔记的自我欣赏里，忽视了笔记的实用功能，忽视了掌握到知识才是最本质的问题。她的各科笔记　没有涂改，黑笔、红笔交叉使用，只为有笔记的样子，不去自问知识到底掌握与否。

真是可怕的学习方法！

张米不是智商问题，而是后天的成长误伤了智商；成绩不好，却归罪于智商。真是智商的千古奇冤！

每种教育现象背后，都有一个奥秘！只有千方百计找到它，才能让孩子恍然大悟！

（八）打碎重来

对高考来讲，打碎重来，当然是来不及了。但对一生来讲，仅是开始。所以，张米必须改变。改变也不是一帆风顺的。

我跟各科任课老师进行了彻底的沟通，达成了一致的教育认识：

一是着重检查她的领会，不再局限于以前的常规检查。

二是不再把她当作整理笔记的标杆经常夸奖。

三是允许她出错，让她认识到出错是学习的常态，表面的繁华和光鲜才是危险的。

四是知识重本质轻形式。作业、卷子、笔记稍乱一点儿不要紧，真正掌握知识才是目的。

我跟张米探讨她学习中的痼疾，她初步认识到了弊端，但还不能完全接受。我还是交代她，她是这场学习革命中的主角，成败取决于她自己。她得从内向外的改变。"鸡蛋从外打破是食物，从内打破才是生命。"

我跟张米的家长沟通了新的发现和后面的调整。她的家长非常认可这个原因。只是到了高中学段，在学业上，鲜有家长能给孩子帮上忙的。

可是张米用她的方式对待学习已经12年了。冰冻三尺非一日之寒，积久而成的习惯怎是一朝一夕就能改过来的？

做数学作业，过去做错一步就要撕掉重来；现在得忍住，不能撕，画掉接着往下做。做对做快才是王道。

写作文，过去写错一个字，就像脸上涂抹了一滴墨汁，非得洗净才行；现在得忍住，不能换作文纸，不能用修正带，轻轻画掉接着写。写完才是王道。

整理笔记，过去像描工笔画一般，笔笔真切，红笔、蓝笔、黑笔轮换上场，主次分明，整洁好看；现在乱点儿不要紧，也别面面俱到地去整理，只挑重中之重，并且只用红笔做记号、标重点。搞懂了再往笔记上整理。别做知识点的"搬运工"。笔记要有加工的过程。

背文综，领会要义为先，背错表述的语言文字没问题。文综不是语文的默写，后者才需要一字不差。

就像一个爱清洁的人，看到室内满地狼藉后的难以忍受，张米经过了一个苦恼的阶段。改变了认识和学习方式之后，张米的心也放松下来。她背文综不再杞人忧天、如临大敌。笔记整理也不再几乎占用全部的业余时间，乱点儿也能心安理得了。

学习有了快乐的享受，张米以较快的速度往前赶。到了5月初的考试，她有一次已接近了学校模拟一本线。这对她来讲，成绩能够吻合平常的付出，实在是曙光在前，希望无限。

家长积极学习高考政策，物色学校。已经锁定一所院校，只要够本科线，就可能顺利入学。

老师和家长都屏住呼吸，看张米高考那惊险的一跳！

九　情理之中

等待成绩是一种煎熬，经常胡思乱想得让人心惊肉跳！张米与别人不同，她的不确定性更大。

那一刻终于到来！那揪心的时刻终于到来！张米妈妈第一时间给我打来了电话。张米没有过本科线，高考失利。

回观整个高三，看她的努力，上天应该垂怜；看她的结果，也在情理之中。

家长不这样想，大多家庭对自己孩子的期望值都高于学生的真实水平。这个成绩搅得家长五脏六腑都疼！

这再次证明了高考的公平公正性，没有谁能够侥幸入围。它是对一个学生整个高三及至整个高中综合水平的考察。不以任何人的愿望为转移。

（十）　继续探究

张米本人和她的家庭都不可能愿意选择一所专科学校去读。

8月中旬，她去了潍坊的一所学校复读，再上一个高三。张米的学习发动机已经发动起来，只是给她的时间太短，任她肋下生翼，也不可能飞到前面去了。好在她已经进入上升渠道，复读确实是个好的选择。

这个孩子能吃苦，肯付出，有一股韧劲儿。我看好她新一年的拼搏。明年可期。中间与她的父母偶尔联系一下，零星获知张米学习顺利，成绩明显提升。

长话短说，时间快得几乎连眼都来不及眨一下，转眼又是高考。

6月24日下午几乎刚过4点钟，张米的妈妈就兴奋地给我报喜：张米过了一本线，总分比去年多了76分。随后又发来了成绩截图，老大难数学过了120，文综过了200。

一个艰难穿过沼泽的人，有权利打开香槟对天庆贺！张米亲自给我打电话，她传过来的每一个音符都像在蜂蜜里浸泡过，充满了甜美。

我替我的弟子感到由衷的欣慰，并给她送去诚挚的祝福！

但我思考的焦点不在这里。作为一个痴迷于各种教育现象的人，我想知道张米的成绩里有哪些是因为改变学习方法带来的，有哪些是因为重复学习带来的。中国有句俗话："人多不怯重，水多泡倒墙。"复读也能带来提升，但没有借鉴意义。我想提炼出有价值的东西。

所以，我的重点在下面。

十一　破茧化蝶

张米最后被北京一所高校的中外合作专业录取。国内学一年，出去学三年。拿两所大学的毕业证。

大一那一年，张米打开了自己。像一棵树，突然找到了生长方式和展开方式。她在保证学业的同时，竞选上了学院学生会职业发展部部长。组织策划学生活动，有时还要和校外的企业联系。寒假见到她时，她不再是那个精致的乖孩子了，成了一个有爆发力、有生命张力的年轻人。期末成绩在院系名列前茅。

我惊喜地观看到一场生命的蜕变！

大二张米就去了英国。经过短暂的适应后，她又拿出了拼命三郎的精神。

到了在国外的第四学期，奇迹出现：

张米用两年时间学完了三年的课程，成绩全A。她把复读的那一年又追回来了。她和她第一个高三时的同学同时本科毕业。

当张米把成绩单的图片发过来时，看着骄人的成绩，我温热的眼泪为这个孩子溢满眼眶！

那个所谓的"笨孩子"，那个在铺天盖地的迷雾里寻找了那么久出口的孩子，终于一脸自信地站在阳光下！

跋涉过寒冬的千山万水，她站在春天的中心，心灵通透，思想萌发。

是的。把她放到陌生环境，学习新的知识，才能检测出曾经桎梏过她的学习方法、思维模式是否被清除干净，高考前的开悟是否真的发挥出了威力！

十二 精致的乖孩子现象

这个案例给人很大的思考和启发：

1.给孩子探索的空间和时间。等待也许漫长，但要做耐得住的教育。

2.用发展的眼光看待学生，每个孩子都不可限量。

3.花开有时，要遵循教育规律，也要尊重个体差异。

4.人的发展中，"我"的觉醒必不可少；所以，教育是个让学生发现自我的过程。

5.精致的乖孩子现象，应该引起每个家庭和教育工作者的警惕。

6.学习上的唯美主义、形式主义是怎样地戕害了一个孩子智力的发展。

7.探索是个必要的过程，隧道又黑又长，不知道何时迎接天光。要陪孩子一直走下去。

8.不要让性格带坏思维，进而损害智力发育。

第二节 班旗的故事

一 事出意外

那是一个秋日黄昏。落日熔金。我结束了高三一天忙碌的工作，迎着霞光驾车回家。快到家时，副驾驶座位上的手机突然响起。我把车慢慢停靠在路边，接起电话。是我的班长打来的。

"余波（故事中的人名均为化名），什么事？"

"老师，下午入场式彩排完了之后，咱班的旗手有点儿小情绪。"余波语气里带着焦急。

"具体什么情况？"

"于小风、董文和徐畅见人家班的班旗很上档次，"余波语速很快地说，"嫌咱班的太寒碜，明天不愿上了。而且，还有一部分同学也垂头丧气，同学们对这件事议论纷纷。"

"哦……"

情况有点儿小意外。明天就是秋季运动会了，这样可不好。前两周，宣传委员问我重新设计班旗的事，我说高三时间紧张，用高二时的就行。没想到梗儿在这儿等着呢！

怎么办？我略做思考，跟余波说："这样吧，待会儿我再赶回去，给同学们开个小班会。"

"好，老师，您可一定要来！"余波如释重负地挂了电话。

我打开车灯，急急上路，满脑子都是班旗的事情。

而且，吃过晚饭，我要再驱车赶回20公里外的学校。

二　紧急班会

离第一节晚自习结束还有20分钟的时候，我推门进了教室。

50多个十七八岁的俊美少年正忙着他们的作业。北窗台上的三瓶富贵竹绿意盈盈，西北角上斜倚着套在细瘦竹竿上的班旗。我站上讲台，环视大家，说："打扰大家一下，咱们开个小班会。"

同学们齐刷刷地抬起头，用惊异的目光看着我："咦？班会？下午不是开过了？"

我接着用柔和的声音说："是，班会。说说班旗的事。"

班旗的事？老师先知道了？——同学们用目光询问着我。

"是，我都知道了。"我像是回答，又像是自说自话，"下午彩排，咱参加的同学觉得咱班的班旗有点儿寒碜。"同学中有的微微点头，对"寒碜"表示认可。"我对咱同学的感受十分理解，知道咱班一向优秀惯了，特别希望咱班在任何方面都是体面的。这是班级情感的体现。只有爱班级，我们才能为它或自豪或惭愧或欢欣或难过。"

"确实如此，可班旗怎么解决？"——同学们仍不能释然。

我很平静地跟大家继续说："咱们讨论几个问题吧！第一个：班旗还来得及重新做吗？"

"来不及了。"几个同学不约而同地回答。

"对。这已经是一个无法改变的事实。既然无法改变，就要选择淡然面对或无视它。为洒掉的牛奶难过，于事无补啊。请同学们想一想这个道理。"

"第二个问题：运动会是班旗比赛吗？"我接着问。

"当然不是。"更多的同学很热情地回应着我。

"对。班旗只是运动会的一个次要因素。它不出色不影响大局。但你把它看得过重时，它就会影响大局。这不是班旗的问题而是我们的问题。请同学们想一想这个道理。"

同学们都闪着亮晶晶的眼神，饶有兴趣地看着我。

"第三个问题：运动会的成绩是靠班旗取得吗？"

"当然不是。"同学们边笑边回答，教室里的气氛开始变得活泼起来。

"运动会的成绩靠的是实力，靠的是双腿，靠的是双手。"不待我回答，同学自己就给出了答案。

"对！"我用十分坚定的语气说，"它不代表实力，但如果有班旗情结，它会影响实力的发挥。请同学们想一想这个道理。"

"第四个问题：不要被事物的表象和形式迷惑，要学会看事物的本质。华丽的班旗是事物的表象和形式。一个班级的实力和人员素质是事物的本质问题。"

大家的情绪蓬勃高昂，其盈满程度一点儿都不比那富贵竹的浓绿逊色。

"自信的班级不会被一面小小的班旗搞乱阵脚。脚蹬布鞋的邓小平在雍容华贵的撒切尔夫人面前依然从容不迫；《送东阳马生序》中宋濂缊袍敝衣，处在烨若神人的同伴中，一点儿也不会乱了方寸。同学们，班旗问题不足惧，希望大家明天自信满满地去参赛！"

热烈的掌声和下课铃声一同响起。我看见，担当旗手和护旗手的三个女生的脸微微红了。

灯火通明的教学楼因为课间充满喧闹。我下楼到芙蓉树下去开车。微凉的秋风吹着我的发丝。深蓝的天空缀满银色的星斗，微红的上弦月像一枚被冰糖水煮过的砂糖橘瓣挂在中天。明天，一定是个晴空万里的好天气。

三　放下之后

第二天，果然是个好天气。蓝色的天空尽情舒展开去，像一张极大的荷叶，上面滚动着大露珠似的太阳。

上午8点钟，运动会开幕式准时开始。整个西看台座无虚席。巨幅红色标语挂满操场周围。

第一项是各班旗手跑步绕场一周，然后进入指定位置。

各班班旗闪亮登场。

高一年级，高二年级，最后是高三年级。

前面几个班的班旗各具特色，但大都还属于"保守派"。到了31班，出现了一个小高潮。我真佩服他们的创意和用心。他们的班旗由一大两小三面旗子组成。主旗三米多高，近两米宽，绛紫色旗面，金黄色流苏，中间的黄色圆圈包围着一个大大的隶书"项"字——是他们班主任的姓氏。三面旗子由三个高大威猛的旗手高擎着，在晨光里随风飞舞。白色的院墙做衬，深绿的草皮做衬，蓝天做衬，这真是怎一个"气派"了得！

后面陆续有龙虎派的，有平淡派的，有文艺范的……

又一次引起轰动的是40班的班旗。我倒有点儿后悔没让学生重新设计了。他们也是一主两副的组合，特别就特别在中间的巨幅班旗上印着班主任米老师的半身像，形神毕肖；两边的辅旗上各写五个大字"吃得苦中苦""方可考百分"——这是作为物理老师的米老师的口头禅。光看他们做旗杆的竹竿几乎有我的小胳膊粗，就能想象旗子有多豪放。这真是怎一个"霸气"了得！

而我们班的班旗出场了。这是高二时根据学校要求制作的90cm×90cm大小的方形旗子。淡黑色的底子，"三三"二字是金黄色，"三"字的每个笔画都设计成纺锤状，简单低调。它不是最朴素的，也是最朴素的之一。与前面的高端大气相比，难怪昨天于小风她们自惭形秽啊！

可是今天，三个女孩，身着蓝白相间的实验校服，在几千人的注目下，踏着音乐的节奏，以轻松的步伐，自信的姿态，高举着班旗，跑过看台，跑过主席台，跑向指定位置。阳光给她们勾勒出一个美丽的剪影。

我知道，是因为放下，所以才有如此的轻松豪迈！

（四）一路闪电

随着第一声发令枪响，比赛一项紧跟一项密集开始。

100米预赛、200米预赛、400米预赛，800米决赛、1 500米决赛，我们班都有选手入围。

每当有选手参加比赛，我们班所在的位置就成了欢乐的海洋——呐喊助威声、锣鼓声，声声震耳。尤其是刘晓哲家长借来的直径一米的大鼓，着实威风。每轮两个身强力壮的男生轮番伺候，只要我们的鼓声一起，别班发出的任何响声皆等同于无。同学们那个欢欣畅快啊！

我们的班旗静静插在看台前的栏杆上。它时而静垂，时而随风轻扬；每当被风吹得展平，"三三"二字就被阳光照得金灿灿的。而获得前三名的同学前去领奖时，都披上它站在高高的领奖台上。

田赛场地也不断传来好消息：李霖跳高第1，吴启路三级跳第1，张圆圆三级跳第2……连隔壁班的魏老师也侧过身来，对着我们班说："厉害厉害，是不是又拿了个第1啊？"

最精彩的永远是下一个！

女子瑞典式接力，我们班的刘青、齐若、董文、朱霓4个女孩，交接棒顺利，最终获得高三女子组第一名。

男生瑞典式接力堪称惊心动魄，最终实现完美超越！

四名队员刘晓哲、余波、李城、吴启路组成了"梦之队"。

刘晓哲第一棒，最外侧跑道，交棒时是第5；因为怕犯规，乱道时他很谨慎小心。没想到这个平时大大咧咧的男孩儿关键时候这样心细。接棒的是班长余波，他要跑400米。前半圈越过了一个，到后半圈快结束时，在操场东南角的弯道上，穿着白色运动衣的余波像一道闪电，连超3人，成为第一。第三棒是李城，我班的体委，他锦上添花。身着蓝色运动衫的他像蓝色的霹雳，飞奔了200米，把棒完美地交给了等待已久的吴启路。恰恰这时，处于第二位的班级交接棒失误，跌倒；位于第三位的班级交接棒失误，递了2次才抓住。而这时，吴启路已经跑出三四十米，快到终点了。33班以小组第一的成绩结束比赛。

我们班看台上山呼海啸，鼓声喧天。所有的同学都激动地站起来挥舞着臂膀，竭尽全力地呐喊！连一向沉稳的我也跳跃着，挥舞着双手加油助威！这时候你能感觉到，来自33班这个伟大集体的力量像海啸一般荡涤着一切！

最终，我的班级在高中最后一次的运动会中以121分获得级部第一。第二只有97分。

这是一个神奇伟大的班级！ 33班不允许在自己的历史上留下遗憾！

谢谢你们，我的英雄们！

五　班旗飘飘

"咔嚓"，一张集体合影照定格了这一美好瞬间！

我班选了大操场的正中心，背对着主席台（主席台的影壁上有"山东省实验中学"的烫金大字），54个少男少女排成扇形，女生在前男生在后。总成绩第一的锦旗在队形的正中心，2个男生一左一右抻着。每张年轻的脸庞都灿烂如花。照片的最后排，是体委李城高高举起的班旗。班旗在下午的轻风中展开得恰到好处！

照片中，有形的人和物都充满神奇的色彩和光泽。而最宝贵的，是流淌在每个学生心中的无形的东西！

第三节　那个从绝望之山上凿下希望之石的孩子——记我的学生齐天

一　霓虹消失

11月的最后一天，齐天（化名）回到了学校。这已是高三上学期。

他是在日照参加完为期两天的计算机竞赛决赛，带着个二等奖绝望地回来的。

二等奖没有保送资格。这意味着，他孤注一掷的竞赛弃他而去。他必须重新回到教室，拿起课本，开始备考。

而这时，他的同学们已经按部就班复习了3个月，一轮复习已经完毕；经历了两次大考的历练。

更要命的是，齐天从高一确定搞竞赛后，功课几乎全放掉。别人在上语数外理化生史地政音体美时，他正一个人埋头在微机室，啃一本又一本计算机教程。他、家长、教练都认为，他天赋很好，一等奖几乎是囊中之物。现在，就像璀璨的霓虹灯突然断了电一样，一切都陷于黑暗和冷寂中，连个幻影都不曾留下。

和他有同样结局的同学，有一个在教室北窗外抱着棵梧桐树，使劲压低声音，在寒风里抽噎了一个晚自习。同学们找到他时，他双腿瘫软得已经站不起来了。

二　濒临绝境

齐天的妈妈来找我。这位母亲来到办公室前，一定度过了备受煎熬的一夜。她的脸有些浮肿。她努力保持着平静，说："在我们大院里，孩子从小有'神童'的绰号。初一没上，直接从6年级跳到初二。谁都说他聪明。真没想到是这个结局。我和他爸一时难以接受！还不如不搞竞赛。"她的眼圈红了，但她忍住，不让眼泪流下来。

我说："齐天妈，事已至此，不必多想了。您一定注意安抚孩子情绪！并关注各高校自主招生的条件。下周就'三诊'考试了，先摸摸底，出来成绩，再制订复习计划吧。"

她说："也只能如此了。还请老师多关照，怎么也得让他考够一本线。下周再联系吧！"

其实，我知道，作为传道者，我该给他的一点儿不少；可班里还有近

50个孩子。我只能多照顾他一点点。余下的,他只能靠自己。

"三诊"成绩出来后,不出所料,齐天在班里48个孩子中排倒数第二名,453分。

在这种岔路口上,每个孩子会有或左或右两个倒伏方向:沉沦下去,或倔强地站起来。

齐天,老师真替濒临绝境的你捏一把汗啊!

三 周密部署

制订计划前,他父母、我和齐天围坐在一起,先对现状做了评估:

主观因素:

1. 齐天智商不低,记忆力上佳。

2. 齐天比同班同学小一岁,心地单纯,外界对他干扰很小。

3. 对课本没有恐惧感,甚至感到搞定教材很轻松。竞赛用书很厚重,大开本,动辄就好几百页;课本才百十来页。

4. 自学能力、钻研能力、定力远超一般同学。

客观因素:

1. 基础十分薄弱,做题没套路,缺规范。

2. 目前融入正规复习没有可能。

3. 像他这样竞赛铩羽而归的学生还有几个,孩子没有孤立感。

4. 任课老师十分优秀,对齐天的问题可以给予照顾。

5. 父母都是大学老师,见识和学业能给孩子一定的指导和引领。

然后,暂定了以下策略和计划:

1. 现有的作业可以不做,把一轮的卷子找全,通做一遍。

2. 课上不跟老师的节奏走,自己做基础题。

3. 不脱离学校。学校是高三备考最好的地方。

4.最困难的英语和生物，各找老师辅导，要错开时间，保证齐天的自主空间。

5.租房居住，母亲陪读。最大限度地利用时间，又保证不骚扰舍友。

谁也不知道尽头等待的是什么，只能迈开步子往前走！

写作这篇文章的时候，我不断查看当时的时间和成绩资料。据记录，这时已经是12月14日。离高考还有5个月又22天。虽然窗外是暖冬，但齐天的备考却是"深寒"。齐天必须用热情之火驱除深寒之寒。

（四）　"死去"才能"活来"

"从绝望之山上凿出希望之石。"新一周的早自习上，我就看到了齐天贴在桌子右上角的这句话。这句话在马丁·路德·金的《我有一个梦想》中出现过，也是新东方创始人俞敏洪的座右铭。

在两个星期里，正数第四排北列靠走廊这个座位上的齐天永远是这样的：

语文课上，别人在学诗歌鉴赏，他在做《字音字形练习》。查字典的任务很重。（当时的山东高考语文试卷上有这两个题型。）

英语课上，别人在学作文，他在背《高考必备3 500个单词》。单词的遗忘率很高。

生物课上，别人在做套题，他在从必修一课本看起。课本还像新的一样。

物理课上也是。化学课上也是。

基本能力只能放在年后考虑。（当时山东高考有基本能力测试，满分60分。）

只有数学好一点儿。因为竞赛的需要，他已经自学过课本，甚至学过一点儿高数。

周一、周四晚去上生物课。

他不能跟大家一起检测，因为检测的内容他还没有学到。他跟同学们讨论的问题总是不同步，所以交流也很少。各科作业的检查和收缴，课代表也习惯上略他而过。上课提问，老师的目光偶尔会经过他或稍做驻留，然后移向别的同学——无法提问他，提问就是让他尴尬。

他像一个影子，他的存在仿佛是不存在。看起来他是回到了学校，坐在了同学们中间，但，大家齐刷刷向前奔的身影里没有他。他跟在大部队过后扬起的飞尘里。齐天是个喜怒不形于色的孩子。在那段时间里，我偶尔过问一下，他偶尔会过来问问题。大部分时间，我看到的是一个伏案读书的背影。课间，他偶尔也跟同学开个玩笑，打个招呼。他的表情很平静，既不是凝重，也不是忧伤，而表现出的完全是沉浸在某个世界里的投入感。

我每天心里都惦记着他，一进教室我就去观察他。看起来，他正按计划一步步往前推进。

小杨树施好肥，浇好水，培好土，生长就是他自己的事了。我想。我不去抠皮验证，也不去摇晃验证。我心里想着他，用眼睛的余光关注他。我知道，这种沉潜对他日后的飞跃多么重要！

这段时间里，齐天的母亲也没有跟我联系。我猜，她大概笃信一粒饱满的种子自身发芽的能力。

两周后，迎来了期末考试——四诊。当然，结果还是毫无起色。

这样，谁都明白21天的寒假，对齐天意味着什么！在更自主的时间里，齐天身上高度自律的优势会发挥更大的威力。成败在此寒假。

放假前一天晚上，我跟齐天进行了一次长谈。这个孩子有点儿讷于言，话不多，但很有分量。他说的一句话让我对他的寒假感到放心。他说，竞赛教练跟他说过，"死去"才能"活来"。他认真地说这句话时，我的眼前马上浮现出他桌角上的座右铭："从绝望之山上凿出希望之石。"

我给了他几点嘱咐，每项嘱咐在下面的第五部分——都有回音。

而令我和他的父母难以预料的是，还有一个惊喜在寒假的尽头等着他！

五　意外利好

正月十六，新学期开学。齐天的母亲来送他。顺便来到我的办公室。她坐在办公桌旁的淡绿色塑料方凳上，说向我"汇报汇报"：

"寒假，齐天只跟英语老师学了6节语法课，剩下的时间都在自学。按照您说的，他把生物、化学、物理的必修课本找全，在书桌上摞成一摞，说：'妈，这就是我寒假的面包。'我又按您的嘱咐给他买了必修配套的练习册，看一章书，做一章练习题。就像学新课一样。他专心又坐得住。这孩子就是宅，天天不出门。哑铃放在书桌旁，学累了，就呼哧呼哧练一阵哑铃，再学。再累了，就做50个俯卧撑。早晨，他念念有词，不是英语就是语文。年三十那天，看电视的时间有点儿长，他挺后悔。最后让他爸爸把电视信号线掐断了。（那时候，手机还没有像各色小妖一样诱惑着孩子。）您寒假前推荐的两本书他也看完了。（放假前，我告诉他有两本书很好看：《谁动了我的奶酪》《把信送给加西亚》。）"

由于是开学第一天，办公室里人来人往，学生进进出出。但我完全集中在齐天母亲的叙述上，我热切地听着他寒假里的表现，辨识我的指导在他身上产生的变化。脑子里映出他微胖高大的身影在斗室里闻鸡起舞的场景，我甚至看到了他微黑的脸庞上细密晶亮的汗珠。他要用20天翻完3个学期才能学完的课本，这需要释放怎样的能量！

"哎，王老师，"齐天妈妈顿了顿说，"还要告诉您一个好消息，齐天自主招生通过了，南H大学要给他降到一本线。"

"这对齐天是个极大的鼓舞！"我高兴地说。说这话的时候，我的眼睛一定很亮。

当时的自主招生，各高校一般放在寒假进行。有个竞赛省二等奖的成绩就可以顺利通过海选进入笔试阶段。齐天前两年的努力终于在关键时刻派上了用场。这也进一步验证了我的一句话：只要不是谈恋爱、打游戏、无所事事荒废掉，不论学什么，早晚都有用！

当然，齐天要把这个来之不易的自招用上，必须把他第一次大考的453分至少再提100分。半年提100分，必须缔造一个传奇才能实现！

送走齐天妈妈，我的脑子里盘算着2月14号的市"一模"还有几天。

我想用市"一模"检验一下齐天的功力。

（六）汇入正轨

2月14、15号，市"一模"如约而至。

这次题目难度不是很大，有利于齐天这种基础薄弱的孩子正常发挥。

成绩很快出炉。

除有2名外出参加艺考的学生，我班现有人数46名，齐天已经把成绩提高到第37名，总分512。他投入到高考复习已经74天。

看到自己的努力有了回报，加上自主招生通过注入的新能量，齐天开始了加速冲刺。他把铺盖搬回了宿舍，这样有利于跟同学交流。只有需要充足的睡眠和洗澡的时候，他才回一下租住的房子。妈妈也回到了单位正常上班。

他能和同学一道参加各种小测试了，他这颗行星已经进入轨道正常运行。

他继续跟老师一周一次补习生物。他采取早睡早起的作息计划。他把牙刷、牙缸搬到了教室。毛巾放在书桌一侧的黏力钩上。清晨，他蹑手蹑脚起床，来到教室酣学一个小时。当教室的人渐多渐杂时，他就匆匆去用早餐。然后回来，拎着牙膏、牙刷和毛巾去卫生间洗漱。一切完毕，早自习恰恰开始。他脚步匆匆，完全掌控了复习的节奏。

可是，到了3月份，顺风顺水的齐天又遇到了语文的瓶颈。几次套题练习，只考到80多分。他的语文一直不好，但当时各科都不好，语文的弱势没有显露出来。男生，小一岁，纯理科头脑，读书少，当这四条叠加在一个学生身上时，你知道他学好语文有多吃力吗？语感是靓丽在半米厚的腐殖质上的白灵芝，没有大量的阅读积累和语言实践是培育不出来的；没有语感几乎就缺乏想象力，形象思维是语文的主要思维方式——语文不靠推理，靠的是想象和情感。

诗歌鉴赏对他来说最难对付的。"流水落花春去也"是伤春。为什么要伤春呢？春天不是很好吗？花开败了就落是自然规律啊，诸如此类。他问的问题令老师哭笑不得。没有办法，老师告诉他，诗歌就是这样理解，你先记住，等高考完了再慢慢去领悟吧。

好在当时的山东高考题有字音、字形、标点符号，默写也不是情境默写。这对齐天都是福音——这些凭记忆就能答对。而为了补短板，齐天又拿出了拼命三郎的劲头！《唐诗宋词》那本书快被他翻烂了，必修一到必修五的背诵篇目，他自己背到对答如流为止。

课外默写还有1分。为了逮住"1分"这条小黄花鱼，学生得准备比大明湖还大的一张网。

"合抱之木，生于毫末；九层之台，起于累土。""巧言令色，鲜矣仁。""桃李不言，下自成蹊。""玉不琢，不成器；人不学，不知道。"这些都可能入题。

齐天不惧！这个孩子的最大特点就是不知道害怕，不怕吃苦。怎么能提成绩，他就怎么做。

到了3月底的时候，他的语文好歹有了起色。而4月初，是校"一模"。

高三的阅卷速度就是迅雷不及掩耳地快。成绩一出，学生都围到我的电脑旁看成绩。

"齐天，噢，567分，第31名！天才啊！"有个眼尖的同学惊叹道。

我停住鼠标看了看，语文，110分。天道酬勤！可话又说回来，谁又是天生学习的料，不都得经过雕凿吗！只是，凿在齐天身上的，无论多疼，他都得忍住。

这个名次不能保证他上一本线。当时，一本招生还没有现在的大比例，实验还没有西校区。一个学生必须考到班里30名以内，上一本线才是稳妥的。

齐天的成绩擦着边，还很不保险。他必须够一本线，才能被南H录取。我当时不可能知道，这是齐天高考前的最佳成绩。5月16日的市"二模"、5月25日的校"二模"、6月3日的校"三模"，他的成绩起起伏伏，在第32—36名之间徘徊。

这个时段，同学们身经百战，心态大都比较稳定。我担心齐天出现急躁心情，其间，两次找他小谈稳定情绪。我见不到他得意忘形或唉声叹气的样子。他一如既往地学，一如既往地平静。

高考在等着他，南H在等着他。

事情会是一个怎样的结局呢？

七 凿下希望之石

6月7日、6月8日、6月9日。（当时山东高考两天半。）

山东50多万考生、全国910多万考生携弓带剑，奔赴分布在神州大地的围猎场里，进行一场盛大的角逐。

6月24日下午15∶00，高考成绩开始网上查询，同时山东省教育招生考试院公布录取分数线。

现在，我可以开心地告诉您，我的学生齐天高考成绩587分，那一年山东的一本录取线是5—8—2分。他被南H温柔地揽入怀中。

我真想把这幸福的电波传播到整个宇宙！

八　得自律者得高考

6个月又6天，他把成绩从453分提升到587分，整整提了134分！

他缔造了一个传奇，创造了一个神话！

我仔细梳理并思考，认为以下几点值得称道：

1. 父母始终"端得住"。即使在最严峻而急迫的日子里，家长有失望但没有慌乱。

2. 学习方法和策略实事求是，符合齐天的现实状况。回归知识源头，耐心复习课本。

3. 调整迅速。从竞赛回来到投入备考，从年前到年后，几乎没有拖泥带水，浪费时间。

4. 抓住了寒假这个弯道超车的黄金时段。

5. 齐天有出色的学习能力，学习有爆发力。

6. 目标的激励和引领。南H自主招生通过勾勒了一个美好的愿景，激励着孩子往前冲。

7. 得自律者得高考。

8. 老师和班级保驾护航，并给他最大的自主空间。

后 记

我在给这篇文章起题目的时候，有很多备选。最后决定在"雕凿"和"雕琢"中选一个。后者是个慢慢塑型的过程，可以是细工慢活，手法温润。前者的手法要激烈粗糙一些，它不顾及被雕塑者的疼痛感，只知道要把它塑成什么样子；这吻合齐天的现实状况，高考是"痛"才"乐"的。后来，《济南市教育局·文苑》栏目的编辑老师认为目前的题目更具备在媒体上发表的特质，才做了修改。

第四节　湍急的水流注不满杯子
——"心急"是教育的大忌

一　适得其反

我们都有这样的生活经验：接水时，水流又大又急，水花往往四溅开来。看起来已灌注了很多，结果杯子里才一杯子底儿。越急，接到的越少；相反，接水人耐下心来，把水流调整到不急不缓，不大不小，就可以操控自如，杯子里很快就有了想要的水量。

教育更是如此。

作为高中生的家长，可能出现的最大问题就是焦虑和心急，控制不好自己的"水流"；结果越用力，越适得其反。而孩子是这个过程的最大受害者。只有老师和家长能从容淡定，稳重有条理地实施教育，孩子的成长才能如你所愿。

二　父子大战

多年前，郭桐（化名）正在东校读书。高一、高二的波波折折暂且不提，现在只说他的高三。

郭桐最大的特点是天赋好，好动，贪玩，坐不住。他高三的学习时长虽然有所增加，但情形依旧不乐观。

体育课上，下午课外活动期间的操场上，最活跃的踢球人中间，一定有他的影子——是"每次"，而不是"时常"。小课间，楼前踢毽子的人当中，那个咋咋呼呼、左突右冲的郭桐一定也不会缺席。

最要命的是周末。一般要求高三生每天学习不少于8小时。但郭桐的是3到4个小时。到了这个时间上限，他怎么也坐不住了。我也跟郭桐谈过。郭桐说，学到4个小时以上，他就头疼，眼花；卷子的题就重影模糊，字都乱串行；必须得到室外活动，再憋在屋里就要爆炸了。我建议他循序渐进，每天延长半小时，学到4个半到5个小时。

但，当爸爸的心急啊。郭父给他的儿子定性为"学习态度极度恶劣""娇生惯养，不能吃苦""胸无大志，得过且过"。要求郭桐周末学习时间要达到5小时的及格线。

父子俩相见就是吵架，冲突不断升级。最后导致郭桐在4月的一个周六晚上离家出走。

导火索是当天下午郭桐只学了不到2个小时就要去踢球。一个抱着球要出门，一个挡在门口不让出。一个非要出，一个非不让出。从激烈的争吵和对峙到肢体冲突。郭桐扔下球夺门而出，爸爸对着他飞奔下楼的背影大喊："有本事就别回来！"

"有本事"的郭桐过了半夜还没回来。家里已经急成一锅粥。奶奶家没有！姑姑家没有！好同学家没有！初中班主任家没有！

赶紧发动亲朋好友，全体出动，找人。

凌晨4点，孤独无助而又痛苦迷茫的郭桐，在泉城广场被找到。他坐在马路沿儿上，茫然地看着还在沉睡中的城市。

但事情还没结束。回到家的郭桐，一头扎进自己的卧室，反锁上门，不吃不喝不应。无论请谁来隔门呼唤和软语相慰，郭桐都铁了心：不理睬！

最后，家里人突然想到了郭桐高二时非常聊得来的年轻生物老师沈老师。到周一的晚上，沈老师被请来了，郭桐好歹才打开门。

到周四，郭桐才回到学校，重新学习！

一家人惊悸之余，也开始赶紧转弯，欲速则不达，心急不但于事无补，还会让事情朝着更恶劣的方向发展。如果不心急，我们手里还能保证拥有现有的收获；如果心急，本该属于我们的成绩也会丢掉。

尤其是郭爸，他开始理解并尊重孩子的特性，陪他踢球，耐心引导，结果到5月中旬的时候，孩子周末的学习时长能提到5个小时了。父子关系融洽了许多。

这是郭爸从前想也不敢想的事情。

同时，我没好意思跟郭父说出口的话就是："你早干吗去啦？孩子不是你亲手教育成这样的吗？你怎么不跟自己急呢？高三下学期才开始纠正孩子十几年来的错误，对高考来说，已经太晚了！现在是想方设法鼓励着他好好走完全程的时候，而不是呵斥、硬扭错的时候啊！"

三　为什么不能好好说话

口不择言的焦虑的家长，潜意识中寻找压力释放口的高三备考生，两者相遇，多有"战争"。互不冷静，两败俱伤。最伤不起的还是孩子。他（她）气呼呼地或挂掉电话，或甩上房门，面对理综题、数学题，你叫他如何做得下去？最后悔的当然是家长：怎么又跟孩子吵架了？打电话前不是嘱咐自己好好说话了吗？

你想灌满的杯子不但没灌满，原有的那点儿也被心急的水流溅光了。

教育的效果何在呢？

四　后来的后来

"紧急刹车""悬崖勒马"，这些词汇听起来惊悚，也有耸人听闻之嫌。但实际上，孩子成长的某些环节上，确实需要这么做。设想一下郭桐事件，如果双方继续对峙，结果就不是"彻夜不归"这么简单了，而可能不堪设想。郭桐本是天赋上佳的孩子，师长只需保护这种天分，让他尽情发挥出来就好。若是心急火燎，非要按自己的模式强求孩子，那么，别说理想效果，就是中等效果也不会有。比如下面的例子：高三寒假一对母子硝烟战火，冲突不断。母亲对儿子的表现处处不如意，着急地纠正"你该这样，你该那样"；儿子对母亲的干涉早已受够，就赌气地"我偏不这样，偏不那样"。双方互相忍受久矣，"战争"终于在一个晚上爆发。盛怒之下，儿子一拳打向墙壁，造成右手手腕骨折，下学期打着石膏备考，高考用打着钢钉的手书写试卷。结果可想而知。也许这是这位母亲一辈子最后悔的事了。

郭桐还是幸运的。他的出走是个拐点，双方都冷静下来，事情反而走上了正轨。加之他基础不错，最后考上了上海的一所名校。后来留学英国，学成又回到上海。现在是小有成就的工程师了。幸甚！

五 多欣赏，少指责

为了达到教育孩子的目的，说话态度和方式很重要。

多倾听，慎指导。

多欣赏，少指责。

跟孩子交心。深情地爱着孩子，而非普通意义上的爱孩子。

做安静的父母，给孩子更大的心灵空间。不要试图时时事事去控制一个十七八岁的孩子。

予人之惠，在"急"不在多。给孩子他需要的东西。

心急，是到达成功最远的路径。

第五节　自我觉醒的力量

《论语》有云"知人者智，自知者明"，西哲也强调"认识你自己"。

认识自己是个哲学命题，也是青少年成长的必由之路。

青少年的成长不是件容易的事。百转千回，摇摆不定，迷雾重重。他们甚至自己都不知道，那些千百次的寻求是在寻找一个叫"自我觉醒"的东西。帮助学生发现"自我"，校正"自我"，完善"自我"，悦纳"自我"是教育者的使命。这项工作常常被人忽视，至少我看到的是这样。班主任做学生的工作要直击心灵，让学生能回过头去反观自我，对话自我，叩问灵魂，从而认识他自己，对精神层面进行重建或加固。

对犯错的同学，我擅长坐下来长时间交谈——浸透式谈话，这一直是我喜欢且对班主任工作颇有成效的方式——多方面点化，引导学生向内再向内，跟他一起寻找他自己。同时，让学生写出书面自我反思，对内心世界审慎检视，正视问题，提升自我，让错误变得有意义。对优秀的学生，也教育他们认识自我，追求卓越。我在班内举办了"给自己的一封信"和"我的芳邻——同桌优点清单"活动，让学生在学会审视自我的同时，也学会在认识别人中观照自己，在别人的文字中寻找自己。

下面的片段均来自学生。他们自我剖析的力度越大，自我觉醒的力量就越强。精神世界的变化才能缔造真正的奇迹。后来证明，这些学生的发展都令人放心。

一　冲突背后

事件回放：王锐（化名）是位身材瘦小、小毛病较多的同学，最大的缺点是"爱说"，说的时候还不顾及别人的感受。这使他的人际关系有些糟糕。赵智（化名）是位身体强壮、性格活泼的同学，最大的不足是"冲动"，动不动就靠拳头解决问题。这让他的形象有些不佳。某个周一，两位同学发生了冲突，双方都相当不理智。我知道后，分头了解情况，说服教育。下面是他们的反思。

《反思》之一

周一上午，我与赵智同学因言语冲突最终演化成几乎失控的肢体冲突（若不是同学死命拉着，真不知后果如何，惊出一身冷汗），造成恶劣影响，故做出反思与检讨。

首先，我的心胸不够开阔。同样是言语冲突，其他同学能一笑了之，及时化解。但我因自身修养不够无法放下，使不大的矛盾演化得愈加激烈，最终留下了坏形象、坏影响。接着又因这个引发了接二连三的大小矛盾，导致我没有任何的威信和感召力，给其他同学的成长发展罩上一层灰色的阴影。这是我首先要反思的问题。有问题，自然要校正，从今以后，我会放宽自己的心胸，不过分在意别人的言语，完善自己的修养和品格，努力做最好的自己。

其次，我对"善于交往"这个问题理解有误。"善于交往"是指一个人与其周围的人关系融洽，善于沟通和换位思考，互相宽容和尊重。而我只读懂了这个词的表面意义，认为"夸夸其谈，滔滔不绝"就是"善于交往"，所以成了"话痨"，总是在不宜说话的场合让不该说的话脱口而出，特别招附近同学反感，人际关系越来越糟。这个问题是很严重的，从初中就困扰着我，现在经过老师的教育，我才意识到真正的原因。以后，我会跟他人交流、交往时，看清场合，考虑对方和周围人的感受。少说刺人的话，取得他人认可，同时保持自己耿直的个性。

最后，我的责任心和处事能力也极其薄弱。我自己分内的事，如果不想做，也做得很不情愿，导致最后做不好。不仅在学习上是，在生活上也是，给周围的人带去了不好的心情。这一点必须改正。以后，我会保持健康积极的心态，一心一意把自己分内的事做好，培养我的责任意识和担当意识。其次是处事能力。我这个人能"惹事"，但却不能处理好；另一方面也是，我能组织好事情，却不能有效地善后，也给同学、朋友带来诸多不必要的麻烦。为提高我的能力，我要以一颗平常心对待不平常的事儿，锻炼自己，最终提升自我。

像这样的事儿，我保证以后不会再发生，我会向着我的目标——××大学更加努力奋斗，锤炼品格，成为高素质人才。

王　锐

《反思》之二

最近真是太浮躁了，稳不下来。写着作业时，动不动就想：多玩一会儿，也没有什么事儿吧。但是一玩起来，根本停不下来。有时中午出去打球，想着就打一会儿，但是一打就是几个小时。周末晚上写作业，写着写着不由自主摸起手机，一玩又是几个小时。周一，我和王锐同学发生冲突，都是我本身的浮躁和不良习惯造成的。

一是素质低，个人修养不够。

这次打架的起因是乱起哄。班里有人起哄，其中必定有我的影子。现在看那真是幼稚得不行，根本没有意思，还破坏跟班级同学的关系。因为起哄王锐，他就怼了我几句，我感觉不舒服，就找他的茬，最终导致差一点儿打架。如果个人修养够的话，就不会乱起哄，也不会有冲突的事儿。

二是心中无信仰，没有能约束自己的目标。

之所以管不住自己，就是因为不知道该干什么，没有心中的目标，没有向前行走的动力，对没完没了的玩闹没有羞愧，没有着急。如果心中有了目标，有了信仰，就一心朝着它走，对那些没有意思的事儿就会不屑一顾。如同咱班班长一样，学习这么好，但是不满足，一直学习，不断超越。还有金同学，已经是班里的第一，即使是大课间不跑操的时候，也坚持在班里学习，吃饭时拿一本作业，吃完接着在食堂做，这样能不进步吗？他们必然会进步，而且他们稳重大方，做事有条不紊，很有动力。而我，无所事事，整天瞅着那些嘻嘻哈哈的事儿。我打算以班长为目标，学他的稳重，学他的态度，一步一个脚印；时时对照，他在干什么，我在干什么。玩游戏时，想想他在干什么，我该怎么做。多想，多看，多学。

三是喜欢用拳头解决问题。

有时候，怕老师教训自己，就想着逃避问题，随便编个谎话把这事糊弄过去，但就是不敢正视自己的表现。一个人只有正视自己，才能进步，才能摆脱自己的缺点、漏洞和恶习。我喜欢用暴力解决问题。初中时，学校有很多打架的，到了高中还认为拳头就能解决问题。凡事不能忍，爱凑热闹，动不动就动手。爸妈也经常教导我，遇到不顺心的事儿，要退一步想问题。我们家，即使爸妈吵了架，也是我爸道歉，然后坐下来讲讲这件事是谁的错。但这居然对我没有深刻的教诲，我真是冥顽不化。现在我认识到，用暴力解决问题是很丑的行为，没文化没修养的人才靠拳头。

身处实验中学这么好的学校，我要跟自己的恶习斗争，做一个品行端正、言行文明的人。对不起了，王老师，我给班级抹了黑。对不起了，王锐同学，我伤害了你。

赵　智

二　是什么支配你摔笔袋

事件回放：女生盛同学，在宿舍借同学签字笔用。对方表现了一点儿不情愿，她就粗暴地把对方的笔袋摔到地上，还出言不逊。我两次找她长谈，让她反省前前后后的言行，是什么支配她这样说话，是什么支配她摔人家的笔袋。下面是她的反思。

反　思

上周四晚，与舍友产生冲突，不但骂人，还把对方的笔袋摔到地上。对于这件事，我非常后悔，对于老班的询问，也供认不讳；对老班的教育，也心有领会。

怎样做好一个人？我想这次的教训分量足够重，把我行为上的缺点暴露无遗。我想我是不对的。在宿舍以鄙陋的手段处理问题，老师、舍友的苦心引导，让我认识到处理问题的不当与随心盲目，包括在各种人际关系、日常杂事上，无不体现了这种冲动的劣根性，笔袋摔出了我的劣根性。

人的常性就是事后懊悔不已。早知如此，当时何必为此。我这个"摔笔袋之人"，毁了宿舍本来安宁的氛围，毁了同学之间透明的真挚友谊，让彼此交流的时候心存芥蒂，敞不开心扉。老师一直强调，做学问的基础是做好一个人。什么才是一个合格的人？我怎么背离了这一原则的？

1. 言语的恰当性和表达方式的合理性——我没有做到。失礼的话语在气急败坏下脱口而出。

2. 处理问题恰当与满意——我没有做到。不满意不说，连恰当都做不到。我想，在外人看来，这是一个粗鲁的学生在以武制事，导致这个后果全因我的低级做事方式。

3. 从自己身上找问题，不寻找理由开脱自己——我没有做到。而且，我认为，我也许在处处找借口，从初中到现在，这三年没有任何长进。我认为……是他……不是我……开脱起来我自己都佩服自己。

4. 潜意识里都是正确的意念——我没有做到。自然，我脱口而出的话没有经过大脑，或经过了大脑也是这样，因为我的潜意识里就是恶语不断。想到这里，我羞愧难当。

还有我相信孟子的人性本善，也相信荀子的人性本恶，自己拥有什么样的观点就朝什么方向走。如今经历了这恶劣的事件，肯定了自己的方向，向着善走。

综上种种的缺点，使这个不良事件发生。大部分错误在我。我再次道歉，并愿意与舍友重归于好。我借这次教训引以为戒，再也不会有下一次。在日常交往中，友善和气，互相帮助。

而且，这一次的问题也折射出自己的学习成绩为什么上不去。恐怕不是学习上的事儿，学习只是我大状态中的小方面。所以，我再次向老师，更向我自己保证：

保证以后不再有类似事件。

保证先好好做人，再好好学习。

保证改正缺点，改掉坏脾气。

希望大家可以宽恕我，给我更多的信任和机会，让我呈现一个新的面貌，也希望给我一定的监督。再次抱歉，希望我能在这优等的实验环境的熏陶下，改过自新。

盛乐怡（化名）

（三）优点清单和《给阿琪的一封信》

情境回放：阿琪是个优秀的女孩。内心丰盈，性格平和，成绩优秀，身兼数职。在同学中有很高的威信。在班级"给自己的一封信"活动中，她借助书信跟自己对话，表现出美好的精神世界、较为深刻的自我认知和生命体验。她的同桌在班级"我的芳邻优点清单"活动中，对她的评价从侧面印证了她是个怎样的人。自我肯定和他人肯定互相结合，勾画出了一个好学上进的好女孩形象，返过头来又增加了她的自信和觉醒。一直到现在，她都一贯地优秀着。

我的芳邻——阿琪优点清单

1. 阿琪是公认的学霸，成绩稳定在前两名。跟她坐同桌，我受益良多。

2. 她没有学霸的傲气，经常能看到她给人讲题，她从不会找理由推脱。人品很赞。

3. 在小事上，阿琪也从未表现出不好的习惯，诸如随手乱扔垃圾，自习课乱说话，闲言碎语八卦别人等，绝不会发生在她身上。有这样一个自律的同桌，连带着我也改掉了一些坏习惯，真是"近朱者赤"啊！

4. 她的心态似乎永远是平和的，班里也有其他学霸，学习虽好，但心态不稳，或只顾自己苦学。阿琪能始终保持自己的节奏，维持一个良好的心态去学习，这或许是她成绩稳定的原因之一吧。

5. 自制力强。对我有诱惑的东西并不能引起她的任何兴趣，我读了很多宫斗小说（不好意思说实话了），别说借去看了，她从来没有跟我涉及过这个话题。她是能把全部注意力放到目标上的人。

6. 作为英语课代表兼学习委员，她无疑是十分出色且积极的。在不耽误学习的情况下，能兼任两个职务，并把职责范围内的事情都完美完成，阿琪的个人能力好得"人神共愤"啊！

这就是我的芳邻——阿琪

汪　舒（化名）

给阿琪的一封信

亲爱的阿琪：

这封信，写给你自己。

你总在路上，寻找那些支撑未来幸福的砖瓦。你眺望远方，别人看不见你心底的波澜。而你渴望别人看见。你是个没长大的任性孩子，你需要旁人源源不断的关爱，但又自知无以为报。

独处时，你喜欢照镜子，常常看着镜子里熟悉的眉眼，然后用指尖滑过镜面，你对着相似的影子说，对自己好一点儿；这么多年，我和你一起走过，那些被风吹起的日子，化作尘埃落在某个不知名的角落。我会好好待你的，我会好好珍惜你的。

可我又迫不及待地想让你受到伤害，想让你支离破碎。然后，我会用双手，和着水和泥，将你一点点重铸。那样，你就变得坚不可摧了。强大的人必定拥有强大的内心，我要你经历各种各样的磨难，见识各种各样的色彩。你要明白，你现在所走过的一切荒原，所承受的一切不幸，都是为了日后的强大。

你好一点点，这个世界就会好一点点；你坏一点点，这个世界就会坏一点点。我希望你可以笑得干净。世界偌大，我不在乎，我只在乎你是不是当年那个纯白的少女。

《顾城哲思录》里说："命运不是风来回吹，命运是大地，走到哪里你都在命中。"我希望你永远不要因为同情一个人而给他想要的东西，胜利者的安慰比旁观者的挖苦还要令他难过。或许这有点儿残酷。但只有看着行进在前的人的身影，跌倒在地的人才会不甘地爬起来跌跌撞撞继续前行。有一天你会老去，回想那时的一切，你会感谢那些你曾经遇到的冷血无情的人，是他们让你的人生热血而励志。

你也不需要为任何人而改变，这里是你的王国，一切皆由你来主宰。你知道吗？无论你选择现实还是梦想，我都不会沮丧难过。因为无论是哪条路，我知道你都会好好走下去。可是，我还怕你选择后你后悔了，后悔当初的那个岔路口。如果真的是那样的话，我一定会为你感到丢人。

　　彼得·潘最终也会长大，等你站在河的那一端回首过去时，你会惊奇地发现，你走过的崎岖之路竟已是繁花满路。

　　这是给你的，我最爱的女孩。愿你一直坚韧地走。

　　这是给我的，我最爱的自己。祝你如愿抵达梦想。

　　愿你美好，一如既往。

十七岁的阿琪

（下）

扁舟共济与君同——我和家长

第一章　班级QQ群通信精选

从新生入校的2015年9月10日到毕业后的2018年9月10日，一轮三年，我秉持着对学生的真诚热爱，抓准节点，教育不辍，共在家长QQ群推送原创文章56篇；同时记录教育管理笔记近十万字。这些文章前后相连，又各自独立；或洋洋洒洒，或短小精悍，体现出我的一些思考和对家长的引导。

同时，我在表述方式上做了大胆的尝试。有时是下通知，有时是跟家长聊教育理念，有时是聊班级某阶段集中出现的问题——无论什么内容，我尽量采用散文写作的方式，让一向严肃拘谨甚至有些格式化的家校沟通，变得形象生动，富有感染力。我与家长、学生之间，家长与孩子之间形成了一种美妙的相处模式。我的一些教育理念也在无形之中渗透其中。

审美教育是教学大纲对高中教学的要求，也是教育方针的一部分。中国中学生核心素养中的人文底蕴明确规定"审美情趣"是中学生的必备素养。作为班主任兼语文教师，我致力于把审美教育与班级管理水乳交融，时时渗透，化育心灵。愿师生、家长一直在美育环境中相处，形成美好而平和的氛围，各自的灵魂得到美的熏陶。

同时，读者朋友可能奇怪，有些话题（诸如早恋、手机、作业、自习纪律等）在通信里会反复出现，措辞不同，但精神一致。是的，学校纪律、班级规定、管理理念……不可能被学生和家长一下子全部接受，一个班级五十多人总有意外情况，班主任不要说"我不是讲过了吗？"，而是利用一切机会，巧妙地加强和渗透，以期深入人心成为根深蒂固的东西。这就是班级管理中的"讲反复，反复讲"。

第一节 高一部分

导读：新班级诞生伊始，描摹班级概貌，分享寄宿生活点滴，指导亲子关系相处，指导寄宿制同伴关系的处理，分享班级教育管理理念，尽快达成共识，打好班级发展基础。

一 高一上五则

1 好的开头是成功的一半

亲爱的各位家长：

谢谢大家的节日问候！

高中已经开学一周多，孩子们在慢慢适应东校生活。但要很好地适应还需时日。适应的标准是能熟练沉稳地应对包括学习在内的各种事务，不再时常触碰学校的纪律和规定。

咱35班现有学生54名，包括28名男生、26名女生。男生共5个宿舍，女生共5个宿舍。

高一现在共开设9门文化课，以及体育课、通用（技术）课、美术课等其他课程。

35班孩子上课精力集中，精神饱满，思维活跃。懂礼貌，爱班级。做事积极；基本具备了新生班级的活力和风貌。但要形成稳健的班风还需要做大量的工作，付出极大的努力。

感谢各位家长对班级的支持与厚爱。本周孩子回家后，与孩子交流时，请渗透以下几点：

（一）要强化纪律意识和认真态度

对东校的宿舍规定和其他纪律规定要认真对待，而不是"无所谓"的态度。宿舍的小气候，事关孩子成长和班级的大气候。引导咱自己的孩子在宿舍做勤奋学习和勤快做事的那一个。认真的态度和纪律意识会折射到学习上，并对学习成绩产生深远的影响。

（二）学会自主学习——预习和拓展

本周功课进度较慢，省里统一的练习册没有到位，作业也较少，空余时间较多。会学习的孩子在完成作业后进行预习并进行拓展，不会学习的孩子就无所事事。前者会越学越好，后者缺乏自主性，进入正轨就比较慢。自主学习是实验中学的学生应具备的一项很重要的素养。

（三）学会利用小时间，对所学知识精益求精

午饭前后，课间3分钟前后，晚饭前后，晚休以前——小时间比较多，会利用的孩子就把作业做完了，然后可以进行巩固复习，对目前所学知识进行反复咀嚼，精益求精。而有的孩子小时间都玩耍掉了，只等大自习课来学习。

好的开头是成功的一半。祝愿孩子们都形成良好的意识和习惯，律己上进，成人成才。

王老师

2015年9月10日于东园

2 孩子们有了很大进步

尊敬的各位家长：

大家好！

高一35班的孩子们在忙忙碌碌中度过了四周。

（一）他们有了较大进步

不少同学学会了规划时间。周日的晚自习、周一的早自习都属于自己支配的时间，会用的孩子能干不少活呢！怎么早起才能从容地打扫宿舍卫生，吃上早饭，尽量早地开始学习；中午、午饭、午休、洗澡如何协调……

初步练就了坐功。初中到高中面临的一个挑战就是"漫长"的晚自习，从18：30—21：45，中间有15分钟休息。咱班虽然还有不足，但这方面的进步很大，晚自习基本步入正轨了。班委的自主管理功不可没！给孩子们点个赞！

基本适应了实验的讲课节奏和老师的讲课风格。咱班的师资配备相当好，老教师都是经验丰富又敬业严谨的；新教师素质全面，好学上进，一丝不苟。35班的孩子懂礼貌，爱学习，上课认真，深得老师欢心。孩子们也积极适应和配合老师的讲课节奏。目前状况不错。

初步形成了团结向上的班风。35班的孩子深爱着班集体，积极为班级做贡献，负责班级各项事务的同学责任心强，工作到位，出现疏漏的情况比较少。有的同学不小心犯了错也深感愧疚，主动找班主任老师认错，很有担当意识。

初步形成了好学好问的学风。35班的孩子有两个感受：一是到了实验，"副科"（史地政）老师也这么受欢迎；二是问老师问题你得抢，得排队；不抢你就问不上。作业上交及时，一份也不少。

（二）近期学校和班级所做的工作

学校：针对新生理科学习现状，已进行了三次学科带头人举办的学习方法讲座。

班级：讨论通过了班规，开展了班委和团支部培训、舍长培训；下一步还将进行课代表培训、组长培训，学规和舍规的讨论和制定。

（三）您与孩子交流中还需强化以下几点

1. 提高标准，夯实基础。基础知识多牢，决定高中学业走得多远。基础的东西要掌握得准确无误，清晰到位。已有四科进行了单元测试，学生有表现很好的，也有亟待做出调整的。

2. 落实为先。课上和作业不错，但不等于已经落实。会和不会，真懂还是假懂，学生心里是最有数的。提醒孩子，"落实，是功课学好的重要标准"。

3. 巩固在东校形成的好习惯，切忌反弹。

4. 大胆质疑和发问。鼓励孩子放开些再放开些。

5. 自信。别因暂时的落后而沮丧。相信自己，通过努力会更好！

谢谢各位！

预祝工作顺利，双节快乐！

王老师

2015年9月24日于东园

3　跟您分享我的"去功利化"的教育管理理念

尊敬的各位家长：

高一上学期的一半已经悄然而逝，从下周开始，又是一段新的里程——几乎每门功课都要开始必修二的学习。

感谢您一直以来的支持和帮助！今天跟您分享的是我的"去功利化"的教育管理理念。

"功利"一词有两个意思：一是"功效和利益"，一是"功名利禄"。通常意义的理解是后者。"功利化"是指所言所行带有浓郁的功利目的或把追求功利当作稳定的状态。"去功利化"就是清除功利的目的和性质，使事情超越功利、转变成另一种性质和状态的存在。"去功利化教育管理"是指在教育管理过程中，教育者摒弃个人或内隐或外显的功名之心，摒除社会庸俗的教育观和人才观，以人为出发点和终极目标，着眼于人的全面、和谐、幸福成长的教育管理。正像李镇西老师在名校长论坛中所言："教育的最高价值是人。"康德也说："教育的目的是使人成为人。"

去功利化教育管理理念还有一个重要内容：那就是培养一个身体强健的人。当下的教育功利性目的已经严重戕害了孩子的身体健康。有识之士都在呼吁：教育的目的首先是培养健康人。

那么，去掉功利化后的教育管理，服务于什么？宗旨是什么？这两个问题的答案是统一的，那就是"人"，宗旨是人，也服务于人。教育者所实施的一切教育和管理，其前提和动机都是为了培养真正的人，活生生的人，完整的人。"发展的目的在于使人日臻完善；使他的人格丰富多彩，表达方式复杂多样；使他作为一个人，作为一个家庭和社会的成员，作为一个公民和生产者、技术发明者和有创造性的思想家，来承担各种不同的责任。"①

如果缺失这一点，或不能完全实现这一点，教育就会走向狭隘和失败，就会与人类文明进步的方向背道而驰。

---

① 联合国教科文组织：《教育——财富蕴藏其中》，联合国教科文组织总部中文科译，教育科学出版社，2014年12月版，P59。

家庭教育亦然。只有以孩子的终身幸福为出发点的教育，才是有价值的教育。

跟您共勉！

祝安好！

王老师

2015年11月13日于东园

4　跟您分享我的"学会做人"的教育管理理念

尊敬的各位家长：

您好！关于家长会交代以下两点：

1. 为配合家长会，咱35班的孩子已经给爸妈写了一封信，届时统一发给大家。建议家长们也给自己的孩子写一封信，带到学校交给孩子。这一封是家书一，未来的三年您的家书可以成系列，依次有家书二，家书三……这是一笔精神财富，也是您对孩子的成长深度参与的美好回忆。

2. 请您抽时间备备课，您将跟孩子谈什么、怎么谈、什么时间谈。认真考虑怎样触动他，怎样做才是最有效的。只要咱用心设计，真诚相待，孩子就会被教育成您理想中的孩子。

本周跟您分享的是，我的教育管理理念"学会做人"。

人是一种高贵的存在，最有价值的部分是超越自然属性的部分，即人之为人的部分。道德律令，同情心与同理心，自我尊重和尊重他人，相处智慧，交往原则，有高尚的审美情操，自我发现与自我觉醒，包容担当，有国家意识，等等——正是这些品格决定了人的"型号"不同。人和人最大的不同，不是外在，而是内在。学会做人，就是要求学生在学校、班级和家庭、社会的日常生活中，把发生的一切活动当作练习做人的项目，"须臾不离"，以实现道德人格上的"圆满自我"，实现自我超越。正像《教育——财富蕴藏其中》所说："教育的使命是多么崇高啊！它需根据每个人的传统和信仰，在充分尊重多元化的情况下，促使每个人将其思想和精神境界提高到普遍行为模式，并在某种程度上超越自我的高度。"①

学会做人是一种修身训练，它包含的内容是多方面的。首要的就是道德训练。班级是人员密集场所，生活空间小，生活交集多，时时处处都考验着学生的道德水准。"立德树人"是现行教育方针中的重要一条。我会抓住教育时机，甚至酝酿教育时机，对学生进行道德修养的教育。比如，在住宿制高中，学生朝夕相处，小矛盾和小摩擦在所难免。青春期的学生容易冲动，生活小事若不能及时化解，就能演变成大的冲突。要避免这种冲突，培养学生的道德想象力非常重要："一个道德敏感性弱的人，总是意识不到自身言行给他人带来的影响，总是在错误已经铸成、伤害已经产生的时候才会发现自身言行与他人的关联性。道德想象力是克服这种缺陷的有效力量。如果能够在言行之前，运用道德想象力在心里对该言行可能产生的后果、与他人的关联、对他人产生的影响进行'彩排预演'，我们就会'看见'自身言行可能给他人带来的影响、干扰或伤害，就会调整自身言行，避免不良后果的产生。"②

尊重不同，"和而不同"，也是高中生德行培养很重要的内容。人和人共性居多，个性居少。但相处中，共性往往被忽略，个性才是需要特别关注的，因为它"横在人们中间"，有时使人不舒服或看不惯。青春期的学生往往追求张扬的个性，却可能容不下别人的个性。尤其在住宿制学校，学生相处相伴的时间超过跟亲人在一起的时间，他们往往因为"不同"而导

---

① 联合国教科文组织：《教育——财富蕴藏其中》，联合国教科文组织总部中文科译，教育科学出版社，2014年12月版，序言P5。
② 高德胜：《道德想象力与道德教育》，《教育研究》2019年第1期，P13。

致矛盾。要让学生知晓，"不同"是一种客观存在，再正常不过。"不同"不是"不好"。只要不触犯法律和纪律，不冒犯别人，遵守底线，"不同"是需要包容和尊重的。

学会做人，还要教给学生学会自我省察，唤醒自我意识。内心觉醒的人是能自正自悟的人，是自古以来的教育者追求的培养目标之一。"在很大程度上现代教育是'有声'的教育，但人除了有声的一面之外，还有无声的一面，即关闭自己与他人的外在声音，走向内心，去倾听内心的声音。从这个角度看，现代教育有声性的过度强化淹没了人的无声需求，外在表达挤占了内在寂静。人类历史上曾经有过的珍贵的古老教育智慧，包括沉思、反省、修身等在现代教育中基本上都销声匿迹了。"[1]教育学生学会沉思和安静，安静的时候经常"扫描"自己的所做、所言、所思。让学生懂得，学会自省，学会做人，是成长的重要部分，也是立足社会、安身立命的基础和前提。

为了孩子，共勉！

王老师

2015年11月19日于东园

5　王阳明的"事上练"和星云大师的"给人欢喜"

亲爱的家长：

您好！

35班在您的关心和帮助下，按计划有条不紊地开展了各项工作，改选了班委和课代表，同学们参选的积极性很高。无论参选与否，无论选

---

[1] 高德胜：《道德想象力与道德教育》，《教育研究》2019年第1期，P19。

上与否，整个过程对所有同学既是一种锻炼，也是一种教育。本周一又进行了以宿舍为单位的学科竞赛活动——成语比赛，调节了同学们紧张的学习生活。

为使各种考试在时间间隔上相对均匀，高一级部第二次月考下周进行。您在跟孩子平时和周末交流时，请注意以下几点：

1. 王阳明的心学有一个理论，主张人的心性、品行要"事上练"，意思是要通过做事来检验自我，提升自我。作为高中生，他们的"事"目前也只能是学校生活和各种考试。正确对待考试是学生成长的一部分。通过考试去领悟知识，顿悟道理。我们要着眼于孩子良好心性的修炼，而不只是关注名次和成绩。

2. 这是对期中大考后每个学生所做调整的一种检验，以评价学生的态度、方法、热情、毅力等。这是对期中取得较好成绩、可能会有松懈的学生的一次提醒。这是对近五周所学知识的一种检测，以发现不足，及时补救。

3. 重在过程，强调"平时"的重要性。成绩是由无数个"平时"组成的。

4. 对前两次均未考好的孩子来说，这也是一次机会。但也可能是一种紧张和压力。适当给这类孩子减压，让他们不要有包袱。

5. 星云大师说，说出的话"要给人信心，要给人欢喜，要给人希望"。建议您跟孩子交流时也可以参考参考。

与您共勉！

王老师

2015年12月14日于东园

二 高一下五则

1　跟您分享我的"学会做事"的教育管理理念

亲爱的各位家长：

过年好！

寒假马上结束，我的学生在家表现可好？

请您代我嘱咐一下孩子：

1. 把寒假前夕布置的所有事宜让孩子在脑子里过一遍，做到严谨细致，虑事周全。

2. 调整好生物钟，返校后尽快进入状态，迎接第一次阶段性考试。

3. 做好新学期规划，制订好近期目标和长远目标。

4. 勤奋学习，住宿的优势才能发挥出来。

今天还要跟您分享我的教育管理理念"学会做事"。

（一）培养孩子的"行动"意识和"入局"意识

"纸上得来终觉浅，绝知此事要躬行。" 行动起来，躬身实践，是人类一切真知的来源。"实践是检验真理的唯一标准"充满了哲学的永恒性。现行的教育模式和评价标准，在一定程度上，把实践排除在外。我在教育管理的过程中，教育学生要敏于做事，不惧做事，把"要行动，要做事"的意识植入头脑中。意识培养好之后，学生面对具体环境里的各种事项不会再纠结于"要不要做"，而是越过这个程序，考虑"该怎么做"。暑假的社区服务，博物馆的义务讲解，书店的临时"店员"，学校餐厅里全副武装的"小厨师"，操场上抬着垃圾桶的义务清洁员……都是在学会做事。教室门开关时的"吱嘎"声影响了自习课，不是考虑"我该不该做"，而是直接找来了学校师傅或拿来了润滑油。

行动意识也是责任和担当意识的体现。我非常在意培养学生躬自入局、深度参与的意识。只有与实践亲密接触，事上练习，人的才干才能锻炼出来。

（二）培养孩子的动手能力和创新能力

毋庸置疑，在大力提倡素质教育的当代背景下，高考这一备受诟病的人才选拔制度仍然统治着教学的大小环节。学生动脑的时间占绝对数量，挤压了动手的时间，从而剥夺或弱化了学生的动手能力。而"人的手可以做出几十亿种动作，它是意识的伟大的培育者，是智慧的创造者" ①。在我们的班级中，总是着眼于让学生去"做"——大大小小的实验操作，科技节的航模，通用课的发动机烤面包，班级联欢会的现场布置，板报的手工设计，班级文化中的书法、绘画、手工，陶艺课上的陶瓷花瓶，母亲节的手工卡片……在学校有限的空间中给学生的发展提供无限的空间，鼓励学生积极动手，而不是考虑它对考试是否有用，对班级平均分是否有用，而是以对"成长"有没有用为准绳。

亲爱的家长，孩子们每天都在用自己的行动创造历史，经营未来。祝愿35班的孩子有开阔的胸襟，高远的视野，过硬的素质，优异的成绩！

王老师

2016年2月20日于家中

2　忌浮躁，练定力

尊敬的各位家长：

您好！

孩子回家，请您交流时强调以下几点：

---

① ［苏］苏霍姆林斯基：《给教师的建议》，杜殿坤编译，教育科学出版社，1984年6月版，P111。

（一）活动很多，切忌浮躁

3—4月底，学校有科技节、体育节、红五月朗诵会、清明诗会。这些活动目前正在热烈开展。学生容易分心，浮躁，而且本周这股浮躁之气已经显现。务必提醒孩子，要保持清醒的头脑，保证学习这项主业。承担班级比赛任务的同学，要提高学习效率，利用好业余时间，切忌用偏力气。

（二）抱有静气，修炼定力

严格遵守学校和班级的各项纪律和规定。执行起来要不打折扣。自习课保持一股静气，保持一种定力，整节自习课坐在书桌前，不要随便出入教室。

（三）播种习惯，收获好运

东校目前正在对学生的纪律、学习、宿舍进行全面的严格管理。提醒学生严肃对待，认认真真做好分内之事。纪律、宿舍、与人交往的关系都理顺了，才有可能全身心投入学习。借助学校的大气候，形成终身受益的良好习惯，收获人生路上的成功和好运。

（四）胸怀宽阔，和善待人

35班的孩子们相处已经一个多学期了，他们渐渐熟络，培养了感情，建立了友谊。但，熟悉带来的还有喜好和嫌恶，还有与人交往时说话、做事渐趋随意。

请您提醒孩子，要注意自己的小节，不要在意别人的小节。胸怀宽阔，性格开朗，和善待人。这样才能与同学融洽相处，春风拂面。这样的性格和胸襟才能提升孩子在东校生活的幸福指数。

谢谢！不当之处，请海涵！

祝周末愉快！

王老师

2016年3月18日于东园

3 继续分享我的教育管理理念"学会做事"

尊敬的各位家长：

春天用一树一树的花开表达自己重回大地的欣喜。祝您在骀荡的春风里每天都有愉快的心情。

35班的孩子们就像一片春阳暖照的小树林，每天都在生长着。他们给人惊喜，也犯出一茬一茬的小毛病。

今天继续跟您分享我的教育理念——学会做事。

（一）培养孩子的劳动意识和能力

"劳动"一词接近"劳作"，让我们想到的是一身泥水，挥汗如雨。人类为了生存而开展的劳动，很多时候都是"苦筋骨劳心智"的，而在科学技术迅猛发展的今天，劳动的形式发生了很大变化。学生成长中的劳动，主要指在家庭生活、学校生活、社会实践、游学活动中的"干活"。这些活动让学生体会到劳动的朴素和伟大，它是一切财富的源头，是人类生存的必要活动。习近平总书记曾说："人世间的美好梦想，只有通过诚实劳动才能实现；发展中的各种难题，只有通过诚实劳动才能破解；生命里的一切辉煌，只有通过诚实劳动才能铸就。"劳动也是一种享受，苏霍姆林斯基说："在葡萄园里劳动被看成一种很大的乐趣和很高的荣誉，只有那些最勤恳、最爱劳动的学生才配享受它。"[①]同时，劳动也等同于付出，让学生体会付出与收获、劳动与幸福之间的关系。劳动还能够激发灵感，使书本知识与具体情境呈现原本的联系，让学生感受到发现的快乐。很有必要重新认识劳动的意义，因为劳动关乎人的尊严，关乎人的责任，关乎人的意

---

① ［苏］苏霍姆林斯基：《给教师的建议》，杜殿坤编译，教育科学出版社，1984年6月版，P519。

志，关乎人的品格，关乎人的创造。

作为寄宿制学生，可劳动的机会很多：教室卫生，义务认领的卫生区，宿舍内务卫生，自己的衣物清洗，等等。我从不认为这些劳动没用而放任自流，而是从学生入校开始就不遗余力地引导学生形成自觉意识，自己动手，独立生活，愉快生活。

（二）培养孩子做事的规划能力和"完成"意识

学校无大事，事事是教育。我们要抓住大小事情，培养学生做事的规划能力和"完成"意识。对于组织的某项活动、要做的事情，要事先做出周密考虑，拿出方案：什么程序、谁来负责、所需准备、可能出现的意外，并要有备用方案。比如，运动会的宣传策划，学生能做到：宣传稿件什么时候写，写多少；什么时候收；运动会当天怎样配合项目分类分批上交；需要的宣传品是什么；如何备齐，谁来使用和负责；服装和帽子怎么统一；班旗谁来设计，谁负责制作；横幅写什么，需要多长；看台上的秩序谁来负责维护；谁是啦啦队长；运动会结束，谁、什么时间来收拾帽子、宣传用品等。整个策划要有始有终，有"完成"意识。

（三）培养孩子的"领导力"和"沟通力"

现在，教育界和其他领域的权威人士已经形成共识：教育是为未来培养人才。在互联网时代和经济全球化的大背景下，学会合作、沟通、协调是对未来公民的基本要求。基于此，我在教育管理中，把培养学生的领导力和沟通力当作"学会做事"的组成部分。在日常教育中，培养学生的策划、组织、合作、沟通、演讲能力。譬如，课前3分钟演讲，各科的"小老师"制度，班会分配到每个宿舍，等等。学生之间有了摩擦和矛盾，我积极鼓励学生彼此坐下来，推心置腹交换意见，力求自己化解矛盾；在各门功课的课堂上，鼓励学生站到讲台面向大家发言；鼓励学生勇于在大庭广众之下，表达自己的想法，阐述自己的观点；鼓励学生积极参与各种竞选，以期培养他们的领导力、沟通力。一个人要做事，就要组织起各类所需人才，而为了打动他人，就要学会传播自己的理念，扩大自己的影响。所以，领导力、沟通力是学生将来职业生涯中不可或缺的能力。

共勉！

祝周末愉快！

王老师

2016年4月8日于东园

4　营造和谐的同学关系

尊敬的各位家长：

您好！

春意阑珊，五一马上到来；接着，孩子们将迎来又一次大考。

（一）放假时间

东校放假时间与国家法定时间一致，周五下午和周一下午如同往常周末一样离校和返校。

（二）复习备考

对于自觉的孩子来讲，在什么时间、什么地点学习差别不大，他们对五一小长假甚至有如鱼得水之感——终于有整块时间来按自己的计划走了。

但，对于自律意识尚需提高的孩子，五一放假不是一件好事。踌躇满志的计划可能以泡汤结束，并且因为不能很好地约束自己，返校考试时甚至一身疲惫，满心烦躁。也希望这部分同学把五一当作历练自己自制力的好机会，满意度过小长假。

（三）和谐和睦的同学关系的营造

和谐的人际关系能提高幸福指数，并保证目标的顺利完成。对于东校寄宿制学生来讲，这一点尤其重要。无论是在教室还是在宿舍，他们始终处于人群之中，同性别的同学甚至是24小时全天候地相处在一起。如果产生矛盾，没有"痊愈"的时间和空间，往往造成这种情况的不可逆转，给孩子的心情造成一定的困扰。

对高中住宿生的抽样调查数据显示，50%的同学人际关系很好，33.5%的学生能较好地处理同学关系，只有1%的学生人际关系较差或很差（调查表见本书附录）。但正是这"1%"的同学会给班级人际关系带来很大的破坏作用，自己和相关同学都陷入苦恼甚至痛苦之中，使班主任某一时段里的精力几乎都倾斜到他一个人身上。

有了摩擦，要学会冷静理性地处理，并避免它反复出现。

当然，最好的是，没有摩擦或把摩擦降到最低限度——这就需要我们共同努力，未雨绸缪，建立人际交往的正确意识，让矛盾无处产生。

35班的绝大多数孩子，都能处理好这一问题。他们谦和、忍让、开朗，能从大局出发，能辩证地看问题，用一句俗话讲就是"事儿少"。这都是家长十几年来细心教育的结果，对家长们的付出，我表示衷心的感谢和真诚的欣赏。

高一的学生还是独生子女占多数，身上难免带有自私、自我、任性的成分。所以，这个假期您有较多的与孩子相处的时间，请与孩子交流：

尊重：不要冒犯他人，给他人造成不便，无论是言语上、物品上、空间上、纪律上、学习上，还是卫生上。

善意：以善良的心理去推测和理解他人。

反思：要经常审视自己，有矛盾先反思自己的过失。

钝感力：不要对外界的反应过于敏感。很多时候，说者无意，听者也不要有心。

见贤思齐：看看他最佩服35班的哪位同学，人家是怎么做的。

与最近距离的人处理好关系：同桌、前后桌、舍友。最近距离的人是我们平时交往最频繁的对象，最需要保持好友好的关系。处理好了近距离的关系，就等于处理好了几乎所有的关系。

人际关系的好坏是习惯使然，更是性格使然。我们的孩子终将要走出校门，踏入社会。希望35班的孩子在这方面越做越好！

最后，祝您节日快乐，工作顺利！

王老师

2016年4月29日于东园

5 跟您分享我的"学会学习"的教育管理理念

尊敬的各位家长：

为保证学生安心考试这项中心任务，其他几项工作一直在等待当中。随着上午的考试结束，一些急迫的工作都呼啸而至。

请您帮忙配合的几点：

1. 学生不准提前请假离校，除非有极特殊的情况。天气较热，有的孩子心不定，吃不了苦，想提前回家。请您做好孩子的思想工作，按学校规定的正常时间离校。这几天事情重要而繁杂，若孩子离校，有些信息无法及时获取。

2. 不要提前来校搬运物品，以免造成"军心浮动"。

今天跟您分享我的教育管理理念"学会学习"。

（一）良好学习习惯的培养

一是培养学生对课上45分钟的高度重视，打造高效课堂，课上浪费1分钟，课下多做无数功；二是预习，建立学习"快半拍"机制，比进度快一点儿，会预习；三是回头看，温故而知新；四是前后知识的衔接；五是知识掌握达到三个维度——准（准确无误）、透（理解透彻）、熟（熟练快速）。

我观察了大量的优秀学生案例发现，学习的诀窍就是没有诀窍——学习的技巧大都可以示人，并且大都可以理解，可以描述。关于学习的真理都极为朴素——正像前文所述，课前——课上——课下，预习——复习——作业。这些环节落实到位，课业学习不成问题。

（二）学会自学，习得学习智慧

自主学习、自学能力是学习素养中的重要素养。在知识传授中，一旦教师和学生形成"填"和"被填"的关系，且学生只习惯于"被填"，那么，学生将是被剪断了翅膀的禽鸟，再也没有飞翔的可能。"知识正在不断地变革，革新正在不断地日新月异。所以大家一致同意：教育应该较少地致力于传递和储存知识（尽管我们要留心，不要过于夸大这一点），而应该更努力寻求获得知识的方法（学会如何学习）。"[1]叶圣陶先生也强调"教是为了不教"。学生在学习方面的成熟表现就是有自主意识和自学能力。譬如，那些参加过各种竞赛的孩子，在高一、高二时就抱着厚砖似的专业书在学校独辟的自修室里自主学习，从而逐渐形成了珍贵的自学能力。到了高三，即使功课落下很多，他们大多仍能追赶得上，甚至逆袭，成为名列前茅者——他们的学习能力和定力足够让他们反败为胜。

再譬如，一个竞赛生是这样总结一本新书的自学流程的：从总到分、从分到总——先看课程的总体结构和组成部分，然后再分章节各个击破，最后再进行鸟瞰式的总结提升。他还介绍了知识再加工的方式——表格直观法，前后联想法，易混点的临近比对法，等等。

---

[1] 联合国教科文组织国际教育发展委员会：《学会生存——教育世界的今天和明天》，华东师范大学比较教育研究所译，教育科学出版社，1996年6月版，P12。

引导学生深刻领会学习智慧和学习中的辩证法，即那些涉及学习的奥秘和真谛以及学习当中体现出来的哲学内蕴。要分清学习中的以下情况：①紧急的，②重要的，③又紧急又重要的，④紧急但不重要的，⑤不紧急但很重要的——把时间和精力的分配分出轻重缓急，做个聪明的学习者。再比如，到了高三时间极为宝贵的情况下，学科的平衡和取舍问题，笔记实用和美观之间的取舍问题，老师的复习线索和自我的复习线索之间的关系，等等。引导学生认识自我，认识学习，懂得学习智慧。

不当之处，请海涵！

未尽事宜，家长会再和您交流。

周一见！

王老师

2016年7月9日于东园

第二节 高二部分

导读：决胜高二。面对严峻考验（文理分科、班级重组、尖子生分流），班级如何重新崛起，学生如何面对难度加大的功课，如何疏导早恋问题，如何化解男孩危机问题。运筹帷幄，抢跑高三。

一 高二上五则

1 高二开学——严峻的挑战

尊敬的各位家长、亲爱的同学们：

天地之间，季节轮转。逝去的是时光，不老的是梦想，追梦高二季马上来临，新的学年准时到达。我们的孩子又齐聚在9月的门槛，准备起跑。

经过了漫长暑假的沉潜蓄势，孩子们应该跃跃欲试，急切地盼望回到东校。

（一）班级变动情况

1. 我们现在的班号是高二33班，学生55人。男生29人，女生26人。

2. 我们原35班同学保留37人，新进18人。原35班进创新班11人。

（二）纪律和学习要求

我们高二33班在输出大量尖子生的情况下，形势变得非常严峻。一开学，我们必须有更团结的班风，更一致的心志，更浓郁的学风，更高的要求，更严的管理，把每个孩子的潜能和积极性都激发出来，保证班级前进的态势；只有班级好了，每个学生才能好。

（三）嘱咐和祝福

1. 好坏相伴，祸福相依。引导孩子以辩证平和的心态看待自己的得失成败。

2. 在班主任的眼里，35班的每个学生都是可造之材，潜力巨大。无论孩子身处何处，人在哪个班，只要心已经"开刃"，精神已经"开光"，就会所向披靡，越学越好。

3. 早恋和懈怠是高二的两大歧路。请您在开学前与孩子倾心交谈。避免弯路，直奔高考。

4. 实验的口号一直是"决胜高二"。因为有高二上学期的语数外会考，高二下学期的理化生史地政计算机的会考。会考俗称"小高考"，它是对整个高中学业的终结考试；从山东省教育厅的动作来看，会考对高考的影响是直接的。高二，我们的孩子必须使用洪荒之力，才可结果圆满，为高三扫清路障。

5. 机遇和挑战。高二的班级调整对学生是难得的机遇和挑战，尤其是对35班原班留下的同学。希望孩子们，看准形势，找准感觉，用成绩抢位。

高一已经过去，不必为之驻足。频频回头和流连只会削减人的锐气，抓当下，往前看，向前奔。有优等的心，做上等的行动者。

祝安！

王老师

2016年8月30日于东园

2 国庆假期的嘱咐

亲爱的各位家长：

您好！

一年一度西风劲，又是新秋。在这样的季节里，让我们用心感受33班孩子青春的律动。班级正在成长，孩子们正在打开心灵的羽翼，准备一段新的飞翔。

我们又迎来国庆小长假。在庆祝新中国生日的同时，也拥有了一段亲子时光。

建议您与孩子亲切交谈以下重点：

（一）预防早恋

高二是早恋发生的高危期。这时学生的心情完全放松下来，高考在后年，仿佛很遥远。他们会在这段时间产生感情，有时会放纵它的成长。孩子就会不自觉地离开大道，脱离大部队，走上岔路。等他们再回来时，已被甩得很远。

（二）培养优秀的学习理念

"学习如春起之苗，不见其增，日有所长；辍学如磨刀之石，不见其损，日有所亏。"

在假期学会规划时间，有学习节奏，勤学不辍，用优秀的学习理念支配假期。

（三）理科生的一般性任务——刷题

适量安排假期活动，给孩子足够的自主支配时间。及早完成学校作业，然后刷数理化的课外题。（当然不可一概而论，也要根据孩子的具体学习程度而定。）

（四）理科特别好的孩子，主要拼的是文科

理科现在已经很好的孩子，在保持优势的情况下，要有长远的眼光——高三时理科尖子之间的竞争主要还是语文、英语之间的竞争。所以，要持续不断地对这两门文科发力，到高三就能站在高处。

（五）谨防躁动

9月份刚开学，已经有中秋、国庆两个假期，学生容易浮躁。定力需要培养，静气需要熏陶。教育学生在假期心要静，力要定。

祝节日快乐！

王老师

2016年9月28日于东园

3　再见，2016！

亲爱的诸位家长：

您好！

我们就要和2016年说再见了。每一次日升日落，每一个晨昏交替，每一轮月圆月缺，每一春花开花落，都是大自然对时间的形象演绎。我们游弋在时间的河流里，努力让每一个日子都变得有意义。

在您的陪伴下，我们的班级举着"33"大旗浩荡前行。班级不断遇到新的挑战，也不断获得新的成长。在这里，与大家分享我改编的纳兰性德的《长相思·山一程》，来对2016挥手道别：

山一程，水一程，身向梦想那畔行，夜深千帐灯。

风一更，雪一更，聒向行者心笃诚，欣然共前行。

请您关注以下几点：

（一）阶段性考试成绩条已经发到学生手中

有的学生进步明显；有的孩子成绩不够理想，比起期中考试退步明显。退步的原因您可以跟孩子聊聊，但主要的精力还是要放在这十来天备考复习该怎么做上。

（二）元旦是期末考试前最后的黄金周末

我已要求孩子珍惜时间。孩子应先完成作业，然后进行自主复习。这个假期最好不要长时间外出。

（三）自主意识的培养，自我审视和反思能力的培养

有些孩子过于被动，似乎是给别人过着日子，给别人做着作业，自身不能生长力量。这是最令人不放心的了。一个内心被唤醒的孩子，才可能是一个有出息的孩子！ 如果一个人缺乏自我审视和反思能力，每一次出现在我们面前，他都会是那个老样子。学生一旦缺乏这种能力，他就不能进步，他就不会打碎旧我，进行新我的重铸。

（四）关注课堂效率，关注作业质量

本周，我已开过班会，强调作业问题。元旦假期，如果孩子有特殊情况没完成作业，请您写出书面说明，孩子返校时带回。

（五）温故而知新，才有顿悟

有些孩子考不好是复习不到位。经过元旦和后面的系统复习，成绩会有飞跃。同时，个体对知识的掌握速度不同，有的同学慢热，经过领悟，

会后来者居上，不用担心。

再次感谢您对33班的无私支持和亲密配合！

祝您元旦快乐！

王老师

2016年12月29日于东园

4　2017，同心同愿同行！

亲爱的各位家长：

您好！

树叶绿了又黄，飞雪走了又来。旧历新年一到，我们的孩子就又长了一岁。

本周您和孩子谈的话题如下：

（一）关于假期交友，要结良缘福缘

成长中的青少年定力还不够，是非分辨能力尚欠缺，容易被环境左右，有时是主动模仿。"入鲍鱼之肆，久而不闻其臭；入芝兰之室，久而不闻其香。"自己已变成自己不喜欢的人却浑然不知。结恶缘，生活麻烦不断；结良缘，人生充溢喜感。请您关注孩子与什么人交往，教育孩子远离负能量的人。

（二）要宅心仁厚，干净明亮

高一时我给同学们讲，处理好了身边的关系就等于处理好了与整个世界的关系。宁可钝一点儿，迂一点儿，不要对无意义的小事那么敏感，反应那么迅速，看得那么清楚。并且要有口德，做一个有修养的人，做一个会尊重他人的人，做一个受欢迎的人。

（三）高二是问题高发期

比如早恋问题，在校期间，总归还是有校规校纪、有管理、有监督、有舆论，学生还能控制好自己；而假期个人空间的增大会给这种感情的发酵带来契机。请您心中有数，巧妙引导。咱33班的共同理念是"先追梦，再恋爱"。把恋爱放在2018年6月8号以后也不迟啊！

再比如厌学、懈怠、违纪、迷失自我等，都可能发生在高二。

（四）远大目标的功用

一个学生如果有明确而远大的目标，眼下的许多问题都会迎刃而解。一粒石子能激起一池涟漪，而对无边的大海它什么都不是，池狭而海阔也。孩子被一些琐屑之事牵绊是因为没有自己的大目标，小事成了他心中唯一的事，那么，好的精力随时都被分割掉了。

我们33班的孩子长大了很多，成熟了许多，但也面临不少的困惑和问题。作为班主任，我既充满信心，又倍感压力和担忧！

各位家长一直是我工作的坚强后盾。真诚地欢迎各位家长献言献策，让我们的班级更强大，更美好！

每个孩子都是不同的，让我们更宽厚地悦纳，更严格地要求，更真诚地祝福！

2017，同心同愿同行！

王老师

2017年1月15日于东园

5　新年快乐，百福齐臻

亲爱的各位家长朋友：

您好！

忙碌的一年就要结束，新春正在莅临人间的路上，让我们欢喜地辞旧迎新。

有几件小事您可能已经做得很好，我再提醒一下：

1. 明年的此时，我们的孩子高三正半，一部分条件不错的同学可能会考虑自主招生。1月到3月，是各大高校公布自主招生简章的时节，请您抽出时间去各大高校网站了解一下：他们提出了什么要求；这一年多，孩子和家长还能做什么准备，抓住什么机会。

2. 您走亲访友的过程中，注意收集相关自主招生的信息，如果亲朋好友有正在上高三的学生更好，他们的经验是最鲜活有用的。

3. 提醒学生继续填充自己的成长档案袋，把本学期获得的荣誉，获得的新的成长和感悟，参加的各种活动都记录下来，以供自主招生自荐信和高三期末评语用。

4. 过了年开学的第一周要进行开学考，以反馈假期的学习情况。提醒孩子在适当的放松之后，要及时收心，"心如平原走马，易放难收"啊。

咱33班在您的呵护和关照下，上学期圆满结束并取得了优异的成绩！谢谢您一如既往的支持！

最后，恭祝33班的所有孩子和家长、原35班的所有孩子和家长，新春快乐，百福齐臻！

王老师

2017年1月26日于家中

二　高二下五则

1　高三何必从9月开始

亲爱的各位家长：

您好！

时光毫不客气，以"轻舟已过万重山"的轻盈姿态飞过四周。春雪似在昨日，新绿已染枝头。祝福您，春天好！我们的孩子也像一株好乔木，在四季的循环里增加着自己心智的年轮、知识的年轮。转眼间，我们就来到了高二下学期。

本周跟孩子聊天时提醒以下内容：

1. 东校的两大节活动——体育节和科技节就要如火如荼地展开。提醒孩子两节期间，提高效率，令行禁止，学习、活动两不误。尤其是作业质量、自习纪律、上课效率等要一如既往，不打折扣。

2. 高三何必从9月开始。运筹帷幄，方能决胜千里之外！我们33班上周获得了"济南市优秀班集体"的殊荣（东校高二级部只有一名）。我跟同学们讲过，要想取得这个结果，我们得两年前就开始努力。从高一一进校，我们33班全体师生奋斗近4个学期，才有了这个惊喜。同样，学生的高考成绩不是由6月7号、8号两天来决定的，而是由从现在起甚至包括高一的、初中的努力所决定的。那么，高三何必从9月开始！越早越好！

3. 异性交往注意分寸，33班的理念是"先追梦，再恋爱"。我们的班级以学习为荣，以正常的男女同学交往为荣。尤其到了准高三的阶段，心猿意马，容易断送梦想！

4. "我的大学梦"活动——我们33班本学期的语文课前3分钟演讲活动，每位同学介绍一所大学。目前已有21位同学进行了演讲和介绍。提醒孩子经常思考：我的大学是哪所？我的梦想是什么？我的专业是什么？我要去的城市是哪里？我必须考到的分数是多少？不必太心急。让孩子慢慢来！只要有意识地去想就是好事！决定一件大事需要一个漫长的探索过程。

再次感谢各位家长！

祝33班、原35班的各位家长工作愉快，笑口常开！

王老师

2017年3月14日于东园

2　男孩危机和关于作业的思考

亲爱的各位家长：

在这样的好春光里，我们喜获一个小假期，心里会有殷殷期盼和各种美美的小打算。

本周跟您交流几点：

（一）男孩危机

"男孩危机"是教育专家孙云晓在《拯救男孩》一书提出的概念。作者指出，男孩危机其实是教育危机。讲的是在中国当前的基础教育和高等教育中，男孩的学业成绩和整个的精神风貌弱于同龄的女生，在考试和选拔中的比例处于劣势。

作为一个长期工作在高中教学第一线的教育工作者，我对上述论点基本认同。拿咱33班来说，自由活动时间，前几排的女生更多选择留在教室学习，男生大多选择出去活动；教室前排满当当，教室后排空荡荡。自习课时间，溜出去打球踢球的也会是男生。不交作业的名单中男生居多。与此相对应的，33班大考前10名里女生居多；咱的3科会考成绩里，全A的女生居多，33个全A的同学中，女生占22个，男生只有11个；在这次会考的唯一理科——数学中，12个得B的学生中，男生占了9个，女生只有3个，并且数学是男生自以为擅长的科目！

数字，触目惊心！所以，男孩危机在33班这个小小的天地里也有明显体现。下一步就是会考和高考了，男生们，怎么办？每位男生都要认真思考啊!

（二）假期游玩和学习的思考

1. 春色正好，适合游玩；但春色年年有，高二只一次。春天从"小蕾深藏数点红"，到"会被东风暗拆看"，再到"落英缤纷柳絮飞"，时时是景，处处是景——大自然是看不完的。建议学生只出去一天，包括跟父母回家祭祖。

2. 出门赏春是看得见的旅游，而探求新知、获得知识是看不见的心灵的旅游，是精神世界的旅游。我们习惯于看见能看见的东西，而忽视看不见的东西。我们倾向于羡慕那些游遍世界的达人，而常常忽视那些在精神世界里进行了长长旅行的人。探究新知，思考学问，质询世事——何尝不是最美的旅行？

（三）关于"完成了作业"的思考

完成作业是假期学习的底线，这并不能保证孩子学习一定好，因为他获取的知识总量并不一定是多的那一类。表面看，学生都完成了作业，但有的是1天内完成的，有的是拖拉3天完成的。那个1天完成的，他可能又刷了课外题，可能做了预习，可能进行了阅读——他完成了一部分看不见的作业——而恰恰是这部分作业的日积月累，使学生和学生有了不同。

所以，"完成了作业"这个假象会蒙蔽我们的双眼。而那些连作业也完不成的孩子呢？只会被别人甩得更远！

以上仅是我的一些思考，若有不妥之处，请您包涵！

祝春天快乐！

王老师

2017年4月1日于东园

3　安全走过青春地带——浅谈高中生异性交往问题

亲爱的家长朋友：

"五月榴花照眼明，枝间时见子初成"，明媚而沉静的初夏已来到东校校园。本周末跟您聊的话题是"早恋"。

青春很美好，但又多陷阱。一部分学生不能安全通过这个地带，跌跌撞撞，伤痕累累。这个地带里最容易坠入的陷阱叫"早恋"，它也是高中学生可能走的最大弯路。这个问题我在上周的家长会上轻轻一带，没有展开讲。本周我又和学生探讨了这个敏感的话题。我开宗明义地告诉学生，在这个问题上，师生不是对立面，是问题的共同探讨者。老师、家长和学生都乐于见到33班是个朝气蓬勃的、有着纯正异性同学关系的优秀团队。

（一）早恋形同逆行，会阻力重重，压力倍增

恋爱对年轻人而言是顺行行为，对高考和学习是逆行行为，对完成当前应该完成的任务，达到当下的学习目标，有很多害处。我们在课间上操时，两个级部的学生沿楼梯下行形成一股人流；如果这时有个逆行的人，他会受到重重阻力。早恋是高中生青春行进中的逆行行为。当事者本人会陷入感情的纠结、内心的冲突和双方的矛盾摩擦中，相信他们得到的不是纯净和坦然的快乐；在实验这个高素质的学生群体中，大多数同学对此不认同；老师也会出于责任心对孩子进行劝导，级部学校领导也会干预；家长担心孩子沉溺其中，为可能影响就要到来的高考而忧心忡忡——早恋者会遇到重重阻碍，不幸福，不快乐。他们会脱离群体或无形中被群体孤立，游走在恍惚的世界里。

（二）收到祝福和遭受"腹诽"

一个人做正确的事情就会得到周围人的祝福。一个人做错误的事情，

就会得到别人的非议；别人有时碍于情面不说，但也会"腹诽"。异性交往过当的同学有时举止过于亲密，会给周围的同学带来不适感，会冲淡同学们专心学习的程度；这样的同学就会遭到别人的"非议"和"腹诽"。愿我们的孩子从年轻时起就做正确的事情，就做让别人祝福的事情！

（三）自尊和自爱，尊他和爱他

对异性产生微妙感觉是青春期学生的正常现象。有的学生能处理得非常好，他把萌动埋在心底，正常学习和交往。有的学生虽然两情相悦，但不让别人看出，互相传递正能量，互相鼓励奔高考，高考后才浮出水面——这样的孩子让人打心底里尊重。

爱是尊重，爱是欣赏。远远关注，静静欣赏！下下策是点破，是打扰，是靠近，是伤害！

作为一个住校的高中生，若是不顾及场合与时间，不顾及别人的感受，不顾及周围影响，天天如影随形或有肢体接触，那就谈不上自尊和自爱、尊他和爱他。我给33班的学生讲，两人若是有缘，高考完再谈也不晚；两人若是没缘，切勿两相伤害留嗟怨。事情已经做出就难以回头，甚至以后高中同学的聚会都可能是尴尬的见面！

（四）青少年有趋同性、模仿性、非理性

高中学生是准成年人，说大不大说小不小。他们从少年过渡到青年，从未成年人过渡到成年人，有时你感觉他成熟了，有时又比较幼稚；有时这个方面成熟了，那个方面却比较幼稚。比较幼稚的一个表现就是不分是非地趋同和模仿，甚至出现极端现象。歌德的《少年维特之烦恼》、托尔斯泰的《安娜·卡列尼娜》曾使部分爱情失意的青年人模仿主人公的做法结束自己的生命，就是典型的例子。

如果一个班级中，有早恋的萌芽而没有及时处理好，就会带来连锁反应。个别同学就会受到诱导，以致一些事情就在眼皮底下苗壮起来。

（五）人生若只初相见，珍惜青春嘉年华

实验学生一直秉承"在对的时间、对的地点做对的事情"的理念，所以人才辈出。我跟33班的同学讲，要做正确的事，保持纯洁的同学关系。留一点儿距离，留一些空间，彼此保持初相见时的珍重和美好，不要因为不正当交往留下恩怨疙瘩。

（六）学校有相关要求，学生要敬畏规则

对待早恋，实验有明确态度：严令禁止。早恋行为已经触碰了学校的底线，严重违背《山东省实验中学十大禁令》。学校处理此事按从轻到重的程序是：教育规劝——四方会谈（家长、学生、班主任、级部政教处）——接受处分——将一方调离东校。

我们的学生要有"禁止早恋"是一种纪律的意识。自觉规范自己的行为，像爱护花瓣一样爱护自己的青春年华。放远目光，抓大放小，分清轻重，轻松备考！

亲爱的家长朋友，解决早恋是个棘手的问题。孩子们都是很优秀的，悟性也不错，但要解决好仍需要我们小心翼翼，从爱出发，以教育疏导为主，切忌简单粗暴。

本周末，您就跟自己的孩子谈谈心吧，有则改之，无则加勉！

祝初夏快乐！

王老师

2017年5月12日于东园

4　勤奋，是获取优异成绩最靠谱的方法

亲爱的各位家长：

树在伸它的枝条，风在吹它的叶子，青梅在结它的果子：我们看着，

就很美好。季节流转，我们陪孩子来到了夏季。

本周我们交流的关键词是"勤奋"。

这一周，咱班备考的气氛渐渐浓了，有的同学早起到5楼静谧处专心背书；有的同学早起到教室伏案学习；有的同学午饭铃响后，争取多学一会儿再去用餐；有的同学晚饭后匆匆回到教室，趁着安静多做一道理科题；有的同学回到宿舍仍然手不释卷。

可是，仍然不够。因为"有的同学"只是一部分同学。还有孩子心志不专，精力涣散，关注的事情太多；紧张不起来，回到宿舍串宿舍聊天——几乎没有备考的状态。

会考相比高考难度要小，这使部分同学有轻敌的态度。我上周给33班的孩子讲，无论是什么考试，只要有竞争有淘汰，你就得严肃对待；掉以轻心，会导致一败涂地。上学期，咱班几个数学尖子会考数学才得了B，就是典型的例子。以后就不要重蹈覆辙了吧。

会考要想得全A或多得A，秘诀只有一个：勤奋！

1. 要把剩余的时间和6科会考的分配做出一个计划表。

2. 要在各科老师的复习主线之外有一个自己的复习副线。

3. 文科的史地政背不上3遍不容易得A。

4. 充分利用边角时间，背多少是多少。小时间的不断浪费就是心智的消磨，而且也容易滋生杂念。有一个纯净的大脑才能给各科知识留下足够的存储空间。

5. 把会考前的几个周末紧紧抓住，对知识做出梳理并进行富有成效的背诵。要学会悄悄去做很多不为人知的背后作业。

6. 为高三的学习提前培养一个勤奋的好习惯吧！

亲爱的家长，我的体会是"一懒万事休，唯勤可倚重"！我们一起来引导，让33班的每个孩子都做勤勉的人！

夏麦熟时杏子黄，千树樱桃羞呈绛。

时有流莺深树鸣，小巷袅袅米粽香！

恭祝周末愉快，日子安好！

王老师

2017年5月26日于东园

5　此心安处是吾乡，意笃心静即清凉

亲爱的家长朋友：

您好！

此心安处是吾乡，意笃心静即清凉。在如此热烈而任性的夏季，让我们用心诚意笃地做事去营造内心的清凉世界。

周日一过，躲在会考背后的期末考试就扑面而来。还有3周，孩子们的高二就要结束。一切都在意料之中，可一旦意识到暑假之后是高三，作为师长还是有些措手不及。

那就且不管它，抓住当下，注重过程。

当下的要务是：

1. 周日下午考完试正常返校。18：30正常上晚自习。如果因拥堵等原因不能按时到校，请您及时向我说明情况。

2. 周日返校时，提醒孩子带好两证——准考证和身份证。周一的微机考试虽在东校，但仍然按会考的规格进行。

3. 提醒孩子，考试一结束，会考就成为过去时；要马上进入到期末考试的复习当中。为给会考让路，语数外理化生的正常作业被压缩，后面将全被释放。一直到期末，孩子们不会有轻松的日子。

这是高二期末的常态。年年如此，每个孩子都这样走过。谁调整快，

谁就掌握主动权。

4. 高三前的这个暑假怎么过？将要到来的暑假被老师们称为"黄金暑假"，它对每个孩子高三的状态、成绩、起步的重要性不言而喻。请您早做打算（当然一定要跟孩子商量），争取7月12日一放暑假，孩子就能有条不紊、按部就班地投入学习。

另外，您还要提醒孩子：

1. 在最后的3周，严格遵守学校纪律，一如既往地表现出33班的风范。

2. 不能因为天热随意请假。天热是个不争的事实。大家面对的都是一样的条件。随意请假容易造成军心涣散。学生回到家未必像想象的那样能学，而在学校的同学会心思浮动，心向往之。相信家长能理解并配合我的工作。

3. 高二下我们33班充满波折，我视之为高三前必要的调整。希望在高二的这个尾巴上，33班的每位成员找准定位，校好方向；各归其位，一切就绪：上箭拉弓，志向高三。

最后，祝愿33班的每个孩子、原35班的每个孩子，心想事成，会考全A！

祝夏安！

王老师

2017年6月23日于东园

第三节　高三部分

导读：冲刺高三。如何做阳光父母？如何调整孩子心态？如何做高情商父母？如何进行考前叮嘱？后高考时代怎么过？最后，大谢家长和学生。

一　高三上五则

1　峥嵘岁月开始啦！

尊敬的家长、亲爱的同学们：

9月来了，开学啦！接下来的一学年，家长、同学和老师将携手度过一段峥嵘岁月！

同学们，从牙牙学语到蹒跚学步到幼儿园到小学到初中到高中，17个春秋，11年的基础教育，倏忽而过；现在，18岁的你们，眼前横亘着一条河，叫高三；高耸着一座山，叫高三；摆放着一段旅程，叫高三！

这是一段充满了神奇、挑战和魔力的非凡旅程！老班作为一名导游，陪伴着数以千计的学长和学姐多次享受这段旅程。一位学姐写道："高三给了我来复旦读书的机会，这是别人看得见的；高三强健了我的心灵，苗壮了我的生命，这是只有我才深刻感知到的。我喜欢东校夜晚静谧气氛中的快节奏和紧张感，我喜欢高三楼二楼一起奋斗的、充满生命张力的那间教室。高三的教室，我是回不了了；但永葆高三的状态，是我的心愿。"

我的33班的孩子们，现在，就看你们的了。

不必迷恋传说，你要成为传说；不要把高三定义为"苦"，那是弱者的借口！

高三的努力不是苦，那叫付出；暂时的失利不是失败，那叫磨砺！

希望你充满力量感、目标感，做好充分的心理准备；希望你去功利化地学习，热爱学问，热爱探索；希望你脚踏实地，能拼、会拼，讲方法，爱思考，做一个有智慧的高三生！

最重要的，33班是一个团队，我希望我们的高三：

是团结的。互相鼓励，犹如兄弟姐妹；以班级为荣，是优秀班级的创建者，也是受益者。

是包容和谐的。乐于分享知识，共同承担，尊重同伴。

是有韧劲的。高考不是突击战，而是一场持久战；不是一场百米赛，而是一场马拉松。

是敢拼敢干，充满勇气的。高考，一分靠命运，九分靠打拼。

是自觉自律的。好马不待鞭扬起，自觉奋蹄奔向前。

同学们，33班是梦之队，是学霸培养基地，是梦想起飞的地方。我对咱们的高三充满期待，充满信心！让我们团队的所有成员，撸起袖子，大干一年！

最后，祝愿33班的每个孩子、原35班的每个孩子，开学快乐！

祝愿33班的每个家庭、原35班的每个家庭，心想事成！

王老师

2017年8月31日于东园

2 阳光的父母与阳光的孩子

亲爱的家长：

您好！

9月的美好一点儿也不逊于阳春三月。阳光干净明媚，万物沉静可人。我们持续地享用着可爱的"济南蓝""郭店蓝"（山东省实验中学东校区位于济南东部的郭店镇）。愿这美好继续。

我告诉学生，秋天来了，百草结籽。让我们33班人用不懈的努力结自己芬芳的果子，结自己饱满的籽实。

经过3个周的调试，大部分孩子找准了自己的节奏，初步品尝了高三充实的喜悦，感觉到了奋斗带来的踏实感。也有一部分孩子正在适应中。时间不够用，犯困，一轮复习知识点琐碎、繁多——这是正常现象，也可能在一部分孩子身上表现得更明显一些。

高考是对孩子全面的锤炼：做人、身体、意志、学识、技巧、习惯。而且是千锤百炼，少一锤子都不行。在整个过程中，乐观、通达、从容的心态非常重要。过于焦虑，天天如临大敌，往往事倍功半，身心俱疲。

所以，亲爱的家长，愿您有一颗平常心，做一个乐观自信的家长，始终相信自己的孩子，欣赏自己的孩子，鼓励指导自己的孩子。情绪是可以传导的，您阳光般的心态，孩子会清晰地感知到，并受到感染；无形中，我们就形成了一个可贵的家庭氛围：宽松、信任、团结、富有勇气，能共同面对高三的挑战。

还有几点：

1."一诊"的成绩条学生上周已带回家。这周公布了大体的分数段。您若有疑问，也可通过QQ跟我交流。

2.下周末运动会，天气较凉，请带足衣物；可备好看台坐垫。

3.哪位家长能借到锣鼓等乐器，可帮忙带来。为咱班的最后一次秋季运动会增强气场。

4.欣赏一下咱班孩子的周记：

周记一：适应的过程是艰难的。一下子从假期的随意和散乱到极其规律且晚睡早起的作息，最直接的感觉就是困。对我来说，早自习是最艰难的时刻。也可能是因为我这两周感冒的缘故，每天早上醒来眼睛都是红肿的。但我却觉得格外的充实。

周记二：豆蔻年华已经悄然溜走，如今的我们"年方二九"。这是怎样的开始呀！我喜欢班里。我清楚地感觉出大家在个头和心理上都"长大了"。我们班的凝聚力也更大更强了。我喜欢班里，相比前两次运动会，高三这次我最期待，我也相信结局必然是圆满的。因为我们不会在历史记录中有一点儿遗憾的。

周记三：老班让我们思考的三个问题：

我是谁——我是一个固执的笨孩子。

我要到哪里去——远方，那看不到的尽头，我只要向前走就好了。

我怎样到达我想要去的地方——奋斗。

周记四："人能够凝练成一颗石子，潜伏见底，让时光像水一般在身上湍急而过，自己只知身在水中，不觉水流。"——杨老先生如是说。唯有全情投入，才能忘记外物，忘记一切干扰，全心全意做好一件事。

周记五：前路何处，理想归期。高三终到，成人终到。顶天十八载，立地双九时。若成人之际，知道了前路何处，理想归期，也不负这十八年来所有的平淡无奇与轰轰烈烈！

一段行程一起走，不只是陪伴，而是迈开步子一起走，感受其中的喜与乐！

为了一个目标，同行！

祝秋天快乐！

王老师

2017年9月22日于东园

3　发上等愿，出上等力，收获欢喜

亲爱的家长朋友：

您好！

秋意渐浓！春天一树一树繁花的地方现在是一树一树的秋色。斑斓的色彩点缀着古城济南。愿您每天都有一个好心情！

9个月的高三现在又流走了50多个日子，倒计时牌子上每天都变成一个更小的数字。明年的6月不动声色地等在229个日子之后。

咱33班整体状况可以。希望同学们继续保持。不足的地方如下：

1. 下午上课前、晚自习上课前、晚自习第二节前纪律不够好，做不到"入室则静，入室则学"。喧哗和过多的交谈会扰乱心境，耽误时间，影响效率。

2. 个别同学上课睡觉，严重影响知识的接受。课堂是复习备考的主阵地，耽误10分钟，课后30分钟也不一定能补回来。

3. 部分同学积累不及时，知识落实不够。高三一轮复习展开的面儿很大，是全面复习；这一遍基本的东西掌握不牢固，后面的二轮复习、三轮复习就会趔趔趄趄，极不顺畅。

4. 少数同学专心程度不够。有的同学总是有些精力流失到无关紧要的方面，关注的事情较多，做不到全心全意、专心致志。

5. 部分孩子投入不够。要知道，"有点儿像高三"是远远不够的，要"很是高三的样子"才能学出点儿眉目来。等到下来高考分数才知道高三应该怎么学，已经晚了三秋。

另外：

1. 建议：高三家长要有做高三家长的水准。高三家长的所言所为作用在孩子身上，要产生什么样的影响和作用，是否都是正面的；高三家长和孩子做事说话的方式方法也要用心思考，避免出现情急之下脱口而出伤了孩子后悔莫及的现象；高三的家长和学生一样，过的就是一个"全力以赴，无怨无悔"。

2. 关注孩子的心理健康，情绪状况。高三孩子心理压力大，没有时间去调节；有时孩子年轻，没有能力和办法去调节，压力就会郁积在心。请您细心观察。需要跟我交流的，请及时沟通。

3. 从学业的角度讲，孩子已经度过了11年的基础教育，我们播种、耕耘、除草、杀虫、喷药，为的就是要有一个大丰收。高三，就是要颗粒归仓。

发上等愿，出上等力，收获想要的欢喜！

共勉！

祝秋安！

王老师

2017年10月20日于东园

4　果断跟坏习惯说"再见"

亲爱的家长：

喜鹊闪烁着黑白相间的亮羽毛穿梭在楼前楼后高大的法桐上，木质小巢就安在楼南高高的向阳枝条的树杈上。它们早起忙碌觅食，东园学子忙晨读；夜来安宿暖巢里，东园学子灯火通明晚自习。它们是东校的"家禽"，跟我们过着烟火袅袅的尘世生活。它们是东校高三的编外旁听生，听惯了每位老师讲课的抑扬顿挫。我尤其喜欢它名字里的那个"喜"字，永远带着一团喜气。

本周孩子们比较忙碌，因为周一到周四的晚上都有联考模拟考试。另外，因为"三诊"时部分同学理综不理想，所以这几周班里加强了理综的学习，课代表安排得井井有条，任课老师也积极配合。

本周跟您交流的中心问题是：关照学习过程，调整学习方法，果断跟坏习惯说"再见"。

1. 上课听讲绝不马虎，保持45分钟精力充沛，拒绝神游和瞌睡。每一堂课都有密集的知识点，一不留神就有遗漏，课下用加倍的努力也未必能补回。

2. 严格按照老师教导的方法去答题，拒绝答题的随意性。创新也只有在扎实的基础之上才能实现。

3. 部分同学听课没问题，思维紧跟，与老师也有良性互动。但手比较懒，不记或少记，造成知识点落实不够；一到动笔答题，绞尽脑汁，思路展不开，写不出东西来。任何考试，都是靠笔头的功夫得分。

4. 学习方法调整滞后，不果断，导致高三老是原地踏步走。咱班不少同学，原来在作文书写上都不够好，但经老师指点后，狠下决心，作文卷面焕然一新；同时这些同学"三诊"中也获得了总分的进步。积极改进不足，结果才值得期待。我们真心佩服在高三备考中能表现出决心和勇气，与自己的缺点一刀两断的孩子。真是不简单！孺子可教！

5. 科学安排各科学习，总体布局上要做到各科兼备；某一段时间内可以有所侧重。但都以提升总分为最终目的。如果此长彼消，拆了东墙补西墙，总分是不会有起色的。

谢谢各位家长一直以来的温暖理解和积极配合！

祝冬安！

王老师

2018年1月12日于东园

5   过年好+"荒废时光的人，定会羞于谈论成功"

尊敬的家长、亲爱的同学们：

大家好！

一年将尽春亦到，祝福大家新年好！

1

放假接近一周，亲爱的弟子们，在家可好？我知道，你正像全省其他几十万高三学生一样，"日夜兼程，赶赴目的地"。你会在高三的后半程遇见最好的自己，过自己想过的备考岁月。

2

放假时，我在同事的桌子上顺手"牵"回家一本书——俞敏洪的《行走的人生》。这本书虽是三联书店出版的，但内容真没有俞氏前期的《在痛苦的世界中尽力而为》精彩。我信手翻看，却被他的《序言》吸引。

自序：做最想做的事情①

俞敏洪

我的智商非常一般，就是比别人勤奋。我的脑袋不属于特别笨的那种，但肯定也不是顶尖聪明的类型。在北大同班的50个同学当中，我的智商应该属于中下水平，这说明我确实不是顶尖高智商。

但我的勤奋一般人跟不上。我平均每天工作十六到十八个小时，

---

① 俞敏洪：《行走的人生》，生活·读书·新知三联书店，2017年8月版，自序。

如果没有应酬，平均每日三顿饭的时间加起来不超过半个小时。

我比较喜欢在家里工作，早上6点半起床，晚上12点睡觉。以前一般是深夜2点睡觉，早上8点起床，但发现这样的作息对身体不好，不如早点睡觉，反正都是睡六个小时左右。

每天早晨冲个澡对我来说是必须的，不管是热水还是凉水，实在不方便的时候，就拿盆水浇一下，唤醒自己，让整个神经系统活跃起来。我很注意保持身体健康，每天早晨起床的第一件事就是跑一两千米，而且是以最快的速度跑完，所以每天都跑得大汗淋漓，特别是在夏天。但我晚上一般不洗澡，因为洗了澡大脑容易兴奋。

锻炼结束后，我一般从早上7点半开始，工作到中午12点。工作内容有邮件处理、工作布置、对新东方发展的思考等。另外，还对一些年轻人进行创业辅导，例如通过洪泰基金接触的各种创业项目，因为我知道年轻人创业不容易。

我的午饭90%的情况都是盒饭，有人来和我聊天，也是一人一份盒饭，最多加一瓶红酒。但我也很注意身体，吃完饭会散步十分钟。除了散步，我每个星期还会有一两次游泳、一两次徒步。

我和李开复都做创业导师指导青年创业，但我比李开复更注意休息。开复有段时间有点走火入魔，有人深夜2点钟给他写信，他非要即时回复，以表现自己比他们更勤奋、更年轻。我对他说，真没必要，到晚上11点就把手机关机，外面的事情就和自己没有关系了，早上7点钟打开手机，再来处理这些事情。我现在大概就是这样的。

……

我到现在也不敢说我领悟了生命的本质，但是至少有了比许多年轻人更多的勤奋。我的勤奋能给我平时的思考和演讲补充营养。以读书为例，我平时读书有意无意会写一些新的观点、新的想法。我翻书翻得挺多，但认真读书有时很难。所谓的认真读书就是一天或几天精读一本书，这样算的话，我一年认真读的书也有20—30本。所谓的不认真读书就是一两个小时就把一本书翻完了。如果把这些都算上，我一年能读100多本书。

坐飞机、坐汽车，这些都是我读书的时间。从小到大，我坐汽车没有晕过车。在特别颠簸的路上我都可以用电脑工作，在汽车上看书、看视频，用电脑十个小时，感觉就跟在办公室一样。所以，我在路上读书、工作，丝毫不受影响。

……

我常常说，年轻人就是要去闯、去奋斗。只要不做坏事，只要保持良心，剩下的什么事情都能做。年轻人不能太消极，不能因为知道生老病死不可避免，就放弃了对所有事物的追求，这没有任何意义。所以我想对年轻人说，不要怕失败，不要怕艰苦。去努力吧，做自己最想做的事情！成为最想成为的人！

3

同学们，世界上每一种生活方式、每一类人都是一个频道，都会发出相应的电波。一个人想做什么人，想过怎样的生活，他就会积极寻找并接受他追寻的那个频道、那种电波。最后，他就会成为那个想成为的人，并在那样的人群里、那样的精神世界里找到知音和归宿。

4

有梦想的人，知道每天该怎样打理自己的日子。

5

周国平在《灵魂只能独行》中说过："能被失败阻止的追求是一种软弱

的追求，它暴露了力量的有限。能被成功阻止的追求是一种浅薄的追求，它证明了目标的有限。"孩子们，做一个力量无限、目标远大的人吧。

6

只要没成定局，就有无限逆转的可能。一百多个日子，能做成的事实在太多。但，荒废掉除外。

荒废时光的人，定会羞于谈论成功。

感恩·感谢

年年岁岁，有你们陪伴，我快乐知足。对岁月，对大家，对职业，我只有感恩、感谢！

群里的同事们，谢谢您对33班的厚爱！祝您新年快乐，阖家幸福！

33班的同学们、原35班的同学们，新年的滋味已经很浓，新春就要扑面而来。老班祝你新年快乐，学业有成！

尊敬的33班家长们、原35班家长们，谢谢您的大力支持！王老师祝您新年快乐，每个家庭2018心想事成！

王老师

2018年2月14日于家中

二　高三下五则

1　做会说话的家长

亲爱的各位家长：

犹记三年前，学子聚东园。

稚气尚未脱，神情亦青涩。

青葱千余日，倏忽似飞烟。

同窗情渐深，师生情无限。

夏风习习吹，好禽深树鸣。

最是紫藤蔓，缠绵知别情。

亲爱的家长，本周跟您交流：

（一）降低期望值，不要对孩子有太高的要求

我们33班的孩子已经很能拼、很能学了。而且，那些数理化的知识也不是轻而易举就能彻底搞懂的。学习不是一件容易的事，人的能力也有大有小。您的期望值，要比孩子的实际水平低那么一点点才好。过高的要求，孩子有时承受不起。

（二）做高情商的家长，会说话，会跟孩子交流

家长不要说：

1. 学习能有多难？你怎么考这么点儿分？

2. 还有这十几天了，可得好好拼啊，不然会后悔的。

3. 你得给我考到550分以上，要不我可丢不起这个人。

4. 你这一阵是不是想三想四了，不专心能考好吗？

5. 看你最近的状态，我就知道你考不好。

6. 虽然我不在意，但你这个成绩确实不咋样。

7. 唉——唉——

8. 马上就高考了，你看你，成绩下滑这么厉害。

9. 你考这个分，报什么学校好啊！

10. 你看人家谁，哪像你！

11. 早知如此，何必当初？学晚了吧！

家长要这样说：

1. 没关系，一次没考好别放心上。

2. 这次不好不等于高考不好。

3. 你已经很好了，爸爸妈妈挺满意。

4. 努力过了不后悔，不用太在意成绩。

5. 你基础一直挺好，别担心。

6. 老师说你很用功，你辛苦了。

7. 备考很不易，爸妈理解你。

8. 尽力了，就好。

9. 不用担心，你考什么样爸爸妈妈都能接受。

10. 你健康顺利就好，别想那么多！

11. 有需要爸妈帮忙的吗？

12. 别担心，天塌下来，老爸顶着呢！

13. 爸妈对你高三下学期的状态很满意。你成长这么快，爸妈很欣慰了。

14. 爸爸妈妈水平有限，说得不对的地方你别介意啊！

15. 可以去找老师聊聊，咱还来得及调整。

教育孩子珍惜在母校仅有的时光，对培养了他3年的实验充满感恩之情。这10天的每个"最后一次"都将是美好的回忆！善始善终，爱护公物，处理好毕业前的各种事务。

祝安好！

王老师

2018年5月24日于东园

2 高考前夕，温馨叮嘱

亲爱的家长：

您好！

这个6月，不同寻常。那些4月里开过花的，现在都在结果实。您看，垂丝海棠的小果，形如吉祥的宝瓶，深紫的颜色内敛稳当；石榴开花虽晚，孕育籽实却不甘落后。金黄润泽的杏儿更早向人们贡献了它的甜美！中原大地上的小麦已经收割入仓……

大地上的一切生命都走在向真向善向美的路途上，仪态万方！

我的班主任生涯的最后一级学生，带着母校的万千嘱托，以果儿的形式，离开了实验的校园。

又是一年高考时，正是蟾宫折桂日。

何惧两鬓挂霜白？只盼芬芳桃李开！

临行早已万叮咛，唯恐匆匆有遗漏！

这次跟您交流的是：

1. 您只管好衣食住行，学习的事情完全交给孩子。

2. 给孩子最大的心灵空间，不渲染高考的紧张气氛。

3. 饮食上以营养、安全为主，切忌高热量难消化的饮食。荤素搭配，营养均衡，但新鲜蔬菜和水果应该占主要比例。不吃生冷的东西，水果洗净削皮。

4. 请您适当减少工作时间，陪陪孩子。但切忌如临大敌，让孩子觉得很反常。一颗平常心，一种平常状态，就好！您的沉着冷静能够准确地传导给孩子。

5. 高考的7号、8号两天，不要让孩子看电视、报纸、网页。这些媒体经常及时报道高考信息和试题情况，甚至夸大其词。一些未必正确的说法与孩子自身的审题、做题不符，孩子会无端增加紧张情绪。这一点切记啊，家长们！

6. 你要3天均住宾馆，就带上一点儿感冒药和治拉肚子的药品。

7. 语文和理综都是2个半小时，体力消耗较大，可给孩子带少许糖果备用。

8. 把手表或手机重新设定时间，保证是"北京时间"。

9. 考试2天的午睡，要定"双闹铃"：您的和孩子的。我已经嘱咐孩子，学会一切靠自己，家长们只是辅助。

10. 学生除了向老师询问知识（各科老师的电话我已经给孩子们了），其他没事别打电话和发短信，保持心境平和。媒体喜欢大肆渲染，别去理会，"风暴中心是最宁静的地方"啊！

11. 没睡好觉怎么办？考试期间没睡好，很正常，你应该想，我没睡好，其他人更没睡好；面对大型考试，能睡得好的人几乎是神仙，你又不是神仙，当然应该睡不好。如果睡好了，你比别人多了一点儿机遇；如果睡不好，你就想，没关系，考前的这一段，我已经进行了充分的休息，即使一点儿也没睡，凭这几天的老本，也应该没问题呀！

12. 如何对付考前焦虑？高考专家早就支着儿了，面对高考这个坎，出现焦虑、紧张是合理的。你不焦虑，你就"不合理"了。适当的焦虑可带来动力，可以调整身体，激发潜能。要学会接纳它，和它"和睦相处"，你不较真，它也就慢慢缓解。比如，做题的时候，紧张会导致你的效率下降，这时候你就想："我就是有一些紧张，我这会儿不和它赌气，我就用这70%的效率去答题了。"行动能调节情绪，答着答着，你的心就平静下来，专注起来，效率就慢慢提升到90%、100%，甚至可以超常发挥了。

咱们33班从高一制定的治班理念就是"学会做人，学会做事，学会学习"。我把它渗透到了3年的教育教学中。我们的孩子在做事的时候都用心思，有规划，成了一个"小当家"。

高考就是一件"事"。我们本着把这件事做好的心态，着重于"事"，着重于"过程"，着重于我们做事的态度。一切就会好！

尊敬的各位家长，亲爱的孩子们，我怀着深挚的感情祝福33班的54个孩子、原35班的所有孩子，

高考成功，金榜题名！

蟾宫折桂，捷报频传！

静候佳音的王老师

2018年6月5日于东园

3　后高考时代怎么过

亲爱的家长、亲爱的孩子们：

休息过来了吗？

我们一起经历，一起分享。

两天的高考一过，孩子们就进入"后高考时代"。从时间上来说，高考是"戛然而止"的，它有如此鲜明的时间节点；但从精神层面讲，它将以强大的惯性和冲击力延伸进孩子们以后的生活，并且会延伸得很远。

备考的一年，高考的两天，我们的世界就像涨潮的大海，充满了动感，一刻不闲，没有时间停下来思考和沉淀。现在好了，退潮了。我们有了长时间的安静时光，规划未来。

后高考时代容易出现的问题：

（一）忘乎所以，忽视安全

每年暑假，都会有准大学生出现安全事故的各种报道。卸掉高考包袱的部分学生会有一种肆无忌惮的冲动感。一麻痹大意，就忽视了安全问题。过于放松和疏忽，意外就会乘虚而入。

（二）无所事事，飘忽失重

如果错误定义了高考，认为它是人生唯一的大事，高考后就会出现迷茫感。因为，没有了学校的作息，没有了同学的竞争，没有了老师的督促，没有了做作业的忙碌，没有了高考的重压，部分学生会有失重感，过得很飘很恍惚。没有了生活目标，天天昏睡。

（三）沉迷网络，日子昏天黑地

这是严重影响身心健康的生活方式。如果孩子在这方面自制力不够，您可以坐下来跟孩子聊聊给予提醒。希望孩子们每个日子都是清爽的。

（四）过于亢奋，呼朋引伴

部分孩子高考后不着家，各种聚会和出游接连不断。出现这种现象，原因在于对高考有错误的认知。把高考当作人生中唯一的事情，把它熬过去，什么都无所谓了，什么都可以做了。高考不过是人生重要的事件之一而已，需要面对的还有很多。况且，过于亢奋，也容易出现安全问题，危险经常出现在"忘形"之时。

（五）沉浸在不理想的成绩里不能自拔

高考是公正公平的选拔，但对于某个个体，可能会出现失常现象。据我观察和统计，失常比例通常不超过百分之二。有的学生高中三年一贯良好，但某个环节不畅导致高考失利；有的学生是对自我评价不准，认为自己可以更好一点儿。其实，从老师的角度看，分数大体符合他的水平。可是，已成事实的事实，再怎么难过都无济于事。我见过个别两三年都走不出来的学生和家长。要培养一个习惯向前看的灵魂。向前看，发展才是硬道理。

王老师的建议：

（一）总体原则：有切合个人实际的规划，拥有健康的生活方式，做有益于发展的事情

无论高考成绩怎样，它业已结束，新的生活在每个人面前铺展开来。每一次发展都是继往开来，人生之事就是这样环环相扣，生生不息。决定明天的，是今天。每个人的生命史都由自己亲手缔造。

"拥有健康的生活方式，做有益于发展的事情"，不但幸福当下，还能裨益未来。

（二）如何度过漫长的暑假

1. 要预估分数。大体勾勒自己的专业、学校。孩子们要不断追问自己：自己的兴趣何在？我想要个怎样的未来？专业、学校和城市，更看重哪个因素？

2. 关注英语口试时间，关注省招院的信息，军校的，政审的。参加招生说明会。大量搜集信息。让身体和脑子都动起来！

3. 使自己的特长、爱好向纵深发展，或去培养一种爱好。琴、棋、书、画这些软实力不但让自己的日子丰盈有趣，未来升学就业还是筹码。去培养一点儿兴趣爱好，学个吉他啦，学个街舞啦，学个书法啦，等等。

我朋友的孩子爱好京剧，到了大学后参加了京剧社，还拜了老师。最后，在全国会演中获奖。现已申请到香港大学的研究生。爱好给她的大学发展助了一臂之力。

4. 学车。技多不压身。现在考驾照周期很长，以后难得有这么长、这么完整的时间啦！

5. 学英语。过去有学长为大一做准备，继续英语的纵深学习。有报四级英语的。有报口语的，有报口译的，有报雅思和托福的，等等。英语是

高端人才的必备要素，是走向世界的必备要素。

6. 学做饭，分担家务。亲爱的孩子们，你终于不是你家最忙的那个人了。试着做做饭吧，让那个毫无怨言地给你做了18年饭的人，尝尝你的手艺。你应当是跪乳的羔羊、反哺的鸦。况且，你们将来需要自己照顾自己。

7. 打工，体验生活。在校读书是一直飘在空中的。只有融入生活，躬身实践，才算着陆。以体验生活、积累经验、积攒履历为主要目的；当然，有一定的收入也是两全其美的事啊！

8. 写点儿东西。梳理18岁的人生，梳理高中生活，梳理高三这激情燃烧的岁月；这时，你会产生不吐不快之感啊！

9. 做公益。做个志愿者，或去支教。走到生活的深处，奉献自己。

10. 录取结束后，去旅游。赏美丽山川，看风土人情。开阔视野，洗涤心灵。

11. 读书。读自己一直要读但没空读的书。下面的书目仅作参考：

《杨振宁传》《曼德拉传》《上学记》《相约星期二》《我的哈佛日记》《皮囊》《肆无忌惮》《第三帝国的兴亡》《顾准日记》。

亲爱的孩子们，无论在哪里，无论年龄大小，无论遇见了什么，让我们向上、向善、向美、向智慧生长——向着光生长。成长无止境，老班会和大家一起继续成长。让我们都活成自己想要的模样！

亲爱的孩子，当最后一场考试结束，你长舒一口气走出考场，你能施加给高考分数的作用已经完毕。你尽了自己最大的努力，老班就是你努力的见证者。剩下的交给阅卷老师，交给好运气！

老班祈祷，让好运一直伴你左右，绕你前后！

祝夏安！

王老师

2018年6月10日于家中

4 再送一程——跟同学们谈大学生活

尊敬的家长：

以下是我写给孩子们的，请代为转达：

恭喜你！从收到录取通知书的那一刻起，同学们有了一个新的身份：大学生。

在脑海里憧憬了无数次的画面就要变成现实：9月前后，在父母身边生活了18年的那些孩子，就要奔赴全国各地、行走在大学校园里了。岁月无痕，却使亲人一边是成长，一边是老去。

亲爱的同学们，一如3年前的从初中到高中，这一次的从高中到大学也是一次蜕变。过去，是生活在父母的羽翼下；现在，你要独自面对风雨和纷繁的世界了。

祝福的同时，还有些嘱咐。老班再送一程，谢谢你的倾听。

（一）做好大学规划

卡耐基说过："不为明天做准备的人永远不会有未来。"大学4年看似漫长，一切似乎都可以慢慢来，但当你也要离开大学校园时，发现4年也不过是弹指一挥间的事，很多的愿望还未实现，很多的计划只在纸上。 所以，刚入大学要好好做个规划：你为什么来到这所大学？你想要的东西是什么？你怎么实现自己的目标？当然，你踏进大学校门之后，会发现实际的情况与你的想象有出入，甚至出入很大。大一上学期是你的观察、思考、调整期。大一期末时，希望你的思路更清晰，计划可操作性更强。

有时，规划的力量大于勤奋的力量！

（二）把握大学重心

高中是重心在后，如果高一、高二没有把握好，高三猛拼还可迎头赶上。大学重心在前，大一到大三如果荒废，大四已经难以挽回。大四是实习、写论文、考研、找工作，事情开始呈现结果。所以，同学们，建议找找学长，早做了解，早点规划，早点起步。把握大学重心，争取赢在前3年。

（三）永远聚焦发展

敢于追求最好的，敢于向更好的敲门。知晓你这专业里本校最好的专家，并找机会接近他。一切皆有可能。完善自己的价值观。这个价值观将陪伴你一辈子，成功和幸福与否，主观方面都取决于它。

（四）尽早考出四六级英语

相关专业的同学可以考虑考取注册会计师、法律职业资格证、医师资格证、教师资格证等。要把硬件拿到手。需要的时候，要有拿得出手的东西。当然，无论你学的什么专业，都要尽早考出四六级英语。

（五）尽早明晰毕业后的路径

如果工作，要看招聘所需的条件。心中有数，才能有备而来。

如果读研，要了解你的学校和专业上一年是何种情况。

无论是工作还是考研，尤其后者，需要好看的成绩。这是最起码的硬件条件。所以，大学不要荒废学业。专业将是你安身立命的看家本领。

（六）可以谈一场恋爱了

同学们，高中3年，老师唯恐你们谈恋爱，因为情感的事情不好把控，也因为你们年龄尚小，担心你们会因小失大，断送前途。师长经常是逢会必谈，一旦发现就围追堵截。其实，异性交往是人生的一门必修课，恋爱婚姻也是人生的主题之一。到了大学，你们的心智更加成熟，对恋爱的认识也会趋于理性，去谈一场恋爱吧。不过，一定是抱着严肃的与异性交往的态度去交往，互相尊重，互相促进。

亲爱的你，从6月8日高考完毕，我就目送大家的背影渐行渐远。你们是壶口瀑布激情澎湃的黄河水，在青春的河床里碰撞、动荡、奔突，朝着未来之海，一路向前。人生的画卷将依次展开，各自呈现。

有一个人，在未来的岁月里，无论你在哪里，都会悄悄地关注着你！

祝亲爱的同学们大学快乐，心想事成！

王老师

2018年8月20日于家中

5　大谢

尊敬的家长、亲爱的同学们：

谢谢来自朋友、家长、学生，来自天南海北的节日问候。（大家的问候我不再一一回复，谢谢！）一声声问候，使我在秋凉渐起的清晨感到温暖！

而今天我最想说的是谢谢你们，我的原35班、后33班的家长和学生。我是如此幸运，在班主任生涯的最后阶段，遇见了你们。这场相遇，使我的职业状态饱满而圆满。

当我和我的班级融为一体的时候，再苦再累再艰难，我从没有生出一丝后悔，萌生半点退意。这个集体所呈现出的精神面貌，每一个孩子所表现出的蓬勃和上进，正是我理想中的班级境界。我寻找了几十年，原来它在这儿等着我。这让我感到，上天是如此眷顾我，精心挑选了学生送给我。

到了高二，我们11名同学被选到实验班，班级实力大大亏空。我为输送走的同学高兴，而且这也是我的初衷：把每个孩子托举到高处。我一直无所保留，因为我要让我半生积淀下来的教育理念产生最大的能量，"去功利化"地实施我的教育，不带任何功利和个人目的。同时，我暗下决心：33班重新崛起无退路，33班重新崛起无悬念。刀山火海也得去闯，因为我面对的是"人"，是年少的孩子，是家家户户的希望。

谢谢各位成全了我！谢谢你们的理解、包容、支持、厚爱！

谢谢各位尊敬的家长！

谢谢你们把优秀的孩子送到我的班上！

谢谢你们对班级不遗余力的帮助，麻烦到您的时候，总是痛快答应！

谢谢你们在教育方式和理念上跟我的完美配合！

谢谢你们对实验的支持和赞赏！

谢谢你们自身的高修养、高素质给我的启迪！

亲爱的孩子们，尤其要感谢你们！

当我敲着这些文字、你们生动的面庞浮现在眼前的时候，我的心变得柔软。

世界上还有比跟容貌、心灵同样俊美的一群少年同行3年更幸福的事吗？

你们好好长大是我最大的心愿，而且这个心愿已经实现。

曾记否，高一下学期的体育节上，拔河比赛中震天的呐喊、勒红的手掌和班级恢宏的气场？

曾记否，高二上学期，全班同学乘着大巴，在扬扬飞雪里，参加阳光体育节太极拳比赛的场景？

曾记否，高二下学期的科技节中，群情振奋，为雪前耻，各个项目的同学深夜的不眠？

曾记否，高三上学期最后一次运动会，我说安全平安就好，你们却力挫群雄，获得了级部第一的场景？

曾记否，毕业典礼上，炽热的太阳下你们庄严的神情和对母校最后的凝望？

谢谢你，谢谢每次规范履行请假手续的你，你做事妥帖，善于沟通；

谢谢你，谢谢有错必改、一心向善的你；

谢谢你，谢谢遇事爱动脑筋、总是有金点子的你；

谢谢你，谢谢班级事务总走在前头、恪尽职守的你；

谢谢你，谢谢为了班级卫生付出良多、经常挨批的你；

谢谢你，谢谢把每日的课程工整地书写在黑板右侧、一写就是3年的你；

谢谢你，谢谢把每天的值日班长的名字书写在黑板右上角的你；

谢谢你，谢谢班级两操不好就忧心如焚的你；

谢谢你，谢谢把宣传工作总是做得精准到位的你；

谢谢你，谢谢为把宿舍搞好做出贡献也受过委屈的你；

谢谢你，谢谢在运动会上风驰电掣、风采无限的你；

谢谢你，谢谢在跳高杆前一跃而过、滑出优美弧线的你；

谢谢你，谢谢跑了3年老师办公室而勤勉不辍的你；

谢谢你，谢谢课堂上敢于质疑、大胆发言的你；

谢谢你，谢谢分享了学习方法和笔记的你；

谢谢你，谢谢处于劣势却绝地求生、永不服输的你；

谢谢你，谢谢敢于直言、正能量无限的你；

谢谢你，谢谢不求有闻、做了不为人知的大量好事的你；

谢谢你，谢谢精通电脑、手到病除的你；

谢谢你，谢谢给同学买蛋糕过生日当管家的你；

谢谢你……

我们共同的记忆是带着声响和颜色的，是带着眼泪和笑窝的，是独属于我们、别人无法参与的。

谢谢你们创造了独一无二的教育景致！

谢谢你们给我的厚重的职业幸福感！

恭祝大家开心快乐，平安相伴！

愿我们的情谊永远芬芳，历久愈醇！

王老师

2018年9月10日于东园

第二章　家校联系的梳理和思考

在班级工作中，我把家长定义为"合作伙伴"，同时又敬为尊贵的客人。一树成林的参天大树，占地半亩，树冠巍峨，枝叶婆娑，景观独特而优美——几乎全部的秘诀都在地面以下的根系里。一个优秀的班集体正像这棵大树，很多不为人知的工作几乎都在背后完成，其中一项重要的加持就是广大家长。

20世纪80年代末，我大学甫一毕业，就边教学边做班主任。从伊始的家长都比我年长，到人到中年时的年龄相当，到现在我比家长普遍的年长，结识了50后、60后、70后甚至极个别的80后的家长。他们由于个人成长经历和时代背景的差异，性格和精神面貌同中有异，他们之间的差异程度超过了学生之间的差异程度。我是在为国家培养人才，在为社会培养优秀的公民，其实首先是为每个家庭培养未来和希望，班级的优劣首先牵扯到的是每个家庭。家长代表外部力量对班级管理和育人规格进行监督，同时，班主任又要把家长纳入班级管理中来。但是，无论什么时候都要清醒地认识到，班主任本人才是班级管理的CEO，是第一责任人。家长有参与班级管理的热情和愿望，不代表他们有这方面的专业能力。家长的参与要遵守"有限性原则"。

在新时代背景下，人们的精神世界不断进行着重构和调整。家长对学校和教育的审视、要求也有时代特点。比如，更注重公平性，更尊重孩子的个性特点，更注重孩子的心理健康，更注重孩子个人利益的维护，更看重孩子的当下成绩，等等。班主任要给家长定好位，了解当代家长的特点，建立有效的家校联系，打造稳固的价值观共同体，为每个孩子的成长提供良好的大环境。

第一节　家校联系恪守的原则

一　真诚性原则

这是跟家长沟通的第一原则。真，为本真；诚，为不欺。不伪饰，不造作，不欺瞒；且出发点是学生"成长"。跟家长交流，诚意为先，而不是为了交流而交流，为了告知而沟通。所以，真诚首先是动机的纯粹。动机纯粹，说出的话语、选用的词汇、说话的语气和腔调，就会给对方舒服的感觉，从而易于对方倾听和接受。无论什么样的话题和内容，班主任的真诚会营造和缓、安详的气氛，有利于事情朝着理想的方向发展。

恪守真诚这一原则，换来的是真诚和信任。只有当双方在交往中形成这样的氛围，开诚布公，推心置腹，才能保证家校沟通的渠道畅通无阻。当然，真诚不是知无不言言无不尽，而是态度的真诚，是谦敬地待人接物的表现。

二　适度性原则

所谓适度性原则，就是班主任与家长交流的频率适当以及交往分寸的适度。

高中生处于15—18岁之间，生活大多能自理，学习习惯比较成熟，是非观念基本形成，处理内部冲突和外部冲突的能力明显提高，思考和调整的能力也大大优于其他学段。另外，他们处于青春期，喜欢挣脱，勇于向外向前，下意识地叛逆，父母对他们的影响力越来越小，对他们的管束力也越来越小。他们甚至开始回头审视父母，反思出身和家庭，反思父母的价值观和处事方式。

基于这种特定情形，班主任跟家长的联系、交流更要遵循适度原则。能跟学生谈话解决的，不找家长；班主任能自己解决的，不找家长；预感找了无效的，不找家长；找了有可能激化矛盾的，不找家长——尽可能少地叨扰家长。高中学生最反感的可能就是动不动就"请你家长来"。

其次，就是交往中的分寸问题，哪些话该说，哪些话不该说；哪些事情该让家长知道，哪些事情不该让家长知道；哪些说了有益，哪些会起相反的作用，班主任都要做到准确无误，"真理往前多走一步就是谬误"，一语不慎，就可能再起争端。例如，班上两个学生早恋。女生的父母按常规表现出强烈的反对。男生的父母尤其是母亲却积极撮合，买吃买喝，车接车送，表现让人惊讶。跟我的沟通中，双方家长对彼此都很不满。男生家长流露出的意思我一下子就明白了：积极支持就是看中了女孩学习好，只要儿子成绩搞上去就行，不在乎给对方带来什么影响。这样自私的理由，我听了十分震惊。那么，我在跟女孩家长的交流中，得做到守口如瓶，不能透露分毫，而且永远不能说。否则，后果难以想象。——好在，事情的结局非常理想。

三　引领性原则

班主任由于角色的原因，会自然而然受到家长的尊重。换言之，班主任有一定的裁夺权，所以家长敬你三分。正因如此，班主任更应该与家长有平等意识，礼貌、礼节必须到位，而不能高高在上、颐指气使。有了平等和尊重，我们才能保持理性，说话多几分思量、斟酌，而不是口无遮拦，甚至指责家长。

但同时，班主任是教育的专业人士，有责任有义务也必须有能力给予家长专业指导。告知家长哪些方法可能行之有效，家长需要做出怎样的调整和改变，怎样与青春期的儿女交流。启发家长反省自己的思维方式、言行习惯，依照教育规律与孩子相处。比如，大部分家长对孩子的关注点只在成绩，甚至有家长发出"成绩不好，品行好有什么用"的感叹。强烈的功利化色彩、急于求成、不遵循教育规律是家长对待孩子的最大误区。要让家长认识到，人格健全、身心健康永远是第一位的。"由于对于父母的主要教育责任在于促进子女的全面发展的意识淡薄、认识不足，因此子女们的诸多方面品质的发展与提高，得不到家长们应有的关注。如子女的劳动能力、动手能力、创造能力、交往能力、活泼开朗的性格、良好品德等素质的发展，以及能促进身心健康的多种生活经历的创设，往往都不曾被父母列入他们的职责任务范围内，还常在升学、学习压力下遭到不应有的戕害[①]。"

四　理性原则

理性，就是班主任在与家长交往时尽量减少情绪化的东西，保持专业高度，逻辑清晰，表述到位，态度平和，交流沟通总是倾向于解决问题，或至少要让事情朝着有利的方向发展。理性原则还包括"保持距离"，就是班主任与家长之间在关系上有一定的距离感，从交往频率、交谈内容、说话腔调上适当刻意保持，不可陷入随意的泥沼。只有做到上述两点，与家长的沟通才可能是持久的、成长性的、有利于班级发展的。

---

① 鲁洁：《超越与创新》，人民教育出版社，2001年10月版，P355。

我下面跟同行和家长交流一下"关照"的危害。

一是，教育有自身规律，孩子成长有自身规律。外部干预过多，会破坏规律，打破平衡，使本来顺利的成长出现弯路。比如，某家长与班主任交往过密，班主任已经不好意思拒绝学生上操时请假，导致该生整个高三没有上操，并以此为荣。只有懂得教育规律的人，才洞察到如此做法对这个孩子的纪律性、意志力、集体荣誉感、身体健康造成了多大的损失。

二是，有时关照是"溺爱"，缺失了严格要求对孩子的成长非常不利。比如，个别家长跟班主任关系十分亲近，家长提出各种要求，当班长、换位、找各科老师辅导……所有好处一个不落。结果怎样呢？各科老师走马灯似的给学生补课，完全不考虑孩子的感受和学习实情；学生有了特权意识，不符合心意，就急躁抱怨。这些都导致孩子缺乏自制力，高考失利，到了大学也不会规划。家长只看取世俗利益和当下利益，孩子该成长的时候，被剥夺了自我探索的权利和机会，弊大于利。家长应该知道，在自然环境中自我成长才是最宝贵的。

三是，对其他学生造成心理不适感。学生的感觉是敏锐的。有差别地对待，会造成学生心理不平衡，甚至是反感和逆反，对班级工作极为不利。"平等权"是人与生俱来的权利，人生而平等。被平等对待，就能获得尊严感。社会和时代提倡平等，这个词已经被庄严地写入社会主义核心价值观。学校应该是最尊重人、最讲平等的地方。

五　一视同仁原则

调查问卷显示，最受学生欢迎的班主任的第一个特点就是"一视同仁"。而相反，最不受欢迎的班主任的第一个缺点是不能做到一视同仁。青少年要求平等权，最喜欢被平等待之。学生可以接受批评甚至误解，最受不了的是歧视。其实，"高看一眼"以至于让他与别人不同，学生本人也并不欢迎。旧的教育观念习惯于把学生分三六九等，习惯用二分法把学生分成"好学生、坏学生""学习好的、学习差的""纪律好的、纪律差的""好管的、不好管的""听话的、不听话的""家长配合的、家长不配合的"等五花八门。

由学生投射到家长，对家长做不到一视同仁。

家长有各自的性格特点、职业身份。一视同仁是班主任的做人要求，也是职业要求。班主任作为班级的领航者，应该有很高的职业修养。不可以地位、文化水平、家庭状况、学生表现为参考标准，从而对家长有差别地对待。对每一位家长都应充满尊重。从内在到外在，都视对方为一个可贵的存在。

第二节　家校联系的注意事项

（一）充分备课，事预则立

除非是突发事件，一般情况下班主任跟家长沟通，事先要做好充分的准备。沟通的目的是什么，预设的结果是什么，怎样才能达成目标；家长是什么风格的，什么职业的；你怎么说话，分成几条，甚至可以在纸上列个纲目；可能遇见的问题是什么，该怎么答复；沟通的问题属于哪一类，是开门见山的，还是迂回委婉；等等。不能只有一个想法，需要跟家长沟通了，抓起电话就说。

珍惜跟家长沟通的机会。这倒不是说，跟家长沟通的机会多么不容易，而是要提高沟通效率。因为，就一个问题来说，能一次解决别用两次，翻来覆去地沟通无益于问题的处理，反而让家长对班主任产生不信任感。电话不是打着玩儿的，是做事的。

二　围绕成长，给人希望

即使是以惩罚处分为主要交流目的的沟通，最终都要指明方向，以及这样处理对孩子成人的好处。表扬肯定为主，批评否定为辅。曾经有业外人士跟我说："表扬不就是说谎？避开缺点不谈，单说好听的假话！"这样看问题是偏颇的。表扬代表一个教师看问题的习惯和角度，代表一个教师发现优点的能力，代表他对孩子当下的肯定和对未来的期待。尤其是对那些看起来浑身是缺点、不讨喜的麻烦制造者，一个老师能总是从积极的方面看待他，才能让他有向好向善的可能。这时候，表扬就代表着一个老师的悲悯和胸怀。

批评、严厉的批评甚至是惩罚都是教育应该有的方式方法。在跟家长交流时，学生该批评的地方也要直言不讳，当批则批才是负责任的表现。但是口吻、措辞都要注意。不要让不恰当的教育形式破坏掉良好的教育动机。教师也不能误认为对方是自己的学生就疾言厉色、没有恰当的距离感。从身份上来讲，学生是晚辈；但从工作上来讲，学生只是工作对象。

三　尊重个体，灵活变通

前文说过，家长之间的差异，比学生之间的差异更大。虽然他们同为父母、年龄相仿，但因为出身、职业、文化程度、个人修养、气质秉性的不同，并且经过四五十年的强化，他们个体特征迥异，每个人都独具特色。有的家长看问题比较理性，有全局意识，有长远目光，跟老师交流比较容易达成共识，有时还能提出合理化的建议；有的家长只关心自己孩子的得失，提出一些不合理的要求，得不到满足就表现出强烈的情绪；有的家长怕打扰到老师，打电话总是事先询问找合适的时间；有的家长不分早晚，自己需要时就打；有的家长很有耐心，有的家长脾气暴躁；有的家长说话直接，有的家长非常委婉；有的家长很坦率，有的家长很"护短"；有的家长语言表达很通俗，有的家长却很官方；有的家长关心孩子的全面健康，有的家长迫切地只要成绩；有的家长只看到孩子的缺点，有的家长把孩子夸上天；有专职妈妈"无中生有"，频繁交流的，也有忙于生意对孩子不管不顾的；等等。

班主任要能跟任何类型的家长打得了交道，并在尊重的基础上，根据家长的特点，适当调整自己，不同的家长用不同的交流方式，达到教育孩子的最终目的。

对脾气暴躁的家长，切忌孩子、家长、老师同时在场。我见过在办公室里就对自己的孩子动手的家长。

对待只认成绩的家长，要引导他正确认识如何才是真正爱孩子，我们最终要培养什么样的孩子。可以举出实例给他的教育观点纠偏。

对"护犊子"的家长，一是耐心摆事实，二是告知他"护短"实际是害孩子，浑身是缺点的孩子在团队中生活得很孤立很不幸福。

对文化水平不高的家长，交流的语言要浅显易懂。这部分家长对一些网上操作很头疼，要想方设法帮他们完成任务。

对打电话不分时候的家长，你可以明确告知方便打电话的时间。

"尊重"和"变通"是总的原则和方法。

四　指导家长，学会让步

曾经有个家长，跟孩子起了严重冲突，母女俩打架打到街上，手机扔到绿化带里；曾经还有个家长，性格强势，跟高三谈恋爱的儿子针锋相对，寸步不让。有时候，我想，为什么家长反而像个小孩子，那么任性而自己浑然不觉？想让孩子学习也好，停止早恋或不玩游戏也好，激烈地对抗都不应是一种好的选择。

孩子的成长是"刷几下，停一下"。成长阶段允许孩子停滞和反复。"孩子需要3年的时间成熟，才能够表现得稳定一致。但是到了那时，青少年和父母都已经因他们之间的争斗而遍体鳞伤。"①

班主任跟家长交流时，一定要引导家长，作为成年人，应该站得更高，应该驾驭事情的发展，不能让它失控。跟孩子在一个水平上，互不退让，不但于事无补，还会造成难以预料的后果。处在青春期的孩子，最不怕的就是家长，最想挑衅的就是家长。班主任要指导家长，不要跟孩子硬碰硬。要忍一忍，让一让，等时机合适，再去做工作。"直到我们停止给他忠告和批评他的思想和行动时，他才对我们敞开心扉。"②"青少年的倔强无可匹敌，他们顽固地站在与我们对立的位置，连犟牛都自叹不如。"③除非你向前跨一步，然后再转身跟他们站在同一方向。

做家长的要理解青春期的孩子，接纳他们并适当规范他们，尊重他们，保持距离。"少年渴望被注意，又害怕被注意，他们说：'看看我，看看我，但不要离得太近！'"④

（五）　棘手问题，依法依规

对班级管理中的棘手问题，班主任要依法处理。要强化自身依法执教的意识，提高依法执教的能力，绝不能有违反国家法规和教育法规的教

---

① ［美］珍妮·艾里姆、唐·艾里姆：《养育青春少年》，石邵华，赵端端译，北京出版社，2002年8月版，P73。

② ［美］珍妮·艾里姆、唐·艾里姆：《养育青春少年》，石邵华，赵端端译，北京出版社，2002年8月版，P75。

③ ［美］珍妮·艾里姆、唐·艾里姆：《养育青春少年》，石邵华，赵端端译，北京出版社，2002年8月版，P77。

④ ［美］珍妮·艾里姆、唐·艾里姆：《养育青春少年》，石邵华，赵端端译，北京出版社，2002年8月版，P45。

育管理行为。班级中出现一些常规教育手法解决不了的问题，不必一味退让，也不必恐慌，可以通过法律途径解决。有这样一个案例，两位男生在排队买饭时发生口角，导致肢体冲突，其中一位眼睛受伤，最终医疗费高达三十余万元，学校和班级多次调解未果。双方家长最终对簿公堂，通过法院彻底解决。还有一个案例，一位学生下楼梯时，右脚不慎扭伤，伤情较重。家长无理取闹，认为学校楼梯设计有问题，才导致学生受伤，责任在学校。且借机提出过分要求，并对班主任反复纠缠甚至恫吓。学校和班级在进行了有诚意有耐心的协商后，仍然难以满足家长的要求，最后仍然走的法律程序。班主任（当然要会同学校）在此类大事上原则性要强，处理要有理有据，依法依规。

第三节　舞好双刃剑——家长群的正确使用方式

一　确保内容精选，观点正确

家长群该发什么？

这个问题简单得很。就类似于，一个老师开口讲话，要说什么。说话内容要符合身份、场合等具体情境。一个人的修养到了一定程度，他总会知道面对实际情形，该如何表达。一个教师历练到一定高度，他总会适时适度地跟家长、学生交流。一个成熟的班主任就应该知道在家长群该发什么。

同时，这个问题又复杂得很。众所周知，经常有不良的家长群事件见诸媒体，当事人各持己见，旁观者众说纷纭，造成沸沸扬扬的舆论事件，对班级和孩子的成长都极为不利。观者不知事情的来龙去脉，凭表象不敢妄下结论。究其原因，可能种种。但有一点应是主要的：班主任或家长可能发布了容易引发矛盾的内容。

作为班主任，我不发关于学生具体学习成绩的，也从不发学生的作业照片。很少点名表扬，当然更少或基本没有点名批评——不发任何容易引起失衡、攀比、攻击和猜疑的内容。个体的问题私下单独解决。我发的主要是学校和班级的重要通知，但更多的是找准节点，围绕"学会做人、学会做事、学会学习"的管理宗旨，分享我的教育理念。我用原创文章谈如何培养孩子、如何与孩子交流、如何看待成绩、如何调整自我做高水平家长。同时，我发送孩子的行为习惯如何养成、如何与同学相处、班级令人鼓舞的风气和亟须改正的地方等内容。

同时，要提醒家长，家长群的唯一宗旨是"助力孩子的成长"。凡是违背这一宗旨的内容，一律不能推送；凡是违背这一宗旨的话语，一律不能发出。

二　确保态度慎重，反复推敲

一个班主任对孩子、对班级、对家长要常存敬畏之心。不可敷衍了事，不可简单粗暴。要用自己的真诚、勤勉、专业素养赢得家长的信任。同时，这种信任也是建立在班主任一贯的优秀表现上的。这个"一贯的优秀表现"就是班主任每次说话做事、处理问题都体现出恒定的职业素养，让家长信赖并充满安全感。

家长群是班主任的工作阵地之一，维护好家长群是班主任工作内容的一部分。所以也要慎重待之。

哪些宜说，哪些不宜说。宜说的怎么说——语言文字容易发生歧义现象，因为不是面对面，班主任不能及时跟进和解释，容易产生误会。其次，家长群人员虽不是很多，群成员也很单纯，但它仍属于公共空间，不宜说的坚决不能乱写。

2015级33班从高一到高三期间我共发了56篇原创文章。在写作的时候，我经常换位思考，如果我是家长的话怎么理解、能不能接受，这些措辞和表达方式是否恰当。在发送之前，反复推敲，有时会让同事帮忙看一遍，读后很舒适，才点击"发送"二字。在我的积极引导和影响下，我班的家长群成为一个和谐、互助、充满诚意和善意的所在。

三 确保频率适中，繁简得当

我先从请家长面谈的仪式感说起。高中老师切忌动辄就告知家长，请家长。高中已经不是划片招生，学生大部分并不住在附近，有的甚至很远，倒几次公交车，来回需要四五个小时，家长来一趟十分不容易。再者，家长都有自己的生计忙碌，如果能替他们着想，我们就会更加主动积极地处理问题，免于家长的辛苦奔波。一旦动用了家长，事情就不是小事情；一旦动用了家长，这事就没有退路。所以，请家长是最后一道防线。我认为，不到万不得已，尽量不要请家长。因为不请或少请，请家长才有一种仪式感，学生才能意识到问题的严重性。

上面所说的似乎与家长群的发文没什么关系，其实不然。发文也是叨扰家长。不择大小，不断推送；或心情迫切，密集推送。这些不但打扰家长，也不会有什么效果。并且，这种推送类似碎碎念，没有郑重感，没有仪式感，家长不反感已算好事，更别提什么沟通效果了。当然，过犹不及，次数过少，达不到渗透和引导的效果，家长群就形同虚设，同样令人遗憾。

所以，交流要保持力度，保证频率适中。班主任不能心急或懒散。要保持交流的常态化。我几乎每两周要写一篇推文。家长看后容易消化和吸收。很多家长都跟我说，他们在我的文章里学到了很多东西，教育孩子的耐心和方法都发生了明显变化。

（四）确保以指导表扬为主，批评督促为辅

一个家长曾经写道："每次家长会，王老师都是表扬、鼓励同学，肯定家长的配合。通过私下交流得知，王老师都是和家长单独交流孩子的问题，商讨解决的办法，她从不在家长会上进行批评。"

我在家长群里，也是这样做的。褒奖和指导方面的占九成，批评督促的占一成。我一直恪守"好孩子是鼓励出来的"的教育原则，坚持鼓励和指导为主，批评为辅。在家长群里，我也一以贯之，严控尺度，不到不得已一般不使用批评督促的方式。

其次，如果需要批评或表扬，也是针对现象，不针对人。班主任要有很高的教育境界，自己的言行、文章、开展的班级活动要传导出一个理念：培养健康、和谐、高尚的人。那么，在家长群所做的交流，也要秉承一个底线：面向全体的引导，向高处的引导。高中生与其他学段的学生已经不同，不是一两句表扬、一个点名就能对他们产生很大作用的。班主任倾向鲜明的表扬或批评往往不自觉地带有偏向和歧视色彩，表现出不容人的狭隘胸襟。所以，在群里要用自己的理念大力宣扬和引导，以使之深入人心，从而引导家长跟班级产生共振，形成合力。

（五）确保均为原创，见字如晤

自媒体时代，教育文章铺天盖地，朋友圈的佳作也应接不暇。如果只是转发再转发，家长凭什么到群里看你的链接？别人的文章再好，不一定都适合我的班级需要。我动一动手指，搬运别人的文章，省心是省心；可是我的管理理念如何准确地传达给家长？我的班级风貌怎样让家长领略？我的班级问题如何让家长知晓？那完全是隔靴搔痒！

我发挥自己的语文专业优势，需要写，能写，能写好，我的QQ群近七万字的发文极大促进了家校联系和相互的理解信任。家长看群里我原创的文章，就像我们面对面讨论孩子的班级和孩子的问题，见字如晤。我还自创了一种文体，用诗的语言、散文的语言下通知，跟家长通信交流。

比如：

3月的通信：

亲爱的各位家长：

您好！

时光毫不客气，以"轻舟已过万重山"的轻盈姿态飞过四周。春雪似在昨日，新绿已染枝头。祝福您，春天好！我们的孩子也像一株好乔木，在四季的循环里增加着自己心智的年轮，知识的年轮。转眼间，我们就来到了高二下学期。

4月的通信：

亲爱的各位家长：

春天用一树一树的花开表达自己重回大地的欣喜。祝您在骀荡的春风里每天都有愉快的心情。

35班的孩子们就像一片春阳暖照的小树林，每天都在生长着。他们给人惊喜，也犯出一茬一茬的小毛病。

9月的通信：

尊敬的各位家长、亲爱的同学们：

天地之间，季节轮转。逝去的是时光，不老的是梦想，追梦高二季马上来临，新的学年准时到达。我们的孩子又齐聚在9月的门槛，准备起跑。

9月的美好一点儿也不逊于阳春三月。阳光干净明媚，万物沉静可人。我们持续地享用着可爱的"济南蓝""郭店蓝"（山东省实验中学东校区位于济南东部的郭店镇）。愿这美好继续。

元旦的通信：

亲爱的诸位家长：

您好！

我们就要和2016年说再见了。每一次日升日落，每一个晨昏交替，每一轮月圆月缺，每一春花开花落，都是大自然对时间的形象演绎。我们游弋在时间的河流里，努力让每一个日子都变得有意义。

在您的陪伴下，我们的班级举着"33"大旗浩荡前行。班级不断遇到新的挑战，也不断获得新的成长。在这里，我与大家分享我改编的纳兰性德的《长相思·山一程》，来对2016挥手道别：

山一程，水一程，身向梦想那畔行，夜深千帐灯。

风一更，雪一更，聒向行者心笃诚，欣然共前行。

作为班主任兼语文教师，我就这样跟家长通了3年信，我们之间形成了美好而平和的氛围，我的班级也在这样的氛围中成长。

教育从来不是一件孤立的事情，班级成长从来不只是学校的事情。家长是教育和班级管理中的铁三角（学校、家庭、社会）中的"铁一角"，同时家长也有参与班级管理和学校教育的热切愿望，每个家长都是来帮你的。热诚吸纳，尊重规律，积极配合，为每个家庭培养优秀的儿女，为学校培养优秀的学生，为社会培养优秀的公民。

附录1

调查表

一 班级管理调查表[①]

亲爱的同学：

您好！非常感谢您在百忙之中协助我们完成此次问卷调查。本问卷只做学术研究之用，问卷以不记名的方式进行，回答无对错之分，个人资料不会对外公布，您可放心作答，您回答的真实性对于我们研究的准确性十分重要。请务必完成每一个题目。

1. 对我来说，成为班级的一分子很重要。　　　　　　　是　否

2. 我感到我和这个班级紧密相连。　　　　　　　　　　是　否

3. 我认同这个班级。　　　　　　　　　　　　　　　　是　否

4. 我关心这个班级。　　　　　　　　　　　　　　　　是　否

5. 在这个班级，我很有安全感。　　　　　　　　　　　是　否

6. 我积极参加班级活动。　　　　　　　　　　　　　　是　否

7. 我在班级的表现总是令人满意的。　　　　　　　　　是　否

8. 我在班级里努力做到最好。　　　　　　　　　　　　是　否

9. 除了室友外，我经常与班里的其他同学交流。　　　　是　否

10. 我觉得班级的学习氛围很浓厚。　　　　　　　　　是　否

---

① 资料来源：http://www.doc88.com/p-5925003613497.html，有修改。

班级是我们每个人都赖以学习、生活的场所。每个班级都有其不同的风格和特点，当然也有其独一无二的文化存在。请根据你的实际情况，来回答以下关于班级建设的问题，我们将根据你回答的问题来整理、分析现今班级管理建设中存在的问题。请仔细阅读以下各题，并在相应的选项上打"√"（单选）。

1. 你班有共同的班级目标、班训、班歌、班旗等内容吗？

　　A. 只有其一　　　　　　B. 有二到三个

　　C. 都有　　　　　　　　D. 都没有

2. 你认为教室里的卫生如何？

　　A. 每天都很清洁　　　　B. 每天较清洁

　　C. 偶尔比较脏　　　　　D. 值日生经常不到位，卫生较差

3. 你认为现在的班级纪律怎样？

　　A. 很好　　　　B. 较好　　　　C. 一般　　　　D. 差

4. 你认为现在的班级学习氛围如何？

　　A. 浓厚　　　　B. 较好　　　　C. 一般　　　　D. 差

5. 班级活动开展情况：

　　A. 经常开展，生动活泼，全班同学积极性特别高。

　　B. 每学期要搞几次全班活动，大部分同学积极性很高。

　　C. 每学期搞一两次活动，只有干部或少数同学参加。

　　D. 基本上没有搞活动，同学也不愿参加。

6. 同学的学习、生活和劳动情况：

　　A. 事事有人管，样样有人干，干什么都井井有条。

　　B. 事事有人管，大部分人做得好，少数人不愿意做。

　　C. 学习、卫生有人管，其他比较乱。

　　D. 黑板经常无人擦，教室无人打扫或只有几个干部做。

7. 你认为班级同学在本学期中思想品德总体情况:

　　A. 有较大进步　　　　　B. 稍有进步

　　C. 没有进步　　　　　　D. 退步

8. 本班在上课及集体活动中有迟到早退现象吗?

　　A. 经常有,不限于某个同学

　　B. 仅限于某些个别同学

　　C. 偶尔有,但是不多

　　D. 没有此现象

9. 班干部是由同学们推选的还是班主任指定的?

　　A. 我们推选　　　　　　B. 老师定候选人我们投票

　　C. 老师指定　　　　　　D. 同学自荐

10. 你认为班级同学之间的关系怎样?

　　A. 大部分同学之间都很融洽,有个别同学不合群,但并不影响整个班级。

　　B. 班级同学都有各自的小团体,但在班级有事的时候,大家都能同心协力。

　　C. 不太好,很多同学都在忙自己的事,对其他人不是太关心。

　　D. 各自形成小团体,对班级事务漠不关心。

二 中学生人际关系测量[①]

同学们好!

请仔细阅读下面的每一道题,根据自己的第一反应回答,在做题过程中不要漏题,同时在同一题上不要迟疑不决,拖延时间,每一题只能从

―――――――――――

① 资料来源: https://u.sanwen.net/subject/tdgdlqqf.html,有修改。

（A是、B否）中选择一个答案。有些题目你可能从未思考过，或者感到不太容易回答。对于这样的题目，同样要求你做出一种倾向性的选择。

1. 平时是否关心自己的人缘？   A. 是   B. 否

2. 食堂里你一般都是独自吃饭吗？   A. 是   B. 否

3. 和一大群人在一起时，你是否会产生孤独感或失落感？ A. 是   B. 否

4. 你是否经常不经同意就使用他人的东西？   A. 是   B. 否

5. 当一件事没有做好，你是否会埋怨合作者？   A. 是   B. 否

6. 当你的朋友遇到困难时，你是否时常发现他们不打算来求助？

A. 是   B. 否

7. 假如朋友跟你开玩笑过了头，你会不会板起面孔，甚至反目？

A. 是   B. 否

8. 在公共场合，你有把鞋子脱掉的习惯吗？   A. 是   B. 否

9. 你认为在任何场合下都应该不隐瞒自己的观点吗？   A. 是   B. 否

10. 当你的同学或朋友取得进步或成功时你是否真的为他们感到高兴？

A. 是   B. 否

11. 你喜欢拿别人来开玩笑吗？   A. 是   B. 否

12. 和与自己兴趣爱好不相同的人相处在一起时，你也不会感到兴味索然、无话可谈吗？   A. 是   B. 否

13. 当你住在楼上时，你会往楼下倒水或丢纸屑吗？   A. 是   B. 否

14. 你经常指出别人的不足，要求他们去改进吗？   A. 是   B. 否

15. 当别人在融洽地交谈时，你会贸然地打断他们的话吗？

A. 是   B. 否

16. 你是否关心和谈论别人的私事？   A. 是   B. 否

17. 你善于和老年人谈他们关心的话题吗？   A. 是   B. 否

18. 你讲话时经常出现一些不文明的口头语吗？   A. 是   B. 否

19. 你是否会经常做出一些言而无信的事？　　　　A. 是　B. 否

20. 当有人与你交谈或对你讲解一些事情时，你是否时常觉得很难聚精会神地听下去？　　　　　　　　　　　　　A. 是　B. 否

21. 当你处在一个新的集体中时，你会觉得交新朋友是一件容易的事吗？　　　　　　　　　　　　　　　　A. 是　B. 否

22. 你是一个愿意慷慨地招待同伴的人吗？　　　A. 是　B. 否

23. 你向别人吐露自己的抱负、挫折以及个人的种种事情吗？

　　　　　　　　　　　　　　　　　　　　A. 是　B. 否

24. 告诉别人一件事时，你是否试图把事情的细节都交代得很清楚？

　　　　　　　　　　　　　　　　　　　　A. 是　B. 否

25. 遇到不顺心的事，你会精神沮丧、意志消沉，或者把气出在家人、朋友、同学身上吗？　　　　　A. 是　B. 否

26. 你是否经常不经思索就随便发表意见？　　　A. 是　B. 否

27. 你是否注意赴约前不吃葱、大蒜等有强烈气味的食物？

　　　　　　　　　　　　　　　　　　　　A. 是　B. 否

28. 你是否经常乱发牢骚？　　　　　　　　　　A. 是　B. 否

29. 在公共场合，你会很随便地喊别人的绰号吗？　A. 是　B. 否

30. 你关心报纸、电视等信息渠道中的社会新闻吗？　A. 是　B. 否

31. 当你发觉自己无意中做错了事或损害了别人的利益，你是否会很快地承认错误或道歉？　　　　　A. 是　B. 否

32. 有闲暇时，你是否喜欢跟别人聊天？　　　　A. 是　B. 否

33. 你跟别人约会时，是否经常让别人等你？　　A. 是　B. 否

34. 你是否有时会与别人谈论一些自己感兴趣而他们不感兴趣的话题？　　　　　　　　　　　　　　　　A. 是　B. 否

35. 你有逗乐儿童的方法吗？　　　　　　　　　A. 是　B. 否

36.你平时告诫自己不要说虚情假意的话吗?　　　　　　A.是　B.否

三 我心目中的优秀班主任调查问卷[①]

亲爱的同学:

这是一份无记名的调查问卷,请您回答以下问题,此问卷只是用于研究。这不是考试,请自己填写问卷,不要和任何人讨论,自主回答问题,我们确保资料严格保密。(在相应的项目下打"√")

1.你认为适合做班主任的性别是?

　　A.男　　　　　　　　　　B.女

2.你认为适合做班主任的年龄层是?

　　A.青年教师　　　　　　　B.中年教师

　　C.老年教师　　　　　　　D.无所谓

3.你认为班主任如何打扮才不失身份?

　　A.时尚前卫　　　　　　　B.严肃端庄

　　C.运动休闲　　　　　　　D.个性另类

4.你认为什么样的班主任更容易与你沟通?

　　A.善解人意　　　　　　　B.幽默风趣

　　C.严肃认真　　　　　　　D.善于分析和解决问题

5.你认为优秀的班主任像你的什么?

　　A.母亲(父亲)　　　　　　B.兄长(姐姐)

　　C.朋友　　　　　　　　　D.师长

6.你最讨厌班主任的哪种行为?

　　A.说话不文明　　　　　　B.动辄令同学课堂罚站

---

① 资料来源:https://www.wendangxiazai.com/b-da2242748e9951e79b892756.html,有修改。

C. 花半堂课讲大道理　　　　D. 处事不公正

7. 你认为一位优秀的班主任应该采取什么样的形式管理班级？

A. 学生自主管理　　　　　　B. 班主任自己一手抓

C. 与学生合作，共同管理　　D. 其他

8. 你觉得班主任持怎样的处事态度才好？

A. 处处争先，敢为第一　　　B. 不畏最先，耻于最后

C. 与世无争，做到问心无愧　D. 其他

9. 你认为班主任应具备哪些素质？

A. 较强的事业心和责任感　　B. 广博的知识

C. 高尚的道德品质，富有爱心　D. 其他

10. 你认为班主任在处理违反校纪的学生时应该采取哪种措施？

A. 立即告知家长

B. 和学生深入交谈，了解内因

C. 直指学生的错误，让学生写检讨

D. 其他

11. 你认为班主任更应该注重学生哪方面的教育？（可以多选）

A. 学习成绩　　　　　　　　　　B. 品德和行为规范

C. 实际工作能力　　　　　　　　D. 其他

12. 你对班主任联系家长有什么看法？

A. 很反感，因为老师总是告状

B. 不反感，老师与家长交流能更好地促进我成长

C. 不一定，关键看老师平时对学生的态度

13. 你认为班主任应该如何对待学生？（可多选）

A. 认真负责，一丝不苟

B. 公平公正，一视同仁

C. 说到做到，讲究诚信

D. 理解学生，关心学生，尊重学生

14. 你觉得现在班级管理的成效如何？

A. 很好　　　　　　　　　B. 较好

C. 一般　　　　　　　　　D. 很差

15. 如果班级管理不好，其原因主要在？

A. 班主任　　　　　　　　B. 学生

C. 两者皆有

附录2

班级管理制度精选

一 班规

（一）学习

1. 早自习时，除规定科目外不得学习其他科目，可按要求朗读、背诵，但禁止说笑；晚自习时，保持安静，不得相互交流。若有收作业、布置任务的同学，只能在每节自习的最后5分钟进行自己的工作（生日庆祝时可适当延长）。

2. 3分铃响后，在自己的座位上安静坐好，拿出相关资料进行复习或预习。上课时，认真听讲，积极回答问题，不顶撞老师，不扰乱课堂，不做与课堂无关的事情。要勇于提出自己的问题。严禁在课堂上吃东西。

3. 每天的作业保质保量完成并及时上交，不得抄袭他人的作业。

4. 大小测验不得交头接耳、互相抄袭。

（二）出勤

5. 早上7:00之前，下午13:50之前（秋冬季是13:40），晚上6:30之前到达教室。迟到者于批评栏点名批评，多次重犯者写检讨并向全班同学道歉。

6. 上课间操和参加集体活动时，按时到达指定集合地点，迅速站好队形，不得迟到、擅自缺勤或在队伍中交头接耳。口号响亮，步调整齐；哨声响后方可解散。参加报告活动时，按规定入座。

7. 上体育、音美等外堂课时，站好队后整齐地带到场地或教室。

8. 没有办理相关手续，严禁擅自离校、旷课或返回宿舍等。

9. 办理离校请假手续，需由家长向班主任电话或短信说明情况。

（三）卫生

10. 听从卫生委员的安排，值日小组每天认真值日，组长检查完毕并允许后方可离开。卫生清理不留死角，责任到人。晚22：00前要清扫完毕并熄灯离开教室。

11. 不得往地面乱扔杂物，破坏公物。

12. 周一的大扫除以AB两组的形式轮流负责，对班级的每个角落进行彻底的清理，同学之间互帮互助，尽快完成。

13. 禁止在教室吃饭。

（四）仪表

14. 周一至周五在校期间，统一穿着校服，团员佩戴团徽。衣着得体、整洁、朴素、大方，不得穿挂肩背心、拖鞋进教室。

15. 女生头发符合学校规定，不留奇特发型，不烫发、染发，不化妆。男生不留长发，女生不披肩散发，面容整洁，注重个人卫生。

（五）安全

16. 宿舍内注意用电安全。不私拉乱接电线，不拆各种公共电器。

17. 不携带各种利器、管制刀具和易燃物品到校。

18. 为了安全，不得攀爬、斜倚窗子或栏杆等。

亲爱的35班同学，班级兴亡，你我有责。让我们着眼未来，着手当下，严格自律，勤奋上进，勇敢活泼，富有创意。不负家长、学校和社会的厚望，把我们将要在其中度过一千多个日子的35班打造成实验最优秀的团队！

2015级35班全体同学

2015年9月23日于东校

二　学习公约

（一）正课

1. 课前3分铃内回到座位坐好，做好上课的准备——课本和练习册，回顾上节课的内容，浏览这节课的知识，等待老师到来。

2. 课上认真听讲，听从老师的要求，做好笔记，认真练习。积极与老师互动，踊跃回答老师的问题。不做不尊重老师的行为，有问题在正确的时间主动提出。

3. 课上同学互动时，遵循老师的要求，不做要求之外的事，保持课堂教学的有序性。

（二）自习

1. 自习课保持安静，做到自主学习，服从班委管理，形成浓厚的学习气氛。

2. 遇到学习上的问题时，尽量自主解决。

3. 晚自习时提高学习效率，合理安排时间。

4. 有事离开座位要向值班老师或班委汇报后再行动。

（三）课间

课间根据自身情况进行休息调整或学习交流。休息调整时不准打闹或者大声喧哗，如果下节课是外堂课，需迅速准备好后离开，准时到规定场所集合。

（四）作业

1. 作业按标准保质保量完成。

2. 作业保持整洁，字体端正，排列有序。

3. 作业质量尽量以个人最高水平完成，保证出错率最低。

4. 布置作业：各课代表应该在自习开始时把作业写在黑板上。周五

时，根据上课安排，下午上课前将语文、英语、物理三科及其他科目作业
写在黑板上，同学们应尽快记好；下午放学时，数学、化学两科作业尽快
写在黑板上。若对作业有疑问，可在此时提出。

5. 晚自习21:40 后课代表开始收作业，因特殊情况未完成作业的同学
可在第二天早上上课前上交。

2015级35班全体同学

2015年9月于东校

三 课代表职责

1. 课代表要有强烈的服务意识，勤勉地完成职责，热忱地服务大家，
主动跟任课老师沟通，每堂课前跑一趟办公室。

2. 老师忘了布置作业，课代表自主处理。

3. 不交作业的名单要直接报给班主任；各科的测试成绩要及时把成绩
单通报给班主任。

4. 课代表要经常询问相关任课老师关于作业的好坏情况，对本科目中
不完成作业的同学要提醒完成，对态度不认真的同学要及时上报班主任。

5. 每天每科的作业要上黑板，当天的作业当天检查或上交，如遇特殊
情况，一定主动跟任课老师解释清楚。

6. 无论硬性作业，还是软性作业，只要老师有布置，一定有检查。无
论时间长短，一定把老师的作业记在心上。

7. 两位课代表要高度团结，协调一致。

8. 各科课代表要在学习委员的协调下，互相关照，互相配合，尽最大
努力把对学习的干扰降到最小。

9. 每科收缴作业时，要在自习课结束前5分钟开始收，并负责解决由此

引起的自习纪律问题。若晚自习有考试，要算好时间，到下课时正好收卷。

2015级35班全体同学

2015年9月于东校

（四） 舍规和宿舍评比办法

舍训： 一屋不去扫，不足扫四海。净室又净心，细节关成败。

为提高宿舍管理效率，节约管理成本，使宿舍管理走上科学化、制度化、规范化的正轨，特制定本规定。

1. 宿舍是山东省实验中学东校学生生活、休息以保证高效学习的重要场所。它的风气、卫生和纪律关涉到每个人的生活质量和学习质量，也关系到班级荣誉。每位同学都有责任和义务完成自己的分内之事。

2. 舍长全权负责每个宿舍的舍风建设，分派值日任务，管理纪律和卫生。每个舍员都有责任和义务建设并维护良好的舍风。

3. 每个宿舍必须把共同制定的舍规和值日表张贴在宿舍门后，并严格执行。

4. 齐心，好学，有正气，好的纪律和内务是每个宿舍最起码的舍风要求。

5. 每个宿舍早晨最迟起床时间是6：20，中午最迟起床时间是13：25（秋冬季是13：20）， 以保证值日的同学有充足的时间打扫卫生，并保证按时到达教室。值日同学最后离开。

6. 宿舍纪律和内务的评比结果与每学期期末的各项评优密切挂钩。

7. 男生公寓以男生的5个宿舍为一个大团体，展开内部竞赛。一周一小评，一月一大评，学期末做最后的评定。

8. 每月一大评中，获得五星级的宿舍，将获得象征性物质奖励。获得总评第一的宿舍将获得流动红旗。

9. 在学期末的评定中，宿舍平均分名列第一的宿舍享有至少一名优干或"三好学生"的奖励（前提是该同学符合学校的评优要求），舍长评定为优秀舍长。

10. 在期末的评定中，学期宿舍平均分倒数第一的宿舍均分如果保持在9.97以上，将不会影响期末评比。

11. 如果某同学有一次性扣至少一分的现象或连续三次（一周内）扣分的现象，则本学期该同学取消评优资格。单次扣分在一分以内的，惩罚措施由全体舍员讨论决定。

12. 如果所有宿舍都以满分10分并列，则所有宿舍同为优秀宿舍，所有舍长均为优秀舍长，"三好学生"和优干的奖励将参考学习成绩或进步程度或为班级作出的其他贡献而定。

13. 女生宿舍也是以5个宿舍为一个大团体。评比方法与男生宿舍一致。

14. 男生副班长负责男生宿舍的所有工作，女生副班长负责女生宿舍的所有工作，必要时可自行给舍长开会。

15. 宿舍内务和纪律成绩，家长会时会同其他内容一并汇报给家长。

解释权归班主任和班委会所有

2015级35班全体同学

2015年10月9日于东校

五　自习纪律规范

1. 自习效率是一个班学习成绩是否优秀的重要影响因素，严抓自习纪律的初衷是为了给同学们一个安静的自习环境，从而为自习的高效性打下基础。维持一个良好的自习纪律靠你、靠我、靠大家！

2. 上自习时同学们需保持安静，如需讲题，则要放到课下。若有特殊情况需要出去的，要保持安静，不要打扰到其他同学。

3. 自习课时要高效学习，不能在自习课上做与自习无关的事（包括看闲书、睡觉）。要是发现同桌有上述行为，应及时提醒。

4. 自习课没有老师在时，值日班长应坐在讲台上监督同学们自习。发现有说话且对周围同学影响较大的同学，应立即点名提醒。

5. 在班内自习纪律较乱时，所有同学都有权利和义务去管理，做到齐抓共管。值日班长负责在每天的值日班长记录表上记录当天的纪律情况，并在每周班会的总结上集中汇报。

6. 自习违纪实行实名制，发现一起记录一起。上自习课大声说话扰乱自习纪律被点名后仍不改正的，警告一次。自习课上课铃响却未回自己座位，在教室里嬉闹或无故在教室外逗留的，警告一次。在自习课上做与自习无关的事，提醒后并未改正的，警告一次。警告满10次的，取消本学期的评优资格。

2015级35班全体同学

2015年10月于东校

六　值日班长细则

1. 每天值日班长由两名同学共同担任，按学号排序，一男一女。

2. 每天的值日班长需在记录表上签名并对各项情况如实做出记录。

3. 当天的值日班长6:50前到班，中午1:35前到班，督促检查工作。要求值日班长维持纪律，督促大家读书，7:00之后不允许有补作业现象。

4. 预备铃响后，督促大家做好课前准备工作，维持课前纪律，做好准备工作等老师上课。

5. 如果有集合、出操等大型活动，应配合班长和体委做好组织工作，提醒大家做到静、齐、快，进场时不能讲话。

6. 课间对吵闹现象及时加以制止。协助纪律委员做好自习课纪律的维持工作。和纪律委员协商好，在早自习和晚自习轮流坐到讲台值班。

7. 值日班长需要自觉查看宿舍内务扣分情况并予以提醒，尽量将扣分情况清晰化。

8. 值日班长应写好班级日志，对班级一天内的情况进行总结，记录一天当中发生的有趣的和有意义的事情、片段并写出自己的意见和建议。提倡记录班级历史要富有创意，最后写下日期、姓名。

9. 当天的值日班长有义务提醒第二天的值日班长并于当晚进行好工作交接，最后3分钟做出一天小结。

10. 班级日志和班级记录表必须保存完好，不得有损坏。记录表一周一收，交予班主任。

2015级35班全体同学

2015年11月于东校

七　手机使用公约

意义

众所周知，高三乃人生关键时期，容不得半点分心。在33班全体同学的支持与建言献策之下，我们明确了限制手机使用对于学习的意义：

1. 有利于对在校时间的合理分配与利用，保证充足的学习时间，秉承"一切为了学习"的理念。为自己的前程负责。

2. 有利于减少对手机的依赖性，促进自制力较弱的同学自主学习，将自己的全部身心投入到紧张的学习之中。

3. 对集体有积极作用, 有利于建设文明班级、文明宿舍: 在班内, 营造入室则学的良好氛围; 在宿舍, 保证休息, 共同进步。

总之, 一切为了高考, 一切为了自己, 相信同学们一定能严格遵守。

措施

1. 一个宿舍只带一部手机, 手机持有人在班内进行公示, 并且告知全体家长, 加强监督。

2. 规定使用的时间和地点: 只能在宿舍且在规定时间内使用, 不能带入教学区域。宿舍内互相监督, 舍长为第一责任人。

3. 只能进行基本操作 (与家长联络等), 不能用于娱乐。

惩罚

一经发现违规携带和违规使用手机, 手机交于班主任保管至毕业。相关同学做出检讨, 宿舍内出现违反规定的行为可自行规定惩罚措施。

望同学们遵照执行!

高三33班全体同学

解释权归33班班委团支部

2017年12月28日于东校

(八) 各宿舍自主制定的制度 (精选)

男生509宿舍舍规

1. 早上6:00起床, 起床后, 禁止闲聊, 各干各事, 尽快洗漱。

2. 若早饭在宿舍吃, 走时记得锁门, 检查各床铺卫生, 如有不合格的将其整理好。

3. 午休期间, 如不想午休, 可自由安排时间; 但不得交谈打闹, 发出噪音, 影响他人。

4. 午休铃响，必须回到宿舍；午休不结束不能出门。

5. 晚自习结束到22：20之间，可自行安排学习、洗漱，尽量不串宿舍。

6. 22：20熄灯铃响后，严禁说话，必须上床休息。

7. 宿舍卫生需要大家共同努力，每人每天按表执行任务，不得逃值日，敷衍了事。

8. 床面、床单、被子、枕头、凳子和其他物品须按要求摆放好，做到满分。

9. 任何人严禁私自拿别人的物品，严禁未经允许使用别人的物品。要互相尊重。

10. 学习为上。休息时间，严禁一切娱乐。

11. 内务扣分者，10个蹲起，10个俯卧撑。说话扣分者，50个蹲起，20个俯卧撑。

舍风：团结向上，诚信友善。

学习目标：每人成绩排名均保持在班级前30名。

舍长：

成员：

（6名舍友亲笔签名）

附录3

春风拂桃李，润物细无声

刘乃文（家长）

19年前的千禧宝宝，而今进入大学已经快一年了。

2019年6月底，王领弟老师给我打电话，问我是否有时间写一点关于孩子高中阶段家校教育的体会，我欣然领命！不是因为我自信能写出什么有价值的体会，而是因为我一直从内心深处感恩王领弟老师，感恩实验！

2015年9月初，像无数家长一样，怀着望女成凤的期盼，把孩子送到了山东省实验中学东校。之前女儿拿到入学通知书的时候，我已经自己来这里看过，只是没有进校园。学校坐落在历城区郭店镇，周边环境一般。门口普普通通的一块标识牌，和山东省一流高中的名气有点儿不太匹配。但是陪女儿走过3年高中生活，在我心里，这块普通的标牌已经和实验本部的大红门一样高大了。

和王老师的交集源于孩子幸运地被分到了35班，3年后孩子从实验毕业，我心里把"幸运"两个字郑重地改成了"感恩"。我从一个家长的视角，结合自己的教师职业感悟，把王老师的工作凝练为3个不放弃：不放弃每一个细节，不放弃每一点时间，不放弃每一位学生。

一 不放弃每一个细节

王老师对学生的3年教育有体系的规划。从学生入学之初到高考之后，每一阶段应该做什么、怎么做、谁去做，都有细致的规划和安排。班级家长QQ群里3年期间上传的文件约200个，基本都是王老师根据工作进展先后发给家长的。其中以QQ字母开头命名的文件从第1个排到了56个，日期范围从2015年9月10日到2018年9月10日，涵盖了从高中入学到高中毕业的3整年。

"好的开头是成功的一半。祝愿孩子们都形成良好的意识和习惯，律己上进，成人成才。"这是王老师在QQ1文件中给全体家长的一句话，作为第一次家校沟通，强调了要孩子必须认真遵守学校纪律、学会自主拓展学习、学会利用小时间。要求家长和孩子在其高中生涯的第一个周末相互沟通交流，保持和学校一致的教育措施。

孩子军训结束后的第一周住校学习，很多家长会挂念，不少孩子从来没有长时间离开父母。周末接孩子回家之前，要么已经在家准备好了丰盛的晚餐，要么已经预定好了孩子喜欢的饭店。我按王老师的提示，准时在那个周五下午16:40在校门口等着孩子出来。女儿满脸兴奋，我知道她有很多话要说。果然还没上车，她就滔滔不绝地说起她宿舍、班里同学的事情，却没有说学习的事。我意识到她还是小，一下子到了一个新的环境，被新的人和事物占据了心思和精力。我耐心地听着，不打断她，偶尔"嗯啊"地回应着她的话，或微笑着看她一眼，进一步激发她倾诉的欲望。我知道，当青春期的孩子不和父母交流时，我们就失去了了解孩子内心的最佳渠道。他们这个年龄，只要和你说，就是内心里真实的东西，不会刻意编造或隐瞒。

果然，差不多把能说的事情快说完了，话题就到了学习上。"我们王老师好严肃哦，不过她人挺好的！"话题来临，机会也到了，我紧跟了一句："王老师是实验名师，有丰富的教学和管理经验，你得好好听话哦。""嗯！"也许刚才的兴奋劲过了，她郑重地回应了我的话。或许她这个年龄不能理解什么是丰富的教学和管理经验，但只要她觉得老师人挺好，就是从内心里接受了老师的教育模式，这是值得庆幸的。于是我紧跟节奏，把王老师叮嘱的3个沟通要点渗透给她。"实验中学是山东名校，校规校纪是多年积累的丰富管理经验，必须要无条件地遵守；高中和初中不同，要学会主动学习，不要等着老师安排预习或复习，自己要根据上课进度赶在老师前面做这些事情；上课之外，高一会有很多课外活动，平时的时间会很零碎，要能充分利用。晚上走在回宿舍的路上都可以总结这一天的收获与不足。人要有思想，你是高中生了，很快就是大学生，要学会独立，学会快速适应新环境，而且要清楚自己最主要的事情是什么，怎么能把这件事情做好，或者在自己能力范围内做到最好。"不知道她是否能都懂我的话，但我还是稍微地提升了一点深度，而且是比较严肃地告诉她这些话，以免让她觉得无所谓有、无所谓无。孩子认真听我说着，直到我侧脸看了她一眼，她点了点头，认真地"嗯"了一声并附和了一句"你和我们王老师说得差不多"，我知道说到她心里了，知道王老师在这一周中也通过各种形式给学生灌输了这种理念导向。我并没有立即转移话题，也没有重复刚才的话，做什么进一步的解释，只要她不提新话题，就是在思考我刚才说的话，这比我再强化解释的效果要好得多。过了一小会儿，车拐到回家的大路上，我主动把话题引到了妈妈为她准备的晚餐上……

王老师在之前给家长的通知上用了一个词"渗透"，我能理解这个词的含义，也开始认识到王老师工作中对细节的重视和把握，很多情况下细节决定成败。高中教育3年的周期，决定的可能是孩子的一生，甚至一个家庭的未来。学校只能从政策和理念上进行引导，具体的实施就看老师和家长了。

起初听朋友和我说王老师人特别好，是很有经验的高中班主任。一直想象不出她的样子和风范，直到第一次家长会，我对王老师精确把握教育关键细节的认识又加深了一步。

2015年11月20日周五下午是第一次家长会，之前的19日，也就是周四，王老师在家长群里发了QQ6文件，是关于家长会的事情。考虑到好多家长可能对一些事情感到茫然，王老师在通知文件里把时间、地点及主要流程做了简要明了的提示。关键是提了两个要求：一是已经安排孩子给爸爸妈妈写了一封信，在家长会上发放，建议爸爸妈妈给孩子也写一封信，并在未来3年形成家书系列。这是精神财富的积累，也是对孩子成长过程深度参与的美好回忆。二是提前考虑跟孩子谈什么，怎么谈，什么时间谈，怎样触动他，怎样做才是最有效的。请家长用心设计，真诚相待，把孩子教育成自己理想中的孩子。

与小学的家长会有很多隔代老人参加不同，35班的第一次家长会几乎是清一色的学生父母。几个学生配合默契地引导家长入座、发放相关材料，教室黑板上设计了简单的欢迎词，后墙也张贴了相关展示材料，心里感觉这个家长会也没有什么特殊之处。直到会议开始，才看到王老师进来。孩子入学近3个月，我没有直接近距离和她接触过。她个头不高，长发披肩，说话声音较低，语速也不快，但语气和眉宇间透露出一股莫名的亲和力。一个多小时的家长会，让我获取到了很多信息，也更加深入地看到了王老师在对学生的教育理念中对关键细节的把握。主要体现在两个方面，一是家长会上学生参与汇报了很多班级工作；二是王老师以PPT的形式把第一学期所有和孩子成长相关的事情都提及了。

学生在家长会上汇报也不是特殊的形式，但是35班的学生有点不一样。他们对班级工作的总结汇报俨然就像老师一样，似乎没有了初中孩子的稚气，对汇报内容要点的把握和节奏的控制十分得当。后来的多次家长会一贯如此，而且我也发现这些孩子并没有因为参与这么多事情而影响学习。3年高中生活，所有家长几乎都是同一个目标：好好学习，考个好大学。但孩子终究要成为社会人，贯穿整个教育体系的应该是综合素质的培养，而不仅仅是学习。在学校政策和班主任老师的正确方法的导向下，让学生成为班级管理的重要参与者，将会有效激发学生在各个方面的潜质，包括学习在内。

王老师在学生汇报的基础上，简要总结了班级工作。重要的是提及了一些需要家校配合的关键细节，如手机问题、对月考成绩的认识、第一次期末考试的重要性及寒假的安排等。她似乎知道家长想问什么，也似乎知道好多家长可能忽略什么。

二　不放弃每一点时间

不放弃每一点时间有两个方面，一是王老师为班级工作不放弃每一点时间，二是培养学生在学习上养成不放弃每一点时间的好习惯。

班级工作不放弃每一点时间。如前所述，王老师在家长QQ群里先后发了近200个文件，全部是围绕班级工作、关于家校教育的资料。在每一个关键时间点上应该注意的重要问题，王老师都及时和家长沟通，从发送文件的内容看，一定是经过充分准备的，需要花费时间和精力。最使我感动的是2018年6月5日高考前，王老师给家长发了一篇名为"QQ53出征前的温馨叮嘱"的考前提示文档，比家长考虑的都细致。2018年6月10日高考结束后的"QQ54后高考时代怎么过"、2018年8月的"QQ55 再送一程——跟同学们谈大学生活"、2018年9月10日的"QQ56　大谢"。一一读来，字字真情，作为父亲的我，也没有给孩子花费过这么多时间和精力。回想每次家长会，致谢鞠躬的应该是我们和孩子，而不应该是王老师。这也是为什么在本文开头处，我提到我们对王老师是感恩，而不是感谢！

感恩王领弟老师，感恩实验！

关于学生充分利用时间的习惯培养。家长都不想孩子太累，但都想孩子学习好。充分利用时间，提高学习效率尤为重要。在2015年9月10日的第一个QQ文件中，王老师提到"学会利用小时间，对所学知识精益求精"。高一课程不是特别紧张，平时的早操、体育课、大课间操、各种大型活动、各种社团等文体活动相对充裕。不少孩子对向时间要效率的概念没有认识，只在大自习课进行预习、复习或做作业。若干零散的小时间，如午饭前后、课间3分铃前后、晚饭前后、晚休以前的小时间比较多，会利用的孩子随着就把作业做完了，然后可以进行巩固复习，对目前所学知识进行反复咀嚼，精益求精。而有的孩子小时间都玩耍掉了，只等大自习课来学习。长此以往，学生进入高三的时候，在这一点上就明显显现出区别了。养成良好利用点滴时间习惯的学生对繁重的学习任务应付自如，反之则手忙脚乱，无所适从。

三　不放弃每一位学生

2015年9月24日的家长群里有一篇QQ2文档，其中有两个大条目，一是对所有孩子入学1个月的情况总结，二是家长在和孩子沟通交流中应该进一步注意的问题。王老师提到，很多同学学会了规划时间，初步练就了坐功，基本适应了实验的讲课节奏和老师的讲课风格，初步形成了团结向上的班风，初步形成了好学好问的学风。孩子回家和我提及的话题也印证了这些，我意识到了我和孩子的幸运！通过多种渠道，我接触过很多小初高的班主任，他们认真负责，工作踏实，但却不被好多家长及学生认可。有不少老师在关键时刻放弃了对某些学生的关爱，作为旁观者和同行，我能理解他们的做法，但这确实不是最佳选择。王老师对班里的每一个学生都很关心，用适当的方法引领不同的同学进步。并且待人无偏见，对每一个人都不放弃，始终坚持着对每个人的良好教育。

高二分班，原35班的11名尖子生转班离开，新来了一批插班同学，构成了新的33班。这种"割头"式的班级组合对任何一个班主任都是无情的打击和严峻的考验，任何一位班主任都可以拿这个理由搪塞"这个班不好带"。但是，王老师没有。家长会上她阐述了这个现实，表达了这个困难，但是没有为难！一如既往，在当时的情况下，按照不放弃每一个细节、不放弃每一点时间、不放弃每一位学生的方式，稳健地开展班级各项工作。转走的同学没有遗憾，转来的学生感到幸运。

每次家长会，王老师都是在表扬、鼓励同学，肯定家长的配合。通过私下交流得知，王老师和很多家长单独交流孩子的问题，商讨解决的办法，她从不在家长会上进行批评。

王老师没有丝毫功利心，平等对待每一位同学。我还能感觉到她和所有科目的老师协调得很融洽，并没有因为她是语文老师，就单独强调语文学习。无论是对于语文的教学还是对同学们其他科目学习的督导她都很上心。事实证明，组合后的新33班，在王老师的努力下，班级名次名列前茅，最终的高考成绩是很有说服力的，这是极为难得的。

感恩王领弟老师，感恩实验！

刘乃文

2019年6月30日于济南

附录4

从翩翩少年到芝加哥大学博士

我们培养儿子跟我培养学生遵循的是同样的理念："超越功利，把人置于教育的中心""学会做人、学会做事、学会学习""人格饱满，全面发展"。我的儿子目前正在芝加哥大学读博士。这篇文章与本书前面的章节两相呼应，共同验证着上述教育管理理念的正确性和有效性。

一 童年时代

在孩子的童年时期，家长更关注孩子的身体健康，我们也是。我们的理念是：健康的身体来自健康的饮食和运动。有关饮食，我们家一日三餐，都是认真对待，从不凑合。在他6岁前，我亲自磨豆浆，剁肉泥，擀面条，包菜包，不厌其烦——直到现在，我们一家都不喜吃外面的饭。当时小镇南面的枣园村有家养牛场，我和儿子经常去买鲜奶。土路洁净，庄稼葱绿，空气甜美，一辆自行车，前后母子俩。20世纪90年代末，城郊的小镇，干净的天空，干净的水，闲适的日子，自然的环境。儿子在这里，这样健康地长大。

关于运动，我们家高度一致，三人均爱运动。儿子是在快乐地玩耍中长大的。从他出生到18岁出远门，我们家一直住在校园。上百亩大的校园，可够他玩的。读小学以前，春夏秋冬不论，都是和他的伙伴小帆、小浩玩到天黑才回家。玩耍就是运动。上小学后，儿子进了镇小学的篮球队。到了高中，课业繁重，我们总是撵他到楼下的操场打球，说："别学了！别学了！下去打球吧！"即使到高三最繁忙的时刻，也支持他一打一下午，从不阻拦。如今，他健身已数年，是个硬朗挺拔的年轻人。

"健康"是我们送给儿子的第一个关键词。

儿子3岁多的时候得到了一盒巧克力，包装精美，十分诱人。那个年代，巧克力还是稀罕物。他如获至宝，爱不释手，睡觉都抱着。

我跟儿子说："巧克力一次吃多了对牙齿不好。这样吧，你一天一颗，什么时间吃你定，整盒巧克力你也自己保管。这是24颗，你就吃24天。你看着挂历，到26号吃完。要是能做到这些，以后你就有权利保管所有的零食。"

他那时还不到4岁。他高兴地答应了。果然每天只吃一颗。儿子把这个美好的享受留在晚上。上了一天的幼儿园，晚饭后，灯光下，他就很惬意地打开盒子，虽然每块都长得一样，他还是很仔细地挑中某一颗来吃。他不是一口吞掉，而是一点儿一点儿品着吃。有时，他也觊觎第二颗，被妈妈用眼睛的余光看见了，就说："说好的啊，一天一颗！"他就放在鼻子上使劲儿嗅一嗅，很不舍地放回，对着巧克力说："明天再吃你哦。"

第24天，最后一颗巧克力被消灭掉了。儿子整个过程有过小动摇，但一天一颗的底线从未被打破。我信守承诺，把零食的保管权交给了儿子。

孩子的成长离不开自律。自律的培养要着眼于坚持和心灵的自我看管。坚持是外在的，可视的；心灵看管是内在的，不可视的。它们是一个问题的两个方面。培养的过程就是在琐事之中渗透的过程；童年时期的好习惯将裨益终身。心理学家揭示，人出生时不是白纸一张，而是带着自己的色彩来到世上。很多特性先天有之，我们只需注意挖掘和唤醒就好。对儿子自律的培养，我们并不是强有力的、有周密体系的，而是随时就事、时时处处地渗透的。

"自律"是我们送给儿子的第二个关键词。

当时大院里住着书法家温长久先生，他擅长反横书，出版过多年挂历，被央视报道过。每逢暑假，他就义务组织孩子们练大字。什么叫练大字？就是在小棍头上扎好海绵布条之类，做成一支四五十厘米长的大毛笔，提着小水桶在塑胶场地上写字——就是跟着温先生写字。

写什么、怎么写、写成什么样都无所谓，关键是得天天早起。天天6点钟，贪睡的小孩儿还困成一摊泥。

我对儿子说："希望你坚持住。只要爷爷教一天，你就坚持去一天。争取一天不落，好不？"儿子觉得这事很有意思，说："我去一次，就在挂历上画个记号。"头一天晚上，他就把毛笔竖在门边，小桶盛上水，嘱咐我说："妈妈6点叫我。"第二天6点多一点，阿越就睡眼惺忪地提着小红桶去操场了，有时候比先生到得还早。儿子模模糊糊觉得，能按时出现在操场，是在完成一件有趣的事。

整个暑假共写了31天，儿子果然全勤，挂历上有31个稚嫩的对号。

"坚持"是我们送给儿子的第三个关键词。

我的先生出生于偏远的山村，生长环境相当艰苦。他身上张扬着人的自信和倔强。加之，后来修习教育心理学专业，他便巧妙地利用"罗森塔尔效应"培育儿子自信的品格。约略记得，儿子五六岁的样子，那时流行玩具小赛车，有轨的，无轨的，但都得自己安装。先生给儿子买回来一大盒。儿子那时字还没认多少，读不了说明书，好在上面有图示。他从晚上6点多开始，趴在地板上，照着说明书埋头组装，专心致志，一直装到9点多。3个多小时，沉浸其中，一直到小赛车"呜呜"地跑起来，才坐在地上享受成果。爸爸赞叹不已，夸他爱动脑，爱动手，说："你真是个小能孩儿，以后就叫你小能孩儿啦。"于是，在我们家，儿子还有个名字叫"小能孩儿"。

"自信"是我们送给儿子的第四个关键词。

⟨二⟩ 少年时代

我们居住的校园坐落在一个小镇上。20年前，要到济南去，得乘公交车，途经33站，历时一个半小时，行程20公里。那时，绝大部分家庭没有私家车，10路车是唯一可以把我们运输到目的地的交通工具。东城人口密集，乘车极为困难。人像抢命一样去抢座，以致人们"谈十色变"。

儿子就要乘这样一路公交车，去学英语和奥数。一开始是在历城少年宫，不用倒车。后来是到济南少年宫，还得换乘11路。在做决定之前，我跟他说："会很苦，很累，但要学好英语只能到少年宫，你能坚持吗？"他斩钉截铁地回答："能！"我说："那好！咱俩都做好心理准备。"这样，在周末，有时是母子俩，有时是父子俩，风雨无阻，挤在一辆下水饺似的公交车里，去少年宫学一个半小时的课。儿子总是乐在其中，从不喊苦叫累，一直到"非典"发生，课程中止，才暂告结束。

小学毕业时，他报考了当时济南最好的3所初中：山大附中、济南外国语、历城二中稼轩初中。3所学校先后展开入学考试，儿子每一所都愿意去尝试，去挑战。用他自己的话说，是"兴奋而忐忑"。一所一所考下来，后来一家一家张榜名单，他三所学校均被录取，名次都非常靠前。儿子上初二、初三的暑假，我们在济南租房暂住，方便他去学英语。那时租的房子没有空调，异常闷热。为了学知识，这些苦儿子都能忍受。补充一点，我们很少哄儿子。凡事我都跟他讲明道理，做或不做，都充分尊重他的意愿。所以，他做的都是他愿做的。去做愿做的事儿，怎么会有怨言呢？

"求知"是我们送给儿子的第五个关键词。

在我们家，有个掌故经常被提起。儿子初一时，家里还没有车，到儿子学校也没有直达公交车。那是个冬天。周日下午要返校时，天上飘起了雪花。北风，中雪，但不是很冷。平常的返校，都是骑自行车去送。3个人，2辆车。一辆载儿子，一辆载物品。

但是，现在下雪了。在返校方式上，我和先生产生了激烈的争论。那时，我们家还有大笔的贷款要还，日子紧张。我主张打车，而先生主张骑自行车，理由是："下雪又不是下雨，而且刚下，完全不影响骑行。"

我们各持己见，争执不下。

最后先生说："那就听儿子的意见。他说咋样，咱就咋样。"

我说："行行行，听儿子的。"

12岁的儿子听见了所有的争论，轮到他表态了，他毫不犹豫，一锤定音："骑自行车！"

既然儿子都表态了，我也没有什么话可说了。于是，大雪纷飞里，2辆车，3个人，一如既往，骑行上路。爸爸带着儿子在前，迎着风雪，一脸的豪情壮志。儿子猫在爸爸高大的背影里，淡定而享受。我骑车殿后，载着物品。看着前面的2个人，我还是想通了：这对父子挺可敬！

对于钱财，我们也不是一味地节省。我经常给儿子和学生讲范蠡救子的故事。过于看重钱财会耽误人生大事。我们家的金钱观，就是当省则省，当花则花。让钱财运转起来，去发挥作用。1997年，单位的新楼房分到手了。那是我们第一次住楼房，工资还比较低。我们没有装修，也基本没买新家具。在穿和住上，我们追求一个"简"字；在饮食和孩子的受教育上，我们讲究一个"繁"字。时令水果，蔬菜肉蛋，作为家庭主妇，只要对健康有益，我从不吝啬。孝敬父母，款待朋友，往来应酬，我们一直都是大方慷慨，从不计较。

"正确的钱财观"是我们送给儿子的第六个关键词。

儿子11岁那年，冬天晚上到我办公室玩。他穿着绿色的校服裤子，红色的小棉袄。同事跟他开玩笑说："你穿得花花绿绿的，怎么跟个女孩儿似的？"儿子大大方方地回答："我奶奶给我做什么，我就穿什么，暖和就行。"惊得同事睁大了眼睛，说："这孩子真不简单！"

尤其是我的先生，他教导孩子，抓住生活的本质，抓主要问题的主要方面。所以，儿子在一些大的选择上，能看出轻重缓急，抓主放次，抓重放轻，不为表象所迷，头脑清醒。

反映到他的学习思维上，表现为认识问题不蔓不枝，直截了当。儿子有不错的悟性和记忆力，加上他单纯的性格，成绩一直名列前茅。初中毕业时，6门功课，满分570分，他拿到559分，是当年历城区中考状元。其中，数学120（满分120），英语119（满分120），语文116（满分120）。如果按满分150换算，他语文考出了145的高分。其实，我们很少对他的分数做出什么要求，我们只关注他各方面的品质。

"抓本质"是我们送给儿子的第七个关键词。

三　高中时代

我和儿子，是母子也是师生。

在大多数情况下，子女都不愿在父母任教的班级就读，别扭！

曾有位数学李老师，儿子在他自己班上。每当数学课，儿子分不清站在讲台上的，是父亲还是老师。本来父子俩在家就互相看不顺眼，现在，从家里到教室，父亲那张脸老在他眼前晃来晃去，儿子烦透了。一上数学课，他就趴在桌子上抗议，整节课不抬头。没办法，只好把他调到别的班上去。

工作安排出来，我恰好教儿子所在的班。母子俩要开启24小时相处模式了。

鉴于李家的例子，我跟儿子说："你要介意，我可以打报告，调开。"

他说："不介意。"

那就好，我们一向是尊重儿子的。

他两种角色自由切换。在教学区域，见了我就一本正经地喊"王老师好！"在生活区域或没人的时候，就热乎乎地喊我"妈妈"。没有任何不适。

所以，我很感谢儿子对我的包容和接纳，他很给力。同时，也呈现了我俩融洽的母子关系，这也是我们家人相处模式的缩影：真诚，透明，温暖，自然。

当然，这个过程中我不断提醒自己：尊重，保持距离。如果我搞糟了母子关系，也就搞糟了师生关系。所以，3年来，我小心翼翼，尽量把儿子"当人家的孩子"来对待，说话、做事都很讲究分寸。儿子的语文也学得相当出色。

我讲述这个小事，想说明的是：儿子一直保持着心地的单纯，因而保证了学习的专注程度。他不是用力地排除干扰去学习，而是心里本来就没有干扰。所以，一个孩子要学业成绩优秀，眼里和心里得少些别的事，尽量保持一颗赤子之心。

人生的抉择：放弃SM2，重返高考路。

先介绍一下SM2。这是新加坡跟中国教育部合作的一个项目。分SM1/SM2/SM3，分别对应初中、高中、大学。就SM2来讲，新加坡方面会在高二每学年的下半学期招收学生，分海选、笔试、面试几个环节。被录取的学生，不用再参加国内高考，直升新加坡的大学，学费全免；但包括4年本科在内必须在新加坡待够11年，如果提前离开，就要缴纳不菲的违约金。之前准入的大学是新加坡国立大学、新加坡南洋理工大学。儿子那一年新增一所学校——新加坡科技设计大学，刚刚成立，还没有自己的校园，课程还不健全。

儿子一路过关斩将，获得了一个宝贵名额。这是一个机会，很多人求之不得。我们十分自豪，大宴宾客，采购行李，按时到了新加坡。但是，最担心的事情发生了。儿子因为有几个专利，被认定是有创造力的人才，就被分派到新科大，学工业设计。我们不希望优秀的儿子去这所仅具雏形的学校学他不喜欢的专业。

当年7月底，经过一周的考察和思考，我们慎重决定：放弃新科大，重归高考路。当时的我们对未来也充满了惶恐。唯一感到有力量的是：一家三口的意见非常一致。儿子在中断学业6个月后，重新回到高考的轨道上来。虽然困难重重，但我们无比团结，彼此疼惜。

这是一个拐点。如果不是那个坚定的放弃签字，儿子的人生就是另一个面貌，在另一个地方，学着另一种知识，遇见另一些人。而一切的不同都取决于一个决定！人生是多么奇妙啊！那么，又是什么促使我们做出这样的决定而不是那样的决定呢？

不怕付出，追求极致，追求自己想要的东西，获得更大的选择权——这恐怕是我们家唯一的答案。留在新加坡和回归高考，是有云泥之别的两个选项，前者是现成的、轻省的，后者是未知的、沉重的。我们家偏偏是不在乎付出、不吝惜汗水的。后来的一切也证明我们的抉择是正确的。儿子经过短暂的调整后，很快进入状态。他回归高三的第一次模拟，在比别人少学半年的情况下，仍然名列班级前10。高三下学期，也达到了巅峰状态。后来的本科、研究生、博士都有一种"天高任鸟飞"的选择自由和飞翔空间。

可贵的自觉。

到了高三下学期，要做套题冲刺了。为进一步挖掘英语潜力，儿子决定每天做一套英语试卷（听力、作文除外）。他中午回家（我家住在校园里），以较快的速度吃饭，午休。然后起床，定时做一套试卷。做完去教室，恰巧在预备铃前赶到。每做完5套，我就找教英语的同事给他集中解答一次问题。

我负责买题，他负责做题。坚持到高考前夕，总共做了80多套。在济南的市面上，我已经买不到可用的试卷了。水到渠成，儿子的高考英语跨过了140的大关。（到大学时，儿子选了一门"雅思选修课"，裸考的情况下，选拔考试分数是7分。）

我们夫妻俩很少催促儿子学习。尤其到了高三。他有他的自觉性和计划。我想，这是他童年时代、少年时代的好品质在发挥作用。

除了自觉地学习，他还自觉地锤炼自己。他是班里的学习委员和数学课代表，一干3年，认真完成分内之事，组织考试，收缴作业。动作敏捷，头脑清楚，很少出错。他是军训标兵、国旗仪仗队优秀队员，是全面发展标兵、优秀班干部、"三好学生"，是4项国家专利的发明者、北京电视台"SK状元榜"栏目的优秀选手……在高三寒假，凭借全面的素质、优秀的笔试和面试成绩，获得了山东大学自主招生"A"类等级，得到了加30分选专业、录取线降到一本线的优惠条件。

（四）青春韶华

林荫道上的苦练。

在我们家棕色电视机橱北端，有一座银色奖杯。黑色正方体底座，立面写有繁体"第十四届普通话说讲、朗诵比赛·冠军"的字样，奖杯容积硕大（足够盛得下两瓶白兰地），银光闪闪，来串门的亲友都会问同一个问题："谁的奖杯？什么奖杯？"

这是儿子的奖杯。是他大二时参加香港浸会大学语文中心与国际学院联合举办的普通话说讲、朗诵总决赛荣获冠军时的奖励。他因此获邀参加香港大专普通话朗诵社。

让我这个母亲动容的，不是这座奖杯，而是奖杯背后的故事。

儿子告诉我们，他大一时参加了比赛，但是准备不足，没有入围。从那时起，他就有意参加一年后的下一届。从宿舍到学校，有一条林荫道，早上行人稀少，傍晚也很幽静。他选中了这里做训练场地。每天途经，他就大声朗诵。行道上的洋紫荆就做了儿子的听众，有时还有繁花、蜂蝶、鸟雀。晨昏交替，冬去春来，断断续续做了一年的准备。他在无数次的练习中把语调、轻重、缓急、高低把握娴熟。我想，那些枝条和叶片，一定也对每一句话耳熟能详，能够出口成诵了吧。有追求，有韧劲，有准备——林荫道上吟诵诗文的潇洒青年，应该很迷人。

后来就有了这座奖杯。

最要紧的，还不仅是奖杯。当我知道他的参赛篇目时，母子俩在电话两端哈哈大笑：何其芳的《我为少男少女们歌唱》。这是我最喜欢的现代诗之一，是我在学生聚会、班级联欢、语文课堂上的保留节目，是我在家里炒菜、拖地时都朗诵过的一首诗！我日常的无心之举，居然熏陶了儿子，这是我始料未及的，也是我倍感自豪的。

印度尼西亚之行。

2013年暑假，南半球的印尼。儿子和一位韩国大学生共同住进一户土著居民的家里。房舍是掩映在热带雨林中的茅屋，陈设简单甚至可以说简陋。地方狭小，儿子和同伴分到的空间刚够两人并排平躺，若有一人翻身，势必就砸在另一个人身上；若有谁睡觉不老实，一条腿就正好搭在另一个人的胸口上。旁边就是简易厨房，仅仅能遮雨（印尼的夏季雨水连连），土灶上支着一口大铁锅。主人就用它给孩子们和客人煮饭吃。同住的韩国大学生刚服完兵役，身体素质出众，能力超强。

这是一次国际支教活动。儿子闯过层层选拔，有幸跻身二三十人的支教队伍，为期一个月。在香港高校，几乎所有的活动都有门槛，都有选拔，绝大多数活动都有赞助方。获得一个机会，学生很有荣誉感。此次志愿行动，是由多所大学组成的志愿队，去印尼泗水支教。在这次支教活动中，儿子与泗水的一个乡村、一户人家、一群孩子有了一段万里之缘。

他们小分队的任务主要有3个：帮助当地改善基础设施和教育设施，给孩子们教授英文，家访。

照片留住了珍贵的支教瞬间：

蓝白的路灯杆静静横放在村头路边。这是韩国人带来的援助物资。志愿者们要测量好距离，挖好土坑，浇筑好基部水泥，埋设好路灯杆，戴着手套的儿子跟同伴一起忙碌着。此刻的儿子是普通的劳动者。

一条溪水上，一座小桥马上建好。年轻人在师傅的带领下各司其职，和泥，砌砖，运料。这是他们好几天的劳动成果，小桥一通，这里的居民再也不用蹚水过河了。此刻的儿子是桥梁的建设者。

一间小房已初具雏形，门窗，四壁，只差屋顶。这是在给当地的小学建厕所。此刻的儿子是工地上的建筑工人。

一群印尼当地的孩子，光着脚丫，短裤短褂，衣衫简单，坐姿随意，正在上课。前面的年轻男老师正拿着单词卡片，教授发音。此刻的儿子是乡村英语教师。

该做游戏了，竟然是我们中国传统的老鹰捉小鸡。老师扮演老母鸡，一串孩子藏在他身后，第一个孩子紧拽他的T恤。此刻的儿子是邻家温柔的大哥哥。

该走访家庭了。几户人家外面的空地上，繁茂的椰子林环绕。中间有一桌，桌旁有一人。展开宣纸，轻蘸一得阁墨汁，从容书写"白日依山尽，黄河入海流""岱宗夫如何？齐鲁青未了"。当地的居民围了一圈观看，男女老少都有。唐诗、书法、黄河、泰山。此刻的儿子是中华文化的使节。

儿子和韩国同伴离开的那一天，给他们做最后一餐的男主人，背过身去抹眼泪。在他的生活中，在他的人生中，有两个来自发达地区的年轻人，曾短暂地成为他的家庭成员，同吃一锅饭，同住一个屋檐下，给他们的生活带来了变化，带来了美好。

感谢印尼的一个月时光，儿子能够走到生活的深处，走进世界的远方，力所能及地奉献自己，服务他人；和来自各国的同龄人互相切磋，缔结友谊。

浸泡在海水里的7个白昼。

身为母亲，我极少因孩子的远行而流泪；想孩子的时候，也尽量用满满的工作转移思念之情。在机场送行，别人的母亲眼圈发红，甚至抽噎起来；我看起来却没心没肺。真不是强装的，这件事上我看得开。单飞不是必然的吗？所有的培养不都是为了让他更幸福，走得更远，见得更多吗？

但是，2014年暑假，在机场接到儿子时，我的眼泪"刷"地溢满眼窝。

将近一米八的儿子瘦了不止一圈，除了眼睛是极亮的，他面色黧黑，头发干枯，有些疲惫——像极了经过万里长征、刚刚到达陕北的红军战士。这还不止。到了车上才看到，双腿裸露的部分，布满了蚊虫叮咬的痕迹。据他说，后背也晒爆了皮，火辣辣的疼。

我和我先生知道他参加了一个野营训练，可能艰苦一点儿，但想不到强度这么大！

暑假前，他如愿获得一个宝贵的机会：参加香港野外拓展训练，进行为期一周的海上生存训练，锻炼个人意志品质和团队合作能力。活动有赞助方，举办过很多年，训练安全有保障。我们很支持他。

一条小船，4人一组，每个小组必须分配一名女生。一日三餐只供应淡水和白米饭。整个白天都在维多利亚港湾附近的较浅水域，完成相应训练任务。有教练，但教练只在另外的船上发布命令，负责安全防护，任务一律由4名船员合作完成。小船数次翻扣过来，把逃生较慢的人扣在船下；其他人必须合力把船只再翻过来救出同伴。3个男生还好说，身强力壮，动作敏捷；那位女生却常常落难，"英雄救美"的场景也就频频出现。其他训练项目，我知之不多；但从儿子的暴瘦上，可见难度、强度之大。

浸泡在海水里，顶着烈日，训练了7个白昼，儿子就被训练成了机场见到的模样。

当然，理性上，我们都明白，这种训练对于享受着中国改革开放成果成长起来的90后，是多么珍贵的一课！作为父母，心疼的同时，我们庆幸儿子能有这样的机会，去挑战极限，磨炼自己；并学会精诚团结，团队作战。

意志的训练是通过身体的训练完成的。除了上述的野外训练，儿子还是学校篮球队队员，曾助力球队拿到铜牌；理学院数学系篮球队队员，助力球队拿到金牌；并在校游泳比赛中获得自由泳接力铜牌。

优异的专业成绩。

对一个大学生来讲，优异的专业成绩永远是硬核，是衡量学生的首要条件。据说，国外大学在筛选生源的时候，第一步就是看绩点，把高绩点的留下，低绩点的淘汰。第二步是关注与专业相关的各种活动和荣誉。第三步才是关注专业之外的东西。也就是说，当绩点相同的时候，外在的东西才起作用。

儿子大一的时候，对全英语授课不适应。尤其是香港的教授，当某一问题讲授不清而必须进一步解释的时候，用的是粤语而不是普通话。虽然入学前自学了一阵粤语，但儿子听课还是有障碍。他必须在课前把发来的资料进行预习，课上认真捕捉，课下再复习校正一遍，知识落实才能比较放心。学习上有过困难，经历上有过波折，成绩上也有过不理想。经过了这些磨砺或者说磨合之后，他渐渐进入快车道，学业成绩也提升上来，大学毕业的时候，他的专业成绩为统计系第一名。

同时，儿子还积极参加与专业有关的各种活动。大一时，他获得"年轻科学家挑战杯"冠军殊荣。大二时，跟随著名统计学家朱力行教授进行学术研究，并获得Sunny Chan教授的赞助（此赞助每年在理学院最多有5个人享有），入选"理学院优才计划"（每年在几百名理学院学生中选出最多10人，进行多种训练）。他还是第42届香港浸会大学学生会数学学会学术干事，组织过多种学术活动。

这样，儿子在申请研究生时优势比较明显。耶鲁大学、加州大学伯克利分校、威斯康星大学、伊利诺伊大学香槟分校、芝加哥大学都向他伸出了橄榄枝。基于芝加哥大学良好的学术氛围和给予的奖学金，儿子最终选择了它。

儿子也不过是个普通孩子，成长中、学业上该遇到的问题大多数也避不过去。所幸，他一直是一个上进心、求知欲强的孩子。而且，无论他遇到什么问题，我们都安慰他"没关系，慢慢来"。

五 谢谢你，芝加哥大学

2018年3月5日，这边是清晨，那边是傍晚。先生抽空跟儿子交谈了几句。

然后，儿子告诉我们：芝加哥大学统计系给他来了全额奖学金offer！接着，他把英文offer发给我们看。芝加哥大学奖学金总额是103 637美元，按当时的汇率，折合人民币66万3 276元，其中学费占了绝大比例。没有欣喜若狂，儿子就是这么淡定。即使这么前途攸关的事情，他也能沉得住气。我没有见过他成年后大呼小叫、手舞足蹈的样子，也没有见过他疾言厉色、出口不逊的样子。

我俩甚为惊喜！

先生高兴地写道："祝贺儿子！今天的济南春雨过后，阳光灿烂！"

我高兴地写道："儿子好实力好运气！祝贺祝福！"

终于尘埃落定！那些不眠之夜，那些焦心的等待，那些担心和猜测，都化作了甜蜜的回忆。这是儿子心之所向的结果！因为他前面一直对布朗大学生物统计专业的offer不甚满意，虽然布朗如此热切地邀他"入伙"，生物统计就业形势也不错，但毕竟比较窄；不如统计学拥有更广阔的前景！重要的是，儿子更喜欢大统计！

儿子可以留在母校继续读书了。年前申请时，父子俩商量过，要首先对芝加哥大学表达出留在这儿继续读博的愿望，其次再申请别的学校。但留下有多大的希望和可能呢？看看儿子同学的来源，就可推知一二。50余名同学来自世界各地，有中国的、英国的、瑞士的、印度的、美国的，而且均出身名校。单说来自国内的同学吧，有清华的、北大的、浙大的、中科大的、南京大学的。这些同龄人都是当年高考时同场较量的胜出者，现在又在这里相逢。这就是说，儿子的周围全是顶尖的一流竞争者。

更让我们感觉惊险的，是后来得知的一个消息。他们统计系的50多个人里，只留下了2个人直博，儿子是那二分之一。儿子的同学都不是一般的优秀，儿子不一定是更强的，也许是更幸运的。当然，从我所知儿子的付出，可以总结出：从来就没有什么不费吹灰之力，只有背后所下的功夫不为人知。儿子即使休假回到我们身边，也没有一天不是在看电脑上密密麻麻的外文资料中度过的。

感谢芝加哥大学，给这个来自中国的年轻人以青睐，在这么多优秀的学子中选中了他，给了他一座知识的圣山继续攀登。

我一贯地要求儿子多读一点儿人文方面的书籍，哪怕是些闲书，因为这方面的书籍可以滋润生活和心灵，解决精神层面的很多问题。给儿子推荐了3本书：《杨振宁传》《汪曾祺散文》《肆无忌惮》。

六　感恩的心

感恩祖国，感恩时代。

中国改革开放的40多年，放在悠久的中华文明史中，是一段不长的时光，但对于生活于这个时代的我们来讲，几乎是生命的全部。毋庸置疑，每个人都是见证者、建设者、受益者。我们这个小小的家庭，正是当代中国无数个家庭的代表——家庭的发展和幸福，都蒙时代和祖国赐予。有句名言叫"性格决定命运"，这只是从微观上讲；从宏观上看，我可以说："时代决定命运，政策决定命运。"

如果不是时代的变革、国家的发展、国门的打开，我们也没有这样的眼光和见识，也就无从选择。那么，顺理成章，我们的儿子和他的无数同龄人，就不会有这样的学路历程，人生色彩也就不会如此斑斓。所以，感谢祖国，感谢时代，我们因生逢此世而感恩！

感谢恩师，感谢所遇。

在我们生活过的小镇上，如果路遇儿子幼儿园时的赵老师、小学时的王老师、初中时的张老师，我是必定专门停下来，走到老师面前，真诚地问一句"老师好！"感谢你们给儿子人生初始阶段的良好教育。

到了高中，儿子有幸，遇见了一个好班级，一群好老师，一群好同学。山东省实验中学2009级24班是个非常优秀的班集体，宽松有序，作风正派。尤其是，后程发力，高三成绩一直处于级部第一的老大位置。班主任叶老师心直口快，待人坦诚，光风霁月。数学王老师，胸襟开阔，真诚幽默，开朗达观。外语任老师，兢兢业业，专注投入，一视同仁。化学徐老师，质朴本色，温润如玉，教艺精湛。生物苗老师，淡泊名利，心有大爱，优秀低调。这些老师做人一流，专业一流，都是儿子的恩师。24班同学，人才济济，文理兼备。他们中的翘楚就是于超同学。于超（语文高考139，是我所知道的当年济南市最高分）是百里挑一、多年不遇的一流人才。两商俱佳，有德有才。3年班长，引领着班级向崇尚知识、心怀祖国、善于沟通、和谐相处的高度攀登。他本科清华，博士清华，是真正的天下英才。儿子就在这样的班级环境中度过3年美好的高中生活。

到了大学，儿子选了数学系。后来又要专业细分，最后选定了"运筹与统计"。在后边一系列发展上——专业敲定、学校申请、文案写作——一再地有贵人提携，得到了很多专家老师的鼎力相助。

感恩书籍，感恩好理念。

曾有人把书架上的书称为神明，"神明"一词不一定恰当，但他的意思我却懂得。人生路上，需要照明。能充当长明灯，像神明一样照拂我们的，就是好的书籍和好的理念。我和我先生业余时间都爱读书。正是书中的好理念给了我们启发，让我们去实践，去尝试，从而有心得，有收获。

比如：知识就是财富。求做人，求真知——靠本领吃饭。儿子凭自己的本领获得的第一笔"财富"是一兜大菜包。那是他代表郭店小学篮球队参加区里的比赛时的午饭。这是一件不起眼的小事，再平常不过的细节。可是，这是小小的儿子第一次凭自己的实力获得的，我和我先生大加赞扬。到了初中，每次大考，他都跻身最优秀的行列，获得最高奖学金，毕业时，几乎把当时交的学费全挣回来了。到了大学，他经常凭成绩获得各种奖学金。

比如：敢于去敲"最好"的门，并竭尽全力追求极致。"最好的"似乎远在天边，也许就近在眼前。它的门有时是虚掩着的，要敢于去靠近，去敲开。而且从主观上讲，人的一生是释放能量的一生，是发现、挖掘自我的一生。只有竭尽全力，才能衡量出自己到底是个怎样的人。

比如：把自己的孩子当人家的孩子来看。这等于说，对自己的孩子保持尊重和距离。保持尊重，要做到不要把子女当作自己的私有财产，要尊重其作为人的独立性。保持距离就是较客观、较全面、较理性地看待自己的孩子，从而悦纳孩子，避免求全责备。可是，父母能清醒地意识到这一点已经不容易，要做到这一点更不容易。尊重是我们夫妻俩跟孩子交往的第一原则，我们是适当介入，提出建议，最后怎么做，由他自己决定。

比如：降低期望值。健康、平安、走正道是我家尤其是我这个做母亲的首要甚至是唯一的期盼。人生很复杂，社会很多样，世界很多彩，需求很丰富，欲望难计数。"健康、平安、走正道"是最稳妥、安全的要求。我用这个标准去衡量世事，看待儿子，我经常是满足的，是幸福的；儿子也是让人满意的。因为我的愿望很低，容易实现，我们不会向他要求这要求那。这保证了我们之间的和谐相处。

感恩温暖的成长氛围。

我和我先生家都是和睦的大家庭，在儿子的成长过程中，姑姨叔伯给了他很多疼爱和鼓励，都很认真、很温暖、很肯定地对待他，使他自信、自然地成长。

我家长期居住的山东省实验中学东校，是校园围墙围起来的一个更大的家庭。在儿子成长的十几年里，住户单纯，都是我的同事们，彼此很熟知，很友善。往往一家有事，全校教职工悉数到场，形成了当今社会罕见而珍贵的景致。儿子周围的叔叔阿姨就是老师，老师就是叔叔阿姨，有学业问题，楼上楼下就能解决。当儿子放弃新科大回归高考时，正是我的同事们各科相助，频开小灶，才使中断了6个月学习的他几乎没有受影响。

我们家的朋友桑本谦教授、杨丽原博士、赵连昌博士，都是儿子成长的"高级顾问"。每每遇到一些重大选择，我们都会叨扰咨询。

儿子的同龄玩伴共有6人，他们一起玩耍，一起上幼儿园，一起上小学，一起上高中，直到现在，寒暑假期，只要有机会，还会小聚。这6人当下的情形是：1个省电视台媒体人，2个名校硕士，3个名校博士。6个发小发展得这样整齐，想想这个环境有多好。

儿子在他喜欢的专业上扎扎实实地努力着。在几个关键节点上的选择都比较令人满意。不少亲友经常询问我们培养儿子的秘诀。真的没有秘诀，全是平平常常的事。原样写出，跟大家分享。

王领弟

2020年2月于泉城

日常里的乾坤

1

如果说，我对自己的精神成长还有几分满意、别人眼里我还有几分可以欣赏的话，这很大程度上归功于我的职业——教师。自从1987年9月登上讲台教授语文，至今32年，我从未离开过教育半步。我走进它，探索它；它促进我，成全我。我和教育共同成长，两相嵌入。教育工作加持了我，涵养了我。

其间，我担任班主任工作20多年，学生从20世纪的70后，到21世纪的千禧少年，年龄跨度长达30年。他们自身前后发生了很大变化，不同时期的学生也发生着变化。我也在蜕变：有时是自觉的，有时是被动的；有时是个案造成的，有时是时代影响的……无论哪种，都是疼痛的，接着是欣喜的。班主任的日常琐碎里蕴含着无限乾坤。这里安放着我的人生，我只能在这里成长而不是别处。

所以，"自我"的成长，就是班主任角色的成长。成长需要时间，作为班主任要不断修炼，加快速度，缩短周期，尽快从粗糙简单到精致成熟。我建议中小学校，尽量不让第一年走上工作岗位的新老师担任班主任工作。他们应集中精力把课教好，熟悉业务，巩固专业，观摩优秀班主任的日常工作，然后才有精力有能力做称职的班主任。这样既是对学生负责，也是对年轻老师负责。

因为教育是遗憾的艺术！施加于心灵的影响，一旦出错，伤害已经造成，心很难平滑如初，"覆水难收"是也！教育具有"易碎""隐蔽"的性质，需要我们心存虔敬。医院里做手术，一块纱布、一把镊钳被遗留在患者身体里，虽然十分失败，但可以检视，也可以重新打开取出。教育结果不可视，留在学生精神上的"纱布""镊钳"也不易取出，可能一辈子梗在学生的心里——这是多么令人痛心的现象！世界上除了做老师的，没有谁能一句话（甚至是不经意的话）就影响人一辈子！这"一句话"力敌千钧，所以要好好地说，充满善意地说。我的班主任生涯中不无遗憾，回想过去，回想起某件事的处理，内心会惭愧地想：如果可以重来，我就会怎样去处理。

学生形象的塑造也是一点儿一点儿完成的，细微舒缓得像渐渐来临的春天——每日每时，微风吹拂，满眼期待的春天似乎总不能如愿呈现；可是你一转身，杏花开了，田野绿了。每一次教育就是一阵微风，让学生朝着繁花深处走去。没有人统计过，要改变一个学生，3年里要教育他多少次。只知道，次数多得数不清。这些都是日常完成的，而且也只能在日常完成——班主任工作的平凡和伟大正在于此。

所以说，班级教育管理工作，是日常细微处有乾坤之大，乾坤之大在日常细微处。

2

我没有过人的资质和学识，只是对教育有恒久的热爱之情。学生给我的赞美实属不虞之誉。我不敢有一丝夸耀自得之意，只是为没有辜负国家、社会、家庭、学校的嘱托而稍感欣慰。我把我最好的给予学生，尽力让来到我身边的学生不虚此行，不负相遇。我双手捧着自认为珍贵的各色珍珠，任凭学生挑选并请他取走，但也许是朴素的泥土罢了。而我的学生对我不吝赞誉之言。

朱婧怡：王老师好！感谢您对我们的悉心培育，您是我所见过的最好的班主任，没有之一！谢谢您让我见识到那么美好的事物，像团结、归属感、安静的宿舍与晚自习、早睡早起、强烈的集体自豪感与一致的学习气氛、一心专注学习的快乐。而后来遇到的事情，让我懂得了这些的珍贵，也更懂得了感恩。我无比感激这些经历，没有这些，就没有今天的我。我几乎可以不再脆弱，不再焦虑，不再迷茫，不再忘记自己的珍贵，因为我已经知道这些的解决方法。在更多元的大学，我坚信我会坚定自己的原则，爱我所爱，行我所行……

赵凤：3年之期已快到，您母亲的身份＞老师的身份，您所教的做人道理＞语文知识。筵席将散，打不动的是叫了3年的"王老师"，感激化为一句真诚的话语"谢谢您，永远有才气的王！"

赵婉婷：相见是缘，感恩在心；遇此良人，万分有幸。

习蒙：您用实际行动教给我做一个让身边的人感到幸福的人，感谢您。

李立亚：高中已然过去大半，最幸运的事，还是遇见了您——这位严厉而又温柔的老班。从军训时为我们倒水的身影，再到两次被单独召开家长会，您的言传身教使我羞愧又感到温暖。高中3年，感谢有您。愿10年后的您，还能精神抖擞地登攀泰山。

刘艺轩：高中3年有这样一个睿智负责的班主任是我的幸运，您的很多人生理念帮助我克服一个又一个困难。

刘英倩：恩师于少年将踏上人生新征程时，慷慨地为我们指点迷津，如此恩情难以忘怀。感谢您以宽容之心对待每一个孩子，在关键时刻提醒着我们。3年的不离不弃，就是您最长情的告白。

曾有一日，我胃病请假。学生对我甚是挂念。第二天到办公室，一张纸条静躺在桌上：

时隔一日，如同三秋。

恩师贵体，尚得无恙？

肠胃之术，或未易量。

养生之道，在于平常。

一时违之，数日难愈。

一心宽之，竟为良药。

逢得恩师，三生有幸。

矢志不渝，言传躬行。

寒日阴重，善刀而藏。

健康永存，体魄优良！

没有署名，但我认得这是段同学的字体，一股暖流涌上心头。

我的学生蔚然在2018年6月2日离校前夕给我的明信片上写道："王老师，在您身上，我看不到报刊所聚焦的'高中老师的焦虑'，相反，您呈现给我们的是诗一样通透的心和满满的职业幸福感。这是您所教给我的一堂重要的人生课程。林清玄说：'再温柔平和宁静的落雨，也有把人浸透的力量。'您对生活的细致和热爱，正如落雨，一点一点浸透我的心。"

我对学生有发自内心的感谢。我更关注我的教育对学生产生了什么影响，是否符合预期，学生发展的朝向是否正确。如果这三个问题的答案都很漂亮，作为老师，我心安矣！

3

感谢我职业生涯中的所遇。

感谢我的职业导师——孔子、苏霍姆林斯基、李镇西老师等，他们教会了我"眼中有人"的仁爱教育。

感谢济南市历城第二中学的前辈给我最初的引领，那里是我大学毕业着陆的地方。徐民忠校长、已故的谢梓岭书记、赵学华老师、陈安亭老师等都给了我无微不至的关怀和手把手的教导。

感谢山东省实验中学给我的舞台和大环境，给我足够的空间进行教育管理探索。感谢王品木局长（时任山东省实验中学校长）韩相河校长、何庆利副校长、王长江主任等给我的大力支持和信任，使我能够毫无顾虑，敢于尝试。我每每有点滴成绩，他们都热情洋溢地给予鼓励。感谢我的同事田延平老师给我的帮助，感谢我的搭档张蕴禄老师给我的支持和启迪，感谢语文组全体同仁和其他同事们给我的大力协助！

感谢我班主任生涯的第一届学生——济南市历城第二中学19级1班——给我的接纳和包容，我们至今保持着亲密的联系。感谢我所遇到的每一位学生和家长。感谢我班主任生涯的最后一级学生——山东省实验中学2015级33班——给我的无与伦比的职业享受。

感谢我的先生谢传宏，支持我数十年日日早出晚归。早晚的餐桌上，同车上班的路上，夜晚散步的星光下……都有积极的探讨和建议，给我点开教育难题，使我的班主任工作有了理论高度。他还借助自身的法律知识，提升我依法执教、依法管理的教育水准。感谢我的儿子。刚上1年级我就告诉他："我做最优秀的老师，你做最优秀的学生。"他从小就理解妈妈在做什么，他自己应该怎么做，我们一直以来就分享彼此的成长和进步。他也是我教育理念的实践对象和成果。目前，他正在芝加哥大学读他喜欢的统计学专业。

感谢我那些可敬的领导和同事们！范海沛副校长给我的书名和内容提出了宝贵意见，并一直关注、推进本书的出版。教师发展指导中心的郭尚民主任为本书的出版接洽联系，忙前忙后；丁兆华主任、李龙新主任对本书视如己出，自始至终关怀在心。我的同事、国家心理咨询师、山东省实验中学专职心理教师齐芬老师，无私地帮我制订量表，分析数据。我的同事、烙画名家、山东省实验中学美术教师林伟老师，几易其稿，为本书设计精美插图。没有他们的辛苦付出，就没有本书的付梓。

感谢北京十一学校联盟总校校长、国家督学、中国教育学会副会长李希贵先生雅正拙作，做出推荐！感谢天津市教育科学研究院研究员陈雨亭博士，欣然答应我的请求，拨冗作序！感谢我的导师潘庆玉博士百忙之中斧正书稿，写出荐语！感谢我的朋友杜秀芳教授、刘吉林处长，在教育心理学专业方面不吝赐教并提供大量参考书籍。感谢山东教育出版社齐飞副社长，帮我定下了最后的书名。感谢责任编辑韦珮珮老师，她过硬的专业素质、一丝不苟的敬业精神，使呈现在读者面前的这本书如此漂亮。

走过半生，职业使我精神富有。携带感恩之心，我将继续行走在教育之旅！

王领弟

2020年2月5日于泉城